U0908502

内容提要

本书重点阐述了2013年中国企业发展总体概况;聚焦讨论了2013中国企业发展的几个热点问题,包括并购潮、地方债、互联网金融、企业跨界、中国楼市等;列举了2013中国企业新闻摘要。

本书读者对象为企业家、企业高管,全球商学院的教师、学生,以及对企业管理感兴趣的其他人士。

图书在版编目(CIP)数据

中国企业发展年度报告. 2014 /王方华主编. — 上海 : 上海交通大学出版社,2014
ISBN 978-7-313-11333-7

Ⅰ. 中...　Ⅱ. 王...　Ⅲ. 企业发展－研究报告－中国－2014　Ⅳ. F279.2

中国版本图书馆CIP数据核字(2014)第096490号

中国企业发展年度报告
2014

主　　编:王方华
出版发行:上海交通大学出版社　　地　　址:上海市番禺路951号
邮政编码:200030　　电　　话:021-64071208
出 版 人:韩建民
印　　制:常熟市大宏印刷有限公司　　经　　销:全国新华书店
开　　本:787mm×1092mm 1/16　　印　　张:14.75
字　　数:292千字
版　　次:2014年6月第1版　　印　　次:2014年6月第1次印刷
书　　号:ISBN 978-7-313-11333-7/F
定　　价:68.00元

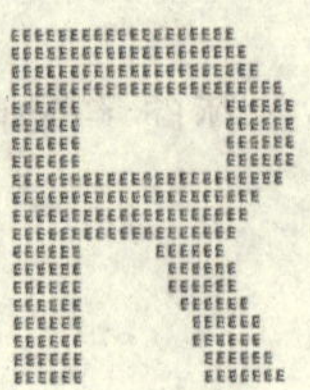

中国企业发展年度报告

2014

The Annual Report of
Chinese Enterprises' Development 2014

王方华 主编

上海交通大学出版社
SHANGHAI JIAO TONG UNIVERSITY PRESS

序

始于2008年的全球金融危机，标志着完全以发达经济体为主导的全球化旧格局已渐入迟暮；在未来的全球发展中，发展中经济体和新兴经济体无疑将发挥更大的作用。在这样一个巨大变化的历史进程中，我们不仅要密切关注全球经济形势的变化及其对我国的影响，更应关注经过30余年高速增长之后，支持我国经济增长的产业结构和要素投入结构已发生变化，经济增长已进入了一个新的次高的平台。

总的来说，2014年是中国经济转型的关键之年。国家会着眼于基础制度的改进，而非增长指数；对企业家来说，也会担忧制度改进没有带来及时的回报，以及门槛的降低增大了实体经济创业者规模，新兴行业、服务业风起云涌，传统的周期性行业水深火热。传统业者要在全球布局、品牌创设方面降低成本，钢铁行业等会进入并购重组的高峰期。出口型实体企业会将面临汇率的上升。中国经济已悄然进入新"拐点阶段"，进入经济增速换挡期、结构调整阵痛期和前期政策消化期，这使得我们面临的经济形势更趋复杂，挑战来自"增长减速"和"结构调整"，来自内部和外部等多个方面。经济运行中不确定性、不平衡性和脆弱性凸显。

在这样的背景下，上海交通大学中国企业发展研究院还是继续致力于记载当年关系中国企业发展方方面面的事件、问题、焦点研究的年度报告，我们坚持把这件事情一直做下去，希望坚持若干年以后，理出一条中国企业发展的轨迹来，形成中国企业发展的独特理论。自2012年本报告发行以来，收到了来自社会各界的多方反馈，其中对于焦点问题的深度剖析更是受到读者的欢迎，因此，在本期报告中，我们也着重了这部分内容的编写，使之更有可读性，更贴切企业实际感受，以更新的内容和更直观的总结，反映中国企业发展的环境、轨迹、问题和趋势。本年度报告由三个部分组成，第一部分为总论，提纲挈领地对当年企业发展实践进行总结及对未来进行展望。第二部分为当年重要事件及热点问题的分析和研究，主要包含12个方面的内容：①互联网企业开始进军金融行业；②中国企业国际并购新趋势；③国企深化改革呼声渐高；④“双11”背后的搏杀；⑤银行业成为众矢之的；⑥光大证券“乌龙指”事件拷问制度缺失；⑦企业跨界扩张的豪情与忧患；⑧中国楼市的潮涨潮落及各方利益搏杀；⑨地方债的出路何在；⑩民企发展的艰难之路与曙光渐现；⑪“三公”消费控制下的餐饮行业；⑫食品安全成为百姓关注热点。第三部分为2013年中国企业发展重要新闻摘要，记录每天各大主要媒体关于企业发展的重要商业新闻，一年365天累积起来形成当年的一段企业发展历史。

本报告由上海交通大学中国企业发展研究院推出，希望为中国企业研究者和践行者提供实用的资料和丰富的导读，为企业的发展提供一些带有规律性的启迪，以期推动中国企业的持续、稳定地发展。

这是一件需要耐心和坚持才能做下去的事情。我相信，我们有毅力和能力做成这件事情。因为，中国企业的发展确实需要我们的关注、记录、总结和探讨，需要有这样一本书作为基础来进行共同的探索与研究。期待社会各界人士与我们共同努力，关注中国企业的发展，共筑美丽的“中国梦”。

王方华

于上海交大徐汇校区董浩云楼

2014年4月8日

目　录

第一篇

2014 年中国企业发展报告总论

过去的 2013 年，正在进行的 2014 年，可以说是全世界都在看着中国的关键时期，新一届政府上台，经济持续增长的预期，房价利率的调控，政府改革的决心，产业转型升级的压力等等一系列的问题在去年，在今年都在被不断暴露出来，世界都在期待一个结果、寻找一些答案，都在看着我们，无论是质疑、疑惑、信任还是挑战，我们必须应对，也在不断证明。

一、关于经济增长的预期

李克强总理在政府工作报告中把 2014 年 GDP 增长的预期目标确定为 7.5%左右。国内外普遍认为，这一目标务实客观，兼顾了需要和可能，经过努力能够实现。但也有观点认为，这一目标偏高，完成难度较大，甚至有人认为中国经济增长将出现“硬着陆”，并危及全球经济复苏。

从世界各国的经济发展历程看，没有哪一个国家能够永远保持高速增长。二战后的日本和西德，分别创造了“日本经济奇迹”和“西德经济奇迹”，但也只是保持了 20 年左右的高速增长，此后则出现了较大幅度的滑坡。改革开放以来，我国经济保持年均接近 10%的高速增长已经超过了 30 年，被誉为“中国经济奇迹”。现阶段，我国人口结构变化和劳动力成本上升，传统竞争优势削弱；越来越多的产业达到或接近世界技术前沿，后发追赶空间缩小；高投入、高消耗、高污染的发展模式，造成资源、环境、生态约束日趋增强。与往年相比，经济增长一个百分点的数量明显不同，实现难度加大。2000 年 GDP 增长一个百分点需要 980 亿元的名义增加值，到 2013 年，增加到接近 5 300 亿元，是前者的 5.4 倍；2013 年的经济增量相当于 2000 年经济总量的 42%。再加上世界经济格局和国际分工进入新的调整期，发展中国家原有的竞争优势和增长空间相应发生很大变化。因此，当前我国经济增速适度回落在所难免，也符合世界经济发展的一般规律。

从发展趋势看，我国经济发展存在诸多有利条件。譬如，经济体制改革将释放新的增长动力与活力，城镇化潜力依然巨大，居民消费升级方兴未艾，竞争优势并未根本动摇，全球化孕育新机遇等。去年以来，面对经济增长下行压力，政府保持了足够的定力，积极创新宏观调控方式，把工作重点放在转变经济发展方式、调整经济结构、提高经济运行的质量和效益、化解各种矛盾和风险上，这也必将为我国经济长期稳定发展奠定更加坚实的基础。

结构调整中新增长动力正在形成。现阶段，我国经济处在向 7%左右的中高速增长阶段转换的关键时期。增长阶段转换不仅仅是增长速度的换挡与调整，更重要的是增长动力的转换与接续。过去 30 多年，经济增长主要依托低成本要素组合优势，今后将更多地依靠企业和个人的创新活力，拓展创新空间，促进产业转型升级；效率提升从主要通过农业劳动力向非农产业转移，转向重点通过产业内部的竞争和重组、不断淘汰低效率企业来实现。三中全会通过的《中共中央关于全面深化改革若干重大问题的决定》，旨在为实现上述转换奠定新的制度基础。可以预见，我国经济将在一个相对低的增长速度下良好运行，规模与质量、速度与效益的关系达到一种新的平衡，增长速度"下台阶"和增长质量"上台阶"得以同时实现。近年来，我国经济结构发生重大变化，新增长动力正在形成。消费结构不断优化。大力整顿"三公"消费，高端消费泡沫被挤出，高档餐饮娱乐企业开始向大众消费转型。同时，信息消费、文化旅游、电子商务等新的消费热点和消费形式不断涌现，消费结构优化、升级呈健康发展态势。节能环保、文化旅游、互联网金融、科技信息等现代服务业保持较快增长。面对劳动力、土地、资金等生产成本上涨，制造业企业积极探索"腾笼换鸟"、"机器换人"、"空间换地"、"电商换市"等，降低成本和提高效益，转型升级取得新进展。

二、市场起决定性的作用

2013 年 11 月 15 日，《中共中央关于全面深化改革若干重大问题的决定》(下称《决定》)发布。《决定》此次提出"市场在资源配置中起决定性作用"，市场在资源配置中起决定性作用，可以由几个方面来理解，第一个，市场决定价格，价格主要由市场的力量决定，包括所谓要素价格，包括劳动力、资本、能源、土地、资源等等。除了价格改革以外，"市场起决定性的作用"还应该包括市场的准入门槛降低，清除市场的壁垒，减少行政干预。聚焦到具体的领域，改革效果最显著的领域可能主要体现在国企改革、土地改革、户籍改革、计划生育政策、房产税、地方政府债务和融资等方面。而影响最深的领域包括行政放权、社会保障、能源和公用事业价格改革、金融市场改革。

对于价格机制，《决定》中分为三点进行阐述：其一，凡是能由市场形成价格的都交给市场，政府不进行不当干预。其二，推进水、石油、天然气、电力、交通、电信等领域价格改革，放开竞争性环节价格。其三，政府定价范围主要限定在重要公用事业、公益性服务、网络型自然垄断环节，提高透明度，接受社会监督。

价格改革中也包括资本价格的改革，即利率的市场化。《决定》表示，下一步将"完善人民币汇率市场化形成机制，加快推进利率市场化"。对此交通银行首席经济学家连平表示，"未来三至五年，金融业改革将好戏连台"。他认为接下来有几方面的工作会加强推进。利率改革的步骤，将会是先大额后小额，首先是推进同业大额可转让存单和企业可转让大额存单。这两种存单由市场来决定定价，使得规模比较大的存款定价市场化。另外在市场基准利率方面也会进行改革。官方的基准利率会逐步缩小影响范围，可能由 7 档调整为 5 档或 3 档；另一方面，市场化的利率会逐步推行。市场自我形成的基准利率形成体系，将逐渐替代官方的利率发布。待市场的基准利率形成，运行比较正常之后，官方的基准利率就会退出。之后，存款的基准利率也就取消了。

在财务的改革问题上,《决定》特别提到将“加快房地产税立法并适时推进改革”、“建立城乡统一的建设用地市场”。房产税和土地改革的推进,将打造楼市的长效机制。对于房价的影响,将既不会大幅推高,也不会大幅降低,稳定将是未来房地产市场政策的主旋律。中金公司首席经济学家彭文生表示,统一的建设用地市场背后的含义是很明确的,“就是要改变集体土地先由地方政府征地,再进入市场这个状态。”尽管这是很好的改革方向,但改革并不会一蹴而就。彭文生认为,征地制度在一段时间内不会完全改变,“我们会看到单一的政府征地转让,转为农村土地流转的双轨制,收缩政府征地的范围,最后的目标是同地、同权、同价。”他预计 2016 年前将会出台一个全国统一的《农村集体经营建设用地流转方案》。总体而言,中原地产首席分析师张大伟分析认为,“房产税+土地改革”说明楼市的长效机制正在形成,对之前影响房价上涨的很多基础都在动摇,随着政策的落地执行,楼市有望回归平稳。

此次《决定》明确提出了国企改革的若干举措,包括完善国有资产管理体制,以管资本为主加强国有资产监管,改革国有资本授权经营体制,组建若干国有资本运营公司,支持有条件的国有企业改组为国有资本投资公司。国务院研究发展中心研究员王继承认为,国有企业从国营资产经营到现在的国有资产监管,再走向国有资本运营,实则是在厘清政府与市场关系。关于国有资本运营,淡马锡控股公司堪称业内典范。这是一家新加坡政府的投资公司,新加坡财政部对其拥有 100%的股权,年均净资产收益率超过 18%,远远超过同期私有企业的经营业绩。但是,两者有着很大的不同。除了中国的国有资产体量远超过淡马锡外,更为重要的是,比起淡马锡希望通过有效的监督和商业性战略投资而成为世界级公司,中国的国有资产很大部分需要投资于基础设施的建设,提供公共服务。所以,对于《决议》中提及的“支持有条件的国有企业改组为国有资本投资公司”,王继承的理解为,即使淡马锡模式堪称国有资本管理典范,中国也不可能照搬,只建立一个负责所有国有资本运营的公司。北大金融与证券研究中心主任曹凤岐表示,对于国企来说,最大的考验或许来自《决定》或中提及的破除垄断,尤其是进一步破除各种形式的行政垄断。其中包括,国有资本继续控股经营的自然垄断行业,实行以政企分开、政资分开、特许经营、政府监管为主要内容的改革,根据不同行业特点实行网运分开、放开竞争性业务,推进公共资源配置市场化。

三、转型升级

转型升级是当今中国面临的最为紧迫的课题,也是在去年整个一年中反复提到,却反复不能被完全解决,寻找关键路径的一个问题。纵然转型关系能否全面建成小康社会,关系到能否跨越“中等收入陷阱”和迈入高收入社会,关系能否实现中华民族伟大复兴的中国梦,这不是一个简单的问题,但也绝不能落为空口号,无论企业还是政府机构,每次讲话开会,都拿出来讨论讨论而没有实际的动作,改革总是在摸着石头过河,在完成顶层设计之后,我们要在不断试错的过程中,不断修正我们的设计,逐步地完成转型,实现中国梦。

首先，转变发展观念，正确把握持续健康发展和生产总值增长的关系。要充分认识到我国经济已由高速增长转入中高速增长阶段的客观事实，如果再像过去那样"铺摊子"、"上项目"，不仅资源、资金、市场等各种关系都绷得很紧，不利于转型升级，而且会留下很多后遗症。要彻底转变发展观念，摒弃把发展简单化为增加生产总值的错误思维，抓住机遇保持国内生产总值合理增长，深化经济结构调整，努力实现有效益、高质量、可持续的发展。

其次，处理好短期政策目标和长期经济发展的关系。当前我国经济正处于增长速度换档期、结构调整深化期和前期刺激政策效应消化期，面临着更加错综复杂的国内外形势。这就要求必须处理好稳增长、调结构、促改革之间的关系，宏观调控政策要立足当前，更要着眼长远：既要熨平短期经济波动，控制通货膨胀，促进充分就业，防控风险、守住底线，防止出现大起大落；又要服务于结构调整和转型升级，着力激发市场主体创新和创造活力，提升经济潜在增长能力，提高发展质量和效益。

第三，将推进产业结构优化作为经济转型升级的核心任务。要牢牢把握新一轮技术革命的战略机遇，加快构建与绿色发展、新能源、信息化高度融合的现代产业体系，提升我国在全球产业链中的位置，培育新的竞争优势。要努力营造更加有利于实体经济发展的政策环境，加强产业政策与财税、金融、土地等领域政策的协调性，引导更多生产要素投向实体经济和创新领域。要大力强化生态环保和节能减排，提高环保标准，严格环境监管，促进传统产业改造升级，培育绿色、低碳等新兴产业增长点。

第四，以科技创新引领和支撑经济转型升级。科技创新是推动经济转型升级的原动力。要坚持技术创新的市场导向，促进科技与经济社会发展深度融合，营造公平竞争和包容宽松的创新环境。要完善激励企业创新的税收优惠政策，加大企业研发费用加计扣除、高新技术企业税收优惠、固定资产加速折旧等政策的实施力度。要大力发展风险投资、技术交易、信息服务、人才服务等创新服务业，充分发挥资本市场对创新创业的支持作用。要加强知识产权保护，加大司法保护力度，形成激励创新的良好法治环境。

四、聚焦热点问题

过去的一年，无论是政策热点、地区热点还是行业热点都让人屏息关注，对企业、对公众，对我们的生活的理念方式都发生了些改变和转移。总的来看有这样几方面的内容是在过去一年中尤其值得我们关注和对我们影响深刻的：

1. 互联网企业开始进军金融行业

如果在去年提到互联网企业，人们大多会想到做搜索的百度，做电商的阿里巴巴，或者是做 QQ 和微信的腾讯。但是，在 2013 年聊到互联网企业，有一个关键词已经和互联网企业联系在了一起——金融。2013 年被称为互联网金融元年，阿里巴巴、腾讯、百度以颠覆者姿态昂首挺进金融业，金融行业不再是银行、保险公司和证券公司等传统金融企业的自留地，作为行业新进入者的互联网企业，像一条鲶鱼捣乱了传统金融行业的生态。余额宝、百度百发、现金宝等互联网金融理财产品横空出世，这些收益远远高于银行定存的理财产品带给国内网民一场狂欢。越来越多的人意识到可能相比把钱存在银行，用来投资互联网理财产品是更好的选择。支付宝、微信微支付、新浪微银行等互联网支付产品的成熟，与传统线下银联支付方式正面交锋。以阿里巴巴、百度为代表的互联网企业，开始运用互联网思维在改造传统金融业。它们对金融行业带来的实质影响是理念、技术和渠道等多方面的创新，并打破信息不对称和垄断，提高了金融交易的效率，推动传统金融企业的自我升级，为企业自身和广大投资人带来更多的互联网红利。

2. 中国企业国际并购新趋势

加入世贸组织以来，中国企业国际并购持续增长，已成为全球并购市场的一股新兴力量。2013年，国际并购整体表现较为活跃，无论是数量还是交易规模均较以前有大幅攀升。特别是下半年，伴随欧美等主要合作国战略投资者信心的回升，并购交易增长势头强劲。行业发展方面，多元化趋势日益明显，虽然能源电力仍是重点，但是投资者对消费服务、金融行业越发青睐。投资主体方面，民营企业的异军突起打破了国有企业垄断国际并购市场的局面，在投资数量和交易金额方面均有赶超国有企业之势，特别是在高科技行业方面的表现更为亮眼。区域选择方面，走出“周边”国家，瞄准美国、欧洲等成熟市场的投资布局更为明显，企业国际并购越来越倾向于技术、服务升级和向产业链高端延伸。国际并购对中国企业而言既是机遇也是挑战，为了切实加强并购的成功率，需要防范文化资源整合风险和政治风险。回顾2013年的国际并购大事件，我们可以发现，通过并购交易实现外延式扩张，获取技术、品牌等无形资本，探索全球市场已成为中国企业发展壮大的必由之路。

3. 国企深化改革呼声渐高

随着央企的发展，问题的暴露，2013年国企改革的呼声渐高。十八届三中全会的召开，更是强化了全面深化改革的思路及决心。2013年，各大媒体追踪着央企事件，曝光不为人知的隐患，高呼改革势在必行。然而，改革不是一蹴而就的，也不是光靠喊口号就能出成绩的，“改革”二字远远不是表面看上去那么简单的。牵一发而动全身，改革事宜任重道远，有改革的决心就应做好打持久战的准备。改革究竟好不好？又应该如何改革？改革期间如何处理，平衡各方利益？等问题更值得深思。古往今来，每一次改革，总有一部分群体受益，一部分群体失利，改革的意义究竟何在？如果不能探寻出有效的改革办法，在急于求成的浮躁下，出台的种种方案最后仅仅只能沦为一部分群体牟利的工具及借口罢了，受害的始终是最需要帮助的弱势群体。实际上，不同的利益群体对于改革或有不同的看法，但是站在国家的角度，改革的意义在于优化资源配置，提升企业效率，其本质不仅在于如何把蛋糕做大，还要考虑蛋糕做大以后的分配问题。

4. “双 11”背后的搏杀

电子商务发展的速度之快总是让人们始料未及，硝烟还未散尽的促销价格战已经逐渐演变成电商与实体店之争、平台电商与垂直电商之争、O2O 支付端口之争、O2O 场景铺设之争，等等。这些竞争或触及零售业的格局，或延伸供应链的上下游，或改变消费习惯，都将对中国经济的未来产生不可估算的影响。而价格战的持续、同质化的存在、市场份额的争夺，也有可能将电商业的竞争导向囚徒困境或是零和博弈。

5. 银行业成为众矢之的

过去的一年，关于银行，关于“钱”这个字，我们有太多的看不懂，不明白，但这却是和我们息息相关的一个行业。总体来看，银行盈利前景已发生变化，各种状况集中发生，最好的日子已经过去，银行的转型升级势在必行，而这一事关国家民生各个角落的行业该如何走，往哪里走，我们也在摸着石头过河，在不断试错的过程中前进，总结经验才能继续向前。

6. 光大证券“乌龙指”事件拷问制度缺陷

2013 年 8 月 16 日上午 11 时 05 分，上证指数一改沉闷的盘面，指数曲线直线拉起，三分钟内上证指数暴涨超过 5%。几分钟后有媒体指出，指数异动是由于光大证券“乌龙指”引起的，但市场并不相信，指数继续上涨。午后开市，光大证券停牌，同时发布公告称，光大证券策略投资部门自营业务在使用其独立的套利系统时出现问题，公司正在进行相关核查和处置工作。至此，这次指数异常波动被确认为光大证券“乌龙指”所导致。光大证券“乌龙指”事件发生在 2013 年的大背景下，注定会引发一场证券市场制度建设的改革。光大证券“乌龙指”事件或许是一个转折，国务院和中国证监会在年底密集出台了净化证券市场环境的一系列政策文件，尤其是“国九条”改变了我国资本市场缺乏专门的保护投资者尤其是中小投资者权益制度的局面，极大提振了市场信心。

7. 企业跨界扩张的豪情与忧患

回顾 2013 年，企业跨界似乎正成为一股愈演愈烈的风潮。实际上，跨界的本质就是多元化经营，有利于企业分散风险，增强盈利能力。诸多的企业跨界案例展现了企业主在日益复杂的经营环境下拓宽版图的新思路，甚至有些跨界已经转变为行业性的变革。然而，跨界也是一把双刃剑，企业在向其他领域扩张时，与机遇并存的往往是风险，跨界失败的案例比比皆是，跨界的成功与否与行业性质以及企业的商业战略、运作模式、资金实力等等有着密不可分的关系。

8. 中国楼市的潮涨潮落与各方利益搏杀

2013年，无论是房地产企业抑或是整个房地产市场，都是面临重大转折的一年。经历了2012年号称“史上最严厉”的一系列房地产调控政策，一方面在2013年年初出台了旨在抑制房价再度过快上涨的“国五条”，但并未取得预计成效；另一方面在宏观政策趋向宽松、经济平稳回升等大环境持续利好的情况下，一、二线城市房地产市场迅速回暖，并有逐渐走高之势，各线城市地王纪录再次被屡屡刷新，房产企业竞相逐鹿资本市场，积极参与到借壳上市或者谋划海外投资。与之相应的是，新一届政府执政、十八届三中全会召开，“新型城镇化”战略的实施，土地改革蓄势待发等，联系近期房价高涨、土地热拍等现象及其与地方财政间的紧密关系，也意味着未来的房地产调控将面临更加复杂的局面和风险。房地产行业必将面临新的政策挑战，同时也在蓄力未来发展的深度变革。

9. 地方债的出路何在

2013年是地方债问题备受关注的一年，中央首次将防控债务风险列为经济工作主要任务之一。表面上，是地方政府热衷于通过融资平台大肆举债，从深层次说，是经济发展方式、中央政府和地方政府事权与财权划分，以及监督制度上存在问题。因此，为地方债寻求出路多管齐下地综合治理，方能标本兼治。然而，牵一发而动全身，改革必将使一些群体受益，一些群体失利，但从长远的角度，地方债问题的解决，将使我国经济环境、金融环境更加健康和可持续发展，因此，不论是政府、企业，抑或个人，对待地方债问题有正确的态度和理智的关注和思考，都尤为重要。

10. 民企发展的艰难之路与曙光渐现

35年来，民营经济始终与改革开放的进程紧密相连，大致经历了社会主义经济的补充力量、社会主义市场经济的重要组成部分、平等竞争相互促进三个阶段。截至2013年3月底，全国民营企业1 097万户，占全国企业总数的近80%。2013年11月，十八届三中全会召开，会议公报指出，公有制经济和非公有制经济都是社会主义市场经济的重要组成部分，都是我国经济社会发展的重要基础。全会发布《中共中央关于全面深化改革若干重大问题的决定》，指出要支持非公有制经济健康发展。民营经济和民营企业展现出了蓬勃的生机与活力，已经成为中国经济的重要支柱和发展动力。民企对于中国经济、社会的作用与贡献，伴随改革、发展的进程将越来越重要。

11. “三公”消费控制下的餐饮行业

自“八项规定”、“六项禁令”以来，国内的餐饮业，尤其是高端餐饮业确实受到了较大的冲击，但绝不是国内餐饮行业经营曲线下滑的主要原因。党和政府限制“三公消费”只是暴露出隐藏在餐饮背后的社会弊端和行业自身的经营问题。而且这场与反腐倡廉相配合的限制“三公消费”还将持续下去。新的保护消费者权益条例又进一步明文取消了餐饮业原有的“包厢最低消费”、“禁止自带酒水”等霸王条款。这就需要餐饮业深化改革，进一步除弊创新。

12. 食品安全成为百姓关注热点

民以食为天，食以安为先。食品安全是重大的民生问题，它直接关系到人民群众的健康和社会稳定。随着经济的发展和生活水平的提高，消费者对食品安全的要求也越来越高。然而近年来我国食品安全问题却一直存在，旧的问题尚未解决，新的挑战就不断出现。只有从全局和战略的高度深刻认识做好新形势下食品安全工作的极端重要性，从市场、政府、社会等方面形成保障食品安全的合力，才能解决食品安全问题，才能保障人民群众安全和社会的和谐稳定。

五、结语

今年是新一轮改革的元年。全面贯彻落实三中全会精神，打破垄断，放宽准入，取消不合理限制，提高基础产业领域的市场化程度，完善产品和要素市场，纠正资源错配和扭曲，等等，都能进一步激活、释放市场潜力与活力，改善市场预期。同时，按照政府工作报告提出的宏观调控方针，继续实施积极财政政策和稳健货币政策，保持总需求的基本稳定，有效防范和化解房地产泡沫、投融资平台等风险，切实降低企业运营成本，推动我国经济转型有序平稳进行，也将为 2014 年经济增长预期目标的实现创造有利条件，让我们满怀信心，拭目以待。

参考文献

[1] 余斌，任泽平. 我国经济有望保持稳定增长的良好局面 [N]. http://www.drc.gov.cn/qwfb/20130917/4-459-2876181.htm. 人民日报，国务院发展研究中心，2014 年 03 月 10 日 17 版.

[2] 腾讯眼. “决定”带来的改革新局 [EB/OL]. http://finance.qq.com/zt2013/focus/xj.htm.

[3] 李伟：转型升级是当前最紧迫课题[N]. http://www.drc.gov.cn/xsyzcfx/20140110/4-459-2878494.htm. 经济日报，国务院发展研究中心，2014 年 01 月 09 日.

[4] 腾讯财经观察. 李迅雷：在稳增长和转型间寻找解点[EB/OL]. http://finance.qq.com/original/caijingguancha/f1113.html.

[5] 程晖. 世界经济：复苏仍多艰[N]. 中国经济导报，2014-01-09 (A04).

[6] 洪平凡. 世界经济 2014 年将有所改善[N]. 中国经济导报，2014-01-09 (B01).

[7] 梁图强. 世界经济复苏脆弱乏力[N]. 经济日报，2014-01-07 (004).

[8] 于培伟. 世界经济正发生结构性变化[N]. 国际商报，2014-01-06 (B04).

[9] 刘洪. 世界经济迎来双引擎时代[N]. 经济参考报，2014-01-20 (004).

[10] 廖冰清. 世界经济形势向好 变数仍存[N]. 经济参考报，2014-01-23 (004).

[11] 陈建. 全球经济复苏仍显脆弱[N]. 经济日报，2014-01-22 (004).

[12]　张环. 世界经济前景乐观 亚洲仍为重要增长源[N]. 金融时报，2014-01-15 (008).

[13]　冯华."看得见的手"：该出手时才出手[N]. 人民日报，2014-03-04 (010).

[14]　朱菲娜. 以改革的精神完善和加强宏观调控[N]. 中国经济时报，2014-03-05 (001).

[15]　张茉楠. 中国到底需要什么样的"去杠杆化"？[N]. 中国经营报，2014-03-03 (A08).

[16]　杨柳. 求解 2014 中国宏观金融十大问题[N]. 第一财经日报，2014-02-10 (A13).

[17]　杜辉. 核心问题是处理好政府和市场的关系[N]. 大连日报，2013-12-23 (B02).

[18]　张影强. 看好"闲不住的手"[N]. 中国经济导报，2013-12-24 (A02).

第二篇

热 点 聚 焦

“双 11”背后的搏杀

《中国共产党十八届三中全会公报》中提到:“……建设统一开放、竞争有序的市场体系,是使市场在资源配置中起决定性作用的基础。必须加快形成企业自主经营、公平竞争,消费者自由选择、自主消费,商品和要素自由流动、平等交换的现代市场体系,着力清楚市场壁垒,提高资源配置效率和公平性。……”这一信号预示着中央可能进一步向市场放权,推动经济改革,引导符合政策导向下的不同企业和经济模式发展。在十八届三中全会召开之前,李克强总理会见了由专家学者和企业家组成的代表,了解经济形势,企业家代表中就包括淘宝网创始人马云。在他们的谈话中,马云表示淘宝网带动了 1 000 多万人就业,并创造了大量消费,李克强总理盛赞淘宝网“创造了一个消费时点”,并嘱咐电商应当保证质量和信誉,而“质量和信誉的保证是公平竞争”。

可见,在推动经济改革的背景下,中央对电商给予了一定的关注和重视。李克强总理表示,淘宝上的一些公司原先并不合法,但是“现在已经合法了,我们已经规定了,取消门槛了”。11 月份,商务部公布的《促进电子商务应用的实施意见》指出,到 2015 年使电子商务成为重要的社会商品和服务流通方式,网络零售额相当于社会消费品零售总额的 10%以上,我国规模以上企业应用电子商务比例达 80%以上。中央对保障就业的和激发市场活力的重视,也许会推动电商发展进入一个新高潮。

在 2013 年,电商之间的竞争变得更为激烈,由于 O2O 这一崭新商业模式的出现,电商更是走到了转型的拐点。电商的确通过公平竞争保证了质量和信誉吗?“双 11”、“双 12”的背后,呈现电商竞争的何种态势?移动购物的出现,是否会改变消费者的消费习惯,是否会导致电商格局的变化?带着这些问题,让我们聚焦 2013 年的电商舞台。

一、电商格局盘点

由于电商规模经济显著,行业集中度很高,无论是 PC 网络购物还是移动购物,市场份额前三名便占据了 80%左右的市场份额。2013 年各大电商平台化的趋势愈加显著:天猫的平台化由来已久;1 号店依托沃尔玛的仓储和物流支持建立网购平台,主打进口食品,拓宽平台业务;原本以图书为主打项的当当和亚马逊中国,现在早已将商品种类扩大到服装箱包、家居家纺、食品饮料等方面,而各自的节奏又互不相同,亚马逊中国主推其电子书,当当主推服装,并打出“尾品汇”的牌子进行打折营销;腾讯旗下的易迅网加强同顺丰的合作,通过微信渠道在 O2O 上取得一定先占优势。电商平台化趋势给垂直电商带来更大的挑战,生鲜类电商优菜网、家居类电商牛窝网的倒闭更是证明了这一点。“双

11”、“双12”等购物节给各大平台电商带来更多营销机会，同时也进一步加剧了竞争强度。

随着零售企业进入电商领域的脚步越来越快和电商对线下的越发重视，双线融合成为无法遏制的趋势，O2O这一崭新词汇将越来越被业界和消费者熟悉。O2O即“Online To Offline”，在2013年体现最深的便是移动电商的兴起。目前微信支付和支付宝钱包都逐渐可以实现扫码支付，这也许会对消费手段和消费习惯产生巨大影响。在零售领域，苏宁易购以1700家门店为基础构建物流体系，实行双线同价，银泰网在线下开出精品集成店，实现库存同步，这些是从线下走到线上；淘宝的线下代购点抢夺超市等零售店的市场和天猫被卖场所抵制的线下体验，是从线上走到线下……这些，都预示着传统的线下和线上的分割也许会成为过去，线上线下的打通使得电商和实体店这原本水火不容的主体存在合作的可能，但也有可能同时加剧零售业竞争。O2O的未来将何去何从，也许在2014年会有清晰的洞见。

从数据上来看，据艾瑞咨询报告显示，2013年第三季度，我国网购交易规模达到4547.6亿元，比第二季度增长4.0%，同比增长42.4%，网购在社会消费品零售总额中占比7.8%，相比第二季度提升了0.5%，同时网购交易额增速为社会消费品零售总额增速的3倍。随着通信手段的日益发达，三四线城市互联网渗透率的提升和营销手段的多样化，用户规模持续增长推动着电商交易额的扩张。

从2012年第三季度到2013年第三季度，网络购物中B2C的占比稳步提高(见图1)。B2C的增长得益于B2C平台的高速发展，除天猫、京东等老牌网购平台，苏宁、国美等零售店驻扎网络平台，也大大提高了B2C在网购中所占份额。另一方面，B2C相对于C2C而言，商家信誉度更高，商品质量和售后服务更有保障，也有利于吸引消费者。

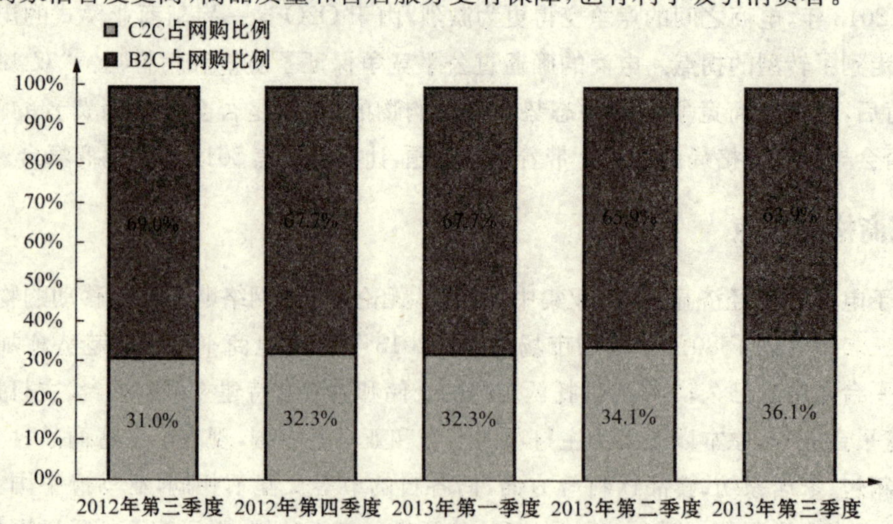

图1　中国网络购物模式占比变化情况

资料来源：艾瑞咨询

从B2C网络购物市场份额角度来看，天猫依然一枝独秀，占51.1%，但是和上年同期相比，下降了3.5%，可见虽然天猫龙头老大的地位暂时还没有受到威胁，但其市场份额正在被其他竞争者瓜分；京东商城名列第二，占17.5%，但较上年同期下降了4.3%；腾讯、苏宁、亚马逊依次排名三至五位。整体排名和上年同期的数据是一致的，但是可以看到，排名第一第二的天猫和京东市场份额占比都有不同程度的下降，而"其他"一项占比从上年同期的12%上升到2013年的18.4%，显示出B2C市场竞争进一步加剧(见图2)。

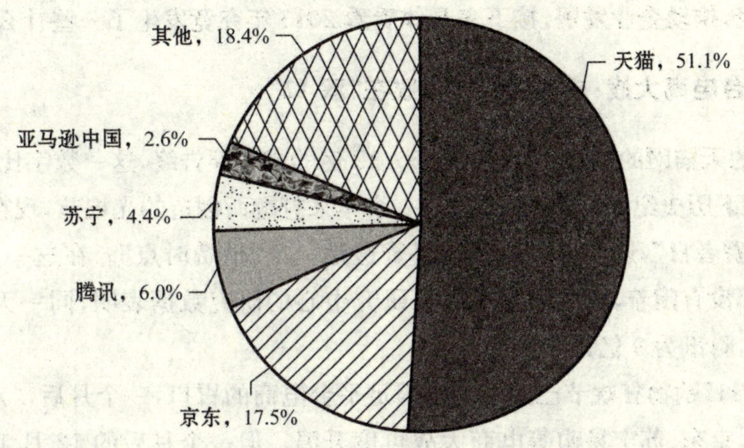

图2 2013年第三季度中国B2C购物网站交易市场份额占比图

资料来源：艾瑞咨询

在如今不可忽视的手机移动购物市场份额方面，据艾瑞咨询有关数据，京东占据半壁江山，但天猫体现着强劲的竞争力，到2013年7月，已占据三成的市场份额，排在三、四位的易迅和苏宁易购，在前两者的强势下，到2013年7月，合计占比10%左右(见图3)。由

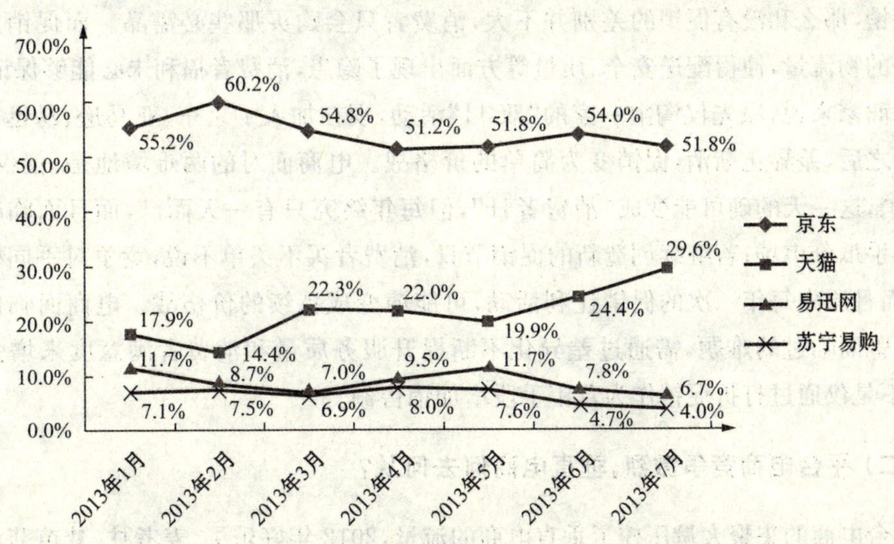

图3 2013年1月至7月手机购物市场份额占比情况

资料来源：艾瑞咨询

于O2O的兴起和智能手机的更新换代以及手机钱包、手机支付等业务的发展，预计手机移动购物业务将会是几大电商之后争夺的又一焦点。

二、电商之争动了谁的奶酪？

2013年的电商之争包括平台电商之间、平台电商与垂直电商之间以及电商与传统实体店之间等不同领域的竞争，可谓包罗万象。这些竞争有些使竞争者陷入困境，有些逼迫竞争者改变，推动企业发展，接下来具体看看2013年究竟发生了一些什么。

（一）平台电商大战：成在“双11”，败在“双12”

2013年的天猫网的“双11”狂欢以350.19亿的成交额告终，这一数字比2012年同期增长83%，创下历史纪录，11月11日这一个本来打趣而创造的光棍节，现在因网购而变成了“中国消费者日”，连李克强总理也盛赞这是一个“消费时点”。在这一天，所有的平台电商几乎都没有闲着，据中国电子商务研究中心的研究数据表明，同一天京东的交易额为35亿元，腾讯为9亿元。

一个“双11”购物狂欢节已经不足以满足平台电商的胃口，一个月后，“双12”促销继续打响，天猫、京东、苏宁易购等电商大战再度升温。但一个月后的12月12日，淘宝并没有公开具体的交易额，仅公布了参与网购人数、参与促销商品总量、无线成交笔数等数字，现实情况可能是“双12”并未像预想中的一样再掀购物狂潮。

究其原因，一是因为夹在“双11”和年关中间，消费者刚刚“大出血”，又要节省开支等候过年，“双12”面临非常尴尬的境地；二是因为类似促销手段太多，消费者也进入了消费疲劳。试想如果每年只有一次大促销，消费者有可能进行冲动性购物，但若每个月都有一次促销，那么和没有促销的差别并不大，消费者只会购买那些必需品。而促销当天巨幅提升的物流量，使得配送安全、质量等方面出现了隐患，消费者福利未必能够保证。

对商家来说，原先仅淘宝一家的“双11”活动，现在加入了京东、亚马逊、易迅等诸多竞争者之后，差异化渐消，促销变为简单的价格战。电商面对的两难境地是：仅仅在“双11”促销，这一天的确可能变成“消费者日”，但每年终究只有一天而已，而且面临越来越多的对手瓜分市场；若继续创造新的促销节日，消费者买不买单不说，竞争对手同样可以复制，而且原先每年一次的促销让利活动，可能演变成持续的价格战。电商面临传统零售企业曾面临过的难题，需通过差异化不断提升服务质量和消费者满意度来增强竞争力，而不是仅通过打折促销作为营销手段增加销售额。

（二）平台电商竞争激烈，垂直电商何去何从？

平台电商的集聚大量压榨了垂直电商的流量，2012年好乐买、麦考林、梦芭莎流量同比下降达20%到40%。2013年，垂直电商痛定思痛，试图通过改革改变日渐式微的趋势。一方面，垂直电商通过从线上到线下的方式增强客户体验，加深服务能力。家居电商齐家网拓展线下门店，通过数字化和信息化分享数据，提供用户决策信息。婚恋网站世纪佳缘、百合网等开办门店进入传统婚介领域。它们不但通过门店开设VIP服务，也通过和约会场所合作、推荐餐厅等，增加额外营收。据中国电子商务中心数据，世纪佳缘线下收入同比增长61.5%，百合网已开设60余家VIP服务中心，并将未来目标定为开设300家门店。

另一方面，垂直电商通过扩张上下游的方式延伸产业链，以达到拓宽渠道的效果。2013年搜房网促成的交易超过1600亿元人民币，但它原先只是提供会员卖房、租房等信息，而后续交易等所需要的金融服务才创造大部分利润，因此大量的交易额产生的利润有限。目前搜房网通过“搜房金融服务平台”提供买房、租房等资金服务，将搜房信息和后续的金融服务需求相结合，提供客户更多服务，提升利润空间。汽车之家网站尝试电商模式，通过网络预售汽车，其CEO秦致认为将来汽车可能实现线上订货、线下提货，既节约销售、仓储等成本，也方便客户。

可以说，平台电商的你争我夺大大压缩了垂直电商的发展空间，但也激发了垂直电商的潜力，促进电子商务线下线上的交融。

（三）面对电商威胁，实体店如何迎战？

2013年“双11”之前，天猫鼓励实体店商家加入促销活动：在门店贴LOGO、二维码，安装支付宝POS机。不少传统品牌店进行响应，和天猫合作，如银泰商城。但据《上海商报》报道，居然之家、月星等19家家居连锁卖场达成一致，抵触这些活动。他们联合签署《中国家具协会市场委员会关于规范电子商务工作的意见》，规定“不能变相让卖场成为电商的线下体验场所”，“未经卖场允许，不许利用卖场的商标、商号进行宣传”。

家居卖场通过租赁聚集性的场地给品牌商，收取租金及销售扣点，其中租金是固定费用，扣点和商家的收入挂钩，收入越高，扣点也越多。如果实体店不经过收银台收费，而是按照天猫的构想“线下体验，线上消费”，那么收入的一部分就和扣点无关，这有可能动摇商家和卖场的合作基础，家居卖场的激烈反应也就不难理解。

家具价格不菲，不同商家的家具价差大，电商可以使得价格透明化，网络平台的低成本又可以进一步降低商品价格，增强竞争力。因此天猫“线下体验”活动只要能保证其质量和服务，便可以触动像家具业这样大件商品的利益分配。线上线下融合对于消费者来说可以提供更多信息，可以增加购物体验的多样性和便利性，但对于传统实体店来说却是一场考验。

面对电商“双11”、“双12”的激烈攻势，百货零售店也做出应对措施。上海巴黎春天推出“不打烊”活动，商场和供应商进行磋商，促使商品售价不得高于天猫的价格，并推出“满99减60”、特殊时间段“满99减70”等大幅折扣活动，加大促销力度以吸引更多消费者购买。

太平洋百货也推出相应活动，除加大折扣力度外，推出团购优惠券，叠加折扣率。置地广场亦启动“满 99 减 60”的低折扣活动。

但有参与商场促销的消费者表示，尽管折扣力度大，但因人流量激增，进出商场、试穿、付费等环节不可避免地面临排队现象，购物体验满意度大大下降，不巧又遇上新手收银员，混乱中难免出错，购物时间进一步拉长。尽管打折促销通常可以吸引部分价格敏感消费者的目光，但由于人力成本增加、利润率降低等原因，不可能一直持续下去。如何改变传统销售模式，通过提高消费者的购物体验来增加平日的销售额，才是商场应当思考和改进的问题。

一些零售企业并没有走打折促销这条老路，探索其他商业模式，令逆袭电商成为可能。河北信誉楼百货将分店开到三、四线城市，以最低价销售服装，跳过了传统服装业先加高价，再逐渐降价的过程，提高周转率。尽管毛利率低了不少——只有 20%～30%左右，但因为周转率提高，销售额激增，毛利额反而增加。安徽乐城超市推行自采模式，提高新品汰换率，使得新鲜食品不断出现在消费者眼前，吸引了不少喜欢尝新的年轻消费者，而这批消费者正是网购的主力军。由于超市的特性，并不存在购物数量底线、配送费、图优质劣等问题，获得消费者好评。

这两家超市的不断探索和收获也说明，营销其实是了解消费者心理、满足消费者需求的过程，符合消费者思维导向的商业模式，总是可以俘获不少消费者的青睐，也许这些探索给予了实体店逆袭电商思路的一些启示。

三、O2O 模式的兴起：让实体和电商融合

2012 年央视年度人物颁奖晚会上，马云豪迈预言催生亿元赌局，吸引了众人目光。当时他宣称到 2020 年，电子商务市场将会占到中国零售额的 50%。这一宣言引起了在 2013 年成为中国首富的万达集团董事长王健林的反对，他认为像洗澡、理发之类的服务，电商是取代不了的，甚至以亿元赌注与马云打赌，赌约就是看到时候电商交易额是否能真占到整个零售额的一半。

但仅仅一年之后，王健林在接受采访时便表示，亿元赌局只是一个玩笑，他将很快和马云合作。前后的反差和向马云示好的信号，也许意味着传统商业模式和电商融合是大势所趋。2013 年，O2O 的兴起更是直接证明这种融合并非只是企业家们美好的设想，在现实中有操作的可能。

（一）O2O 引发商业模式变革

网上购物已不再是什么新鲜话题，现在退休大伯大妈也纷纷在电脑下单购物等着收邮包。手机购物才是当下最新潮的话题。手机购物折射出 O2O 模式引发的变革，这成为目前中国电商领域最新的话题，也有可能成为企业发展和消费领域的下一个热点。

所谓 O2O，指的是 Online To Offline，即线下线上融合，通过线上招揽顾客提供线下商品和服务。和传统 B2C 相区别的是，O2O 更侧重服务性消费，B2C 更侧重实物消费；

O2O 的消费者到现场获得服务，涉及客流；B2C 的消费者等货上门，涉及物流；O2O 的库存是服务，B2C 的库存是商品(引用自百度百科)。

可想而知，前几年热火朝天的团购便是 O2O 模式的一种，团购网作为线上和线下的一座桥梁，牵引消费者在网上购买团购券，到实体餐馆消费。但 O2O 绝不仅仅是团购那么简单，由于移动互联的迅猛发展，手机终端成为线上线下融合的一个良好端口。淘宝的手机支付宝的转账付账功能早被不少使用者熟悉，一淘网可以使用扫描二维码查询差价，使消费者方便的比较商品线上线下不同价格，从而做出合理的购买决策，淘宝地图可以定位搜寻附近的商家，支付宝支持手机转账，同时展开扫码支付的布局；微信拥有六亿多使用者，庞大的用户基础使得 O2O 场景铺设顺利进行，微信支付给予 O2O 移动消费更多的想象空间，腾讯 CEO 马化腾对微信支付未来的设想是：将微信绑定银行卡后，可以在身边随处可见的二维码扫码快捷付款。

O2O 的应用不仅限于移动购物，以家电零售起家并取得不俗成绩的苏宁，自 2011 年起开始扩展其互联网业务，在 2013 年开展了包括云商新模式、线上线下同价、苏宁云台、互联网门店等一系列促进传统零售与互联网融合的转型，其目标是通过分析消费者对商品信息的需求，满足消费者随时随地购物的欲望，提高服务客户的能力及效率，推进零售企业改革。以苏宁云台为例，进驻可享受开放的运营数据、O2O 服务、依赖苏宁门店网络的仓储物流服务等，可说是对天猫的巨大挑战。

沃尔玛自 2012 年收购 1 号店，扩展产品渠道，实现线上线下对接后，2013 年和 1 号店继续加强合作，除将 1 号店作为进口货品的销售渠道外，还着手建立了“网上下单、店内自提”(POPU)的新模式。PUPO 这种模式在美国开展已有一段时间，在对抗电商竞争方面取得了不小成绩。这一模式可以帮助消费者节省运费、增加便利性和快捷性，在心理上给消费者更多的掌控权，并且在消费者取货的时候，还存在额外购买的可能性。同时 1 号店发布了“1 起摇一摇”服务，此功能可以向消费者传递优惠信息、折扣券等福利消息，当然也通过这些福利吸引更多的消费者在 1 号店购买商品。这种模式并非直接把货物摆在网上售卖，却是传统商业模式和电商融合的一大创新。移动购物方面，1 号店也不甘落后，2012 年移动端用户便达到 700 万，2012 年底发布“无限 1 号店”项目，通过 APP 应用实现 3D 虚拟商场之旅之后，2013 年 10 月升级 1 号店微信公众号，通过扫一扫功能便可以搜索商品售价等信息，通过点击便可以进行购买能操作。消费者除了可以通过微信账号进行搜寻商品、购买支付，可通过之前 1 号店推出的 3D 虚拟超市，解放时间、地点的限制，享有更多新鲜购物体验。但 3D 虚拟超市的大规模应用，还需场景大面积铺设和移动网络进一步发展。

以复读机出名的步步高集团目前推出步步高商城，出售包括食品饮料、个人护理家居用品在内的各类商品，将线下门店、仓储和电脑、手机应用等线上渠道相结合，整合渠道，实现线上线下双线零售，实现公司转型。和苏宁易购上千家门店支持下的密集型运输体系不同，目前步步高商城主要面向湖南市场，这也表明 O2O 模式可能从大企业、沿海大城市逐渐扩展到二三线城市及更细分的市场。

（二）O2O时代的移动互联网之争

2013年10月21日，阿里巴巴正式推出全新的“来往”软件，被外界看做是向微信的宣战。在此之前的10月18日，阿里集团CEO陆兆禧要求落实“ALL-IN无线战略”，也就是任何的产品战略都要优先考虑无线业务。

“来往”和微信相似度很高，但目标群体不像微信着眼于QQ好友和熟人，主要依托于一些弱关系社交。阿里巴巴要求员工必须使用“来往”，并且下达了“邀请百人”任务，很开“来往”就招揽了1000多万用户，但这相对于微信的6亿用户来说依然是小数字。

而本来更早推出的易信，现在面临前有微信，后有“来往”的威胁，又将作出如何的调整？当初网易开发“易信”，上线4个月获得4000万客户。12月份，网易公布其手机号码邮箱用户已突破1亿大关，CEO丁磊透露将易信和网易邮箱绑定的想法，如果这一举措成真，那么易信有可能在移动互联网用户争夺上具备极强的竞争力。

企业同时争夺移动互联网用户仅仅是移动电商竞争的开始。腾讯通过微信招揽大量客户，目前通过“微信卖场”的订单数已经占到易迅订单总数的5%以上（数据来源于《南方周末》）。微信通过公众账号等推送信息并收取服务费，现已获得南方航空、招商银行等多家企业的订阅。本作为电商业界龙头老大的阿里系感受到其强有力的威胁，推出“来往”可看做实为被动应战。尽管阿里系在电商领域占据绝对优势，即时通讯工具方面一直是腾讯的舞台。但在微信支付成为现实之后，移动互联侵蚀网上购物已不可避免，马云和马化腾的“二马之争”将会愈演愈烈。

2013年被一些人成为移动支付元年，这一支付方式的改变足以对电商业态产生巨大的影响。“双11”中微信卖场交易量为8万次，占易迅网当年交易量的13%。尽管这和淘宝天猫当天的交易量相比仍有不小差距，但手机交易的急速发展，解释了为何马云要急于推出“来往”应对潜在的巨大威胁。

相比传统的网上购物，手机支付拥有几大无法被纯粹线上购物复制的优势：

第一，信息性更强。以微信为例，由于信息推送功能、公共账号关注以及订阅功能的出现，微信的使用可以提现手机用户的独特价值理念，如果加以分析，便可能做到精准营销。这比起线上购物仅仅靠消费者的网页浏览记录来猜测消费者的喜好，要准确得多，打个比方来说，因学习需要而一次性购买教科书的学生，也许并不会再次购买同类书籍，但是在微信中关注郎咸平、关注投资理财等公共账号的用户，应该不会不对经济、金融及管理方面的信息反感。而社交网络的信息，更可以体现一个用户的基本特征。

第二，使用更方便。手机支付的随时随地，可以使消费者在乘坐公交、地铁等零碎时间进行购物，也可以在逛街看到心爱商品时立即查阅价格和实时支付，甚至可以在到某地旅游时查找地图的过程中顺便查找餐厅团购打折券。大众点评副总裁姜跃平透露，大众点评在接入微信支付的一月间，从前两周到后两周，用过两次微信支付的用户从16%

增加到20%，用过三次及以上的用户从7%增加到10%。可见这一支付方式的诞生，将对实体店和网上购物同时产生冲击，并正在改变消费者的支付习惯。

第三，融合线下更流畅。如今不管是地铁的售货机，还是部分大型商场，都开始慢慢给商品配备二维码。二维码的扫码可以增强消费者的自主性、方便性，提高购物体验满意度，并且降低商家的人力成本，更重要的一点，可以整合线上线下融合，推动O2O这种新型消费模式的扩张。

在腾讯和阿里系的“二马”之争中，支付方式可能由于其可以培养消费者的消费习惯，成为双方争夺的焦点。移动互联网时代，消费者可以通过扫描商品标签上的二维码方便地实现支付，节省了到收银台支付需要花费的时间，也可以在公车、地铁等交通工具甚至街道上方便购买临时想到的商品，这些都是消费习惯可能出现的变化。但要出现颠覆性的变化，线下布局和线上推广都很重要，目前微信支付和支付宝钱包就在这两方面不断竞争和争抢资源。两者都在加强与线下百货的合作：微信支付与天虹商城合作推出“微信逛街”栏目，与新世界共同推出虚拟会员卡，使得消费者在微信上便可以进行开卡充值等会员服务事项；支付宝钱包与银泰商城进行合作，在收银台处可以使用支付宝钱包消费，付款方式包含二维码扫描支付和声波支付。

餐饮场景、出车服务场景、地铁通道场景等消费者使用较多或人流量较大的场景，也成为两者介入较多的场景：微信支付和太平洋咖啡的合作使得消费者可以扫描特定商品或在公共账号中直接购买自己心仪的咖啡种类，微信和友宝达成协议，将超过1万台友宝贩卖机覆盖微信支付；支付宝钱包则与快的打车进行合作，使用户可以用支付宝钱包方便快捷地支付打车费用，并设想使支付宝钱包功能在2013年底覆盖全国50%的地铁贩卖机。

企业对手机支付如此重视，一方面是抢占未来市场，一方面是因为第三方支付可以绕开银联，直接联系银行，节省了POS机的费率。但要彻底打开手机支付市场，让手机用户适应并习惯新潮的支付方式是最大的问题，相对来说年轻用户对手机支付的接受度最高。腾讯及阿里拓展手机支付场景，推动消费行为习惯养成的争战还将继续下去。

四、结语

电子商务发展的速度之快总是让人们始料未及，硝烟还未散尽的促销价格战已经逐渐演变成电商与实体店之争、平台电商与垂直电商之争、O2O支付端口之争、O2O场景铺设之争……这些竞争或触及零售业的格局，或延伸供应链的上下游，或改变消费习惯，都将对中国经济的未来产生不可估算的影响。而价格战的持续、同质化的存在、市场份额的争夺，也有可能将电商业的竞争导向囚徒困境或是零和博弈。2013年苏宁董事长张近东在两会中提交提案，建议对网店征税。现有传闻商务部相关部门正在研究和调研对电商征税一事。联系到李克强总理对电商的关注，相信政府部门会对电商领域制定更加合理的行业规范，引导这一在零售业中占不小份额，并逐渐扩大其占比的行业走向更加光明的未来。

参考文献

[1] 19家大家居卖场联合抵制天猫[N]. 京华时报，2013-11-04.

[2] 慧聪网. 阿里巴巴牵手海尔，电商间竞争愈发激烈[EB/OL]. http://info.homea.hc360.com/2013/12/120834976757.shtml，2013-12-12.

[3] 艾瑞咨询. 2013Q3中国网络购物交易规模4547.6亿元，B2C向平台化发展[EB/OL]. http://ec.iresearch.cn/shopping/20131104/217734.shtml，2013-11-04.

[4] 比特网. 1号店＋微信：让电商和用户一起跑得更快[EB/OL]. http://net.chinabyte.com/159/12803659.shtml，2013-12-12.

[5] 崇晓萌. 解读O2O的三种新模式，线上线下融合非团购专利[N]. 北京商报，2012-10-31.

[6] 电商布局物流：阿里携手海尔补短板[N]. 第一财经日报，2013-12-26.

[7] 东方网. 巴黎春天不打烊促销，消费者：折扣大，体验差[EB/OL]. http://finance.eastday.com/consumption/m5/20121201/u1a7031700.html，2013-12-01.

[8] 黄山 & 岩松. 实体店真的只能被电商玩死吗？[EB/OL]. http://www.linkshop.com.cn/club/(i0vrave2qo4hh1mpgvdpxbrk)/dispbbs.aspx? rootid＝562641，2013-12-10.

[9] 南方都市报. 超市逆袭电商平台，资本催动"生鲜大战"[EB/OL]. http://epaper.oeeee.com/D/html/2013-06/27/content_1882697.htm，2013-06-27.

[10] 帅鹏坤. 电商竞争格局将生变，线下商户成争夺重点[N]. 羊城晚报，2013-12-06.

[11] 腾讯网. 线上支付进军线下：微信支付与支付宝钱包迎来攻坚战[EB/OL]. http://tech.qq.com/a/20131209/005558.htm，2013-12-09.

[12] 天天新报. 巴黎春天"三天不打烊"活动29日拉开[EB/OL]. http://www.nz86.com/article/ff8080814297be2c01429d34d06f00b6/，2013-11-28.

[13] 西安晚报. 电商和传统商铺谁能赢，马云王健林对赌一个亿[EB/OL]. http://money.163.com/13/1212/11/9FT1GI7R00253B0H.html，2013-12-12.

[14] 新华网. 电商价格战残酷，零售商探路"泛渠道"[EB/OL]. http://news.xinhuanet.com/fortune/2013-12/12/c_118533721.htm，2013-12-12.

[15] 羊城晚报. 电商竞争格局将生变[EB/OL]. http://jingji.cntv.cn/2013/12/07/ARTI-1386387262165187.shtml，2013-12-07.

[16] 央广网. 李克强对话马云畅谈电商发展，曾上淘宝被店主留言感动[EB/OL]. http://china.cnr.cn/xwwgf/201311/t20131109_514084368.shtml，2013-11-09.

[17] 赢商网. 沃尔玛：加大电商渠道建设，加强与1号店线上线下互动[EB/OL]. http://sz.winshang.com/news-199379.html，2013-11-13.

[18] 张叶（编译）. 网上下单，实体店提货[J]. 中国药店，2012，9：45-47.

[19] 赵宏民. 电商频频造节促销遇冷"双12"或成鸡肋[N]. http://www.vmeti.com/media/中国新闻网. 中国新闻网，2013-12-14.

[20] 中国电子商务研究中心. 盘点：2013年度十大电商事件[EB/OL]. http://b2b.toocle.com/detail-

6145478. html,2013-12-31.

[21] 中国电子商务研究中心. 重公司时代,垂直网站的反击战[EB/OL]. http://b2b. toocle. com/detail--6145532. html,2013-12-31.

[22] 中国新闻网. 1 号店创移动电子商务新模式,线上线下优势融合[EB/OL]. http://finance. chinanews. com/life/2012/10-16/4250328. shtml,2013-10-16.

“地方债”沉重的经济压力

一、背景

自2010年国外投行对中国地方政府债务发难后，中国的地方债务风险受到关注。2013年12月召开的中央经济工作会议，也将防控债务风险作为2014年经济工作的六大任务之一，这也是中央首次将防控债务风险列为经济工作主要任务之一。

2013年12月30日，审计署公布了2013年全国政府性债务审计结果。截至2013年6月末，全国政府性债务为30.27万亿元，其中全口径中央政府性债务合计12.38万亿元，全口径地方政府性债务合计17.89万亿元。相关数据见表1及表2。审计署的上一次大规模调查在2010年底进行，当时计算出的地方性债务总额是10.7万亿元人民币。

审计署补充，目前，国际上对政府性债务负担状况尚无统一评价标准，参考一些国家和国际组织的通常做法，本次审计以负债率、政府外债与GDP(国内生产总值)的比率、债务率和逾期债务率等指标，对2012年底我国政府性债务负担状况进行分析，目前我国政府性债务风险总体可控，但有的地方也存在一定的风险隐患。

表1　全国政府性债务规模情况表　　单位：亿元

年度	政府层级	政府负有偿还责任的债务(政府债务，下同)	政府或有债务	
			政府负有担保责任的债务	政府可能承担一定救助责任的债务
2012年底	中央	94376.72	2835.71	21621.16
	地方	96281.87	24871.29	37705.16
	合计	190658.59	27707.00	59326.32
2013年6月底	中央	98129.48	2600.72	23110.84
	地方	108859.17	26655.77	43393.72
	合计	206988.65	29256.49	66504.56

资料来源：国家审计署网站

表 2　2013 年 6 月底地方各级政府性债务规模情况表　　单位:亿元

政府层级	政府负有偿还责任的债务	政府或有债务	
		政府负有担保责任的债务	政府可能承担一定救助责任的债务
省级	17780.84	15627.58	18531.33
市级	48434.61	7424.13	17043.70
县级	39573.60	3488.04	7357.54
乡镇	3070.12	116.02	461.15
合计	108859.17	26655.77	43393.72

资料来源:国家审计署网站

在同一时期,国务院向全国人大报告称,预计 2013 年最终的 GDP 增幅将为 7.6%。2012 年 GDP 增幅为 7.7%,全球金融危机后的最高值是 2010 年的 10.4%。审计署本次的地方政府债务估值相当于 GDP 的 30%多一点,而在 2010 年底该比例为 25%。瑞银(UBS)经济学家汪涛表示:"近年(地方政府)债务增速过快,不可持续。"

与国外深陷债务危机的国家不同的是,中国的地方政府债务是内债,债权人主要是国内机构和个人。从举借主体看,根据审计署的审计结果,融资平台公司、政府部门和机构、经费补助事业单位是政府负有偿还责任债务的主要举借主体。据了解,在近年平台贷款收紧之后,一些地方变相融资的行为愈演愈烈,不少地方通过信托贷款、融资租赁、售后回租、发行理财产品、垫资施工等方式变相融资。

二、我国地方债的历史发展

根据中国现有《预算法》的规定,地方政府没有直接发行地方债券的权利,也不允许存在赤字。但实际上,地方政府通过种种方式举债的行为已经屡见不鲜。

地方债的起源于中国地方财政失衡,由于中央和地方财权与事权的非对称性和不平衡发展,地方政府要承担大量的公共事务支出,但地方税缺乏主体税种、税收渠道狭窄,必然导致财政捉襟见肘。因此地方政府长期面对资金缺口。为了平衡支出,地方政府不得不寻找另外财源以弥补收支失衡,因此土地财政和债务性融资成为地方财政的普遍模式。这个问题由来已久。

开地方融资先河的是在 20 世纪 80 年代初,广东推行了"贷款修路、收费还贷"政策,这类政府借钱发展当地基建的模式是融资平台的前身;1988 年交通部下发了《贷款修建高等级公路和大型公路桥梁、隧道收取车辆通行费规定》进一步规范了此类贷款,该模式也逐步在全国推开 。

地方政府融资平台的真正开端始于 1994 年的分税制改革,中央和地方政府开始"分灶吃饭";尽管此阶段政府融资的目的主要局限于城市基础设施建设,且铺开的范围不大，但积累的经验为后期政府融资平台的发展奠定了基础。

地方融资平台迅速推广是在1997年亚洲金融危机的爆发后，政府推行积极财政政策，刺激经济；地方政府为了安排配合中央政府的资金，同时又受到《预算法》对地方政府发债的限制，开始更多地依赖融资平台。

2008经济危机之后，4万亿的经济刺激政策和对地方举债发展的鼓励，导致地方融资平台的井喷式发展。当时我国在现行预算法基础上有所突破，通过中央财政代发地方政府债券的形式，发行2000亿元地方债，并将其纳入地方预算构成地方债务。2012年中央代发地方债额度再次增加至2500亿元。在这样的背景下，地方政府为了配合刺激政策，债务规模开始大幅扩张，本来就热衷于搞基建的地方政府如鱼得水，公路、铁路、机场、电厂、旧城改造、地铁等等一窝蜂上马，以求获得中央政府更大的支持。审计署的数据显示，地方政府的债务余额在2009年大幅增长了62%，由此开始，地方债开始进入高速扩张期。

三、地方债的现状与问题

目前，中国经济增长模式依然是主要依靠投资拉动经济增长，再加上以GDP为核心的地方官员政绩考核体系，使得地方政府为了拉动GDP增长而大举借债投资，而部分地方政府难以获得充足的财政收入来偿债，于是被迫借新债还旧债。

例如，在中央政府"稳增长"定调下，2013年中，多省出台下半年经济工作计划，其中多以启动大规模投资作为主要措施。值得注意的是，云贵川等地方债风险较高的省份，恰恰也最为积极出台投资计划。如云南省下半年经济工作的第二重点，是进一步创新投融资机制，多渠道筹集项目建设资金。云南省经济研究院院长段钢分析，云南为融资难题开出了三张药方：创新投融资机制，激活社会资金；充分利用价格杠杆，吸引社会资本参与交通、水利等基础设施建设；狠抓投资冲万亿任务落实。三张药方的目标就是要确保实现全年各项融资2500亿元。

而浙江在2013年推出一个5年投资10亿万元的刺激计划，在浙江各地引发了强烈的投资冲动，很多地区已经上报了重大项目的投资情况，并且建立了地方领导联系重大项目责任的制度。而且这一年2万亿元的投资规模仅是浙江未来5年投资中的一小部分。

从审计署本次审计结果来看，截至2012年底，有3个省级、99个市级、195个县级、3465个乡镇政府负有偿还责任债务的债务率高于100%；

2013年4月，国际评级机构穆迪宣布，确认中国主权信用评级为Aa3不变，但将前景由"正面"下调至"稳定"。穆迪预计中国2013—2014年实际国内生产总值将增长7.5%～8%，其后城镇化改造和生产效率提升将支持中国经济在2020年前保持6%～7%的增速。同时，对于金融系统更审慎、有效的监管措施以及更广泛领域的改革将防止经济不平衡的扩大，减轻经济硬着陆风险。但穆迪也指出，或有负债可能影响中国政府的资产负债表质量，妨碍经济向更平衡和更稳定的增长方式转变。另外，地方财政对于土地出售的依赖也使房地产市场更脆弱，并使地方财政健康程度下降，快速增长的影子银行信贷也给金融系统稳定性带来潜在风险。

(一) 隐含的金融风险

2013 年 12 月，美国的底特律市宣布正式申请破产，此前，底特律市政府已长期入不敷出、负债严重，2008—2012 年四年间每年负债都超过 1 亿美元。在我国，著名的鄂尔多斯，在长期被冠以“鬼城”之后，近期又被贴上了“债城”的标签，由于债务负担远远超过财政能力，政府不得不向企业借款发放公务员工资，维系政府机构的正常运转，某种意义上看，其实已经处于破产的边缘。

地方债的真正风险还不在于使某个城市破产，而是由于地方债和金融系统以及房地产市场高度相关，一旦爆发大规模违约风险，很有可能迅速波及经济全局。

地方债与土地出售、房地产业、地方性商业银行、影子银行的运作甚至小城镇建设盘根错节，形成了难以理清的症结。一旦地方债务在系统蔓延，就会首先严重拖累与之关联甚深的地方性商业银行，继而是影响到信托、国有商业银行，最终伤害实体经济。如果信用链条断裂，就很有可能发生经济危机，并严重影响到政府信用。

以备受关注的“影子银行”为例，由于近年监管部门开始实施日益严厉的管制，银行信贷资金的收缩和退出使得很多地方政府的项目进退两难，为了绕开监管获得资金支持，地方政府融资平台开始与影子银行联手，即“政信合作”。许多债务通过信托公司的运作变成理财产品，由于允诺较高的回报还获得了众多追捧。因为信托公司和所有影子银行的融资渠道最终仍然是以银行的资金为依托，而且其成本远高于银行的信贷资金。按照资金成本和投资回报测算，政府的那些投资项目根本不可能达到如此之高，那么，实际上这就是债务以新盖旧，采取滚雪球的方式变本加厉地扩大风险。在资金链条断裂的时候就会真正成为中国的“次级债”，最后伤害的必然是中国的实体经济和金融消费者的利益，成为金融风暴的始作俑者。

从房地产市场来说，目前地方政府债务的将近 80%来自银行贷款，而其中大部分贷款又都是以土地作为抵押，如果出现大规模违约现象，银行就可以行使抵押权拍卖土地，土地价格下降将迅速波及房地产市场，考虑到房地产在当前中国经济的体量，中国经济所受冲击也就不难想象。

(二) 地方政府自主财源的减少

2013 年 6 月，审计署公布的《36 个地方政府本级政府性债务审计结果》显示：18 个省会和直辖市，有 17 个承诺以土地出让收入来偿债。2010 年底，政府性债务大约有 40%要靠土地收益来偿还，而现在，部分地区这一比例已经超过一半，地方政府债务偿还高度依赖于土地收益；但与此同时，土地出让收入增幅在下降。

地方政府财政被土地财政绑架，不仅促使房价越调越高，另外土地出让的收入机制不长效。土地资源毕竟有限，同时城市规划进程也不允许无节制地开发各类土地。《36个地方政府本级政府性债务审计结果》显示，由于2012年土地出让收入增幅下降，地方偿债压力加大：2012年底，4个省本级、17个省会城市本级土地出让收入比2010年减少135.08亿元，降低2.83%，扣除成本性支出和按国家规定提取的各项收入后的可支配土地出让收入减少179.56亿元，降低8.82%。这些地区2012年以土地出让收入为偿债来源的债务需偿还本息2315.73亿元，为当年可支配土地出让收入的1.25倍。

而且，地方政府自主财源还在进一步减少，当前经济体制改革重点是减少政府干预，减少政府干预最好的办法就是加大减税规模。财政部会议称，要将交通运输业和部分现代服务业“营改增”试点推向全国，减轻企业税负约1400亿元。除“营改增”之外，目前其他减税政策还包括：九类跨境应税服务免缴增值税；企业研发费税前扣除范围扩大；股息红利实行差别化个人所得税；计入股权转让价格的盈余积累转增股本不征税；明确上海自贸区一揽子税收优惠政策等。现在地方财政本来就拮据，地方税收下降后将更加捉襟见肘。由于地方政府没有规范和合理的举债融资渠道，一则加大风险，二则进一步促使地方政府采用信托、售后回租等高融资成本的融资工具。

另一方面，地方政府集中还款风险近在咫尺。从审计署公布的报告看，从资金结构看，地方政府贷款中54%的期限在5年以上，2011年到2015年期间，大量地方债将进入还本付息期，2010年底地方政府性债务余额中，2011年、2012年到期偿还的占24.49%和17.17%，2013年至2015年到期偿还的分别占11.37%、9.28%和7.48%，2016年以后到期偿还的占30.21%。

四、思考：地方债问题的根源与出路

对于2013年底的审计结果，审计署补充，目前我国政府性债务风险总体可控，但有的地方也存在一定的风险隐患。不少研究机构也对此次审计结果做出偏正面解读。然而，结论性数据的公示，或许并不能从根本上缓解地方政府债务风险，且有可能错失建立风险防控长效机制的最佳时机。对于地方债的问题，不应单看数据本身，而应该分析其在机制上存在的深层问题，由此思考其出路所在。

综合考虑，可以从以下两个方面探讨。

（一）经济发展模式

中国地方政府债务规模的激增，折射的是经济未能实现战略转型，以及政绩考核机制未能转变所致。中国当前经济发展更多是以债务为主要支撑、依靠投资推动GDP增长的粗放式发展，尤其在中国经济结构转型、下行压力大的背景下，中国只有通过发债达到扩大支出、稳定总需求的目的。加上以GDP为核心的地方官员政绩考核体系，使得地方政府为了拉动GDP增长而大举借债投资。因此，社会对地方债的关注凸显出中国政府最为艰巨的一项任务:既要维持经济增长,又要防范金融危机。

2013 年 12 月 25 日,受国务院委托,国家发改委主任徐绍史向全国人大常委会报告了《国民经济和社会发展第十二个五年规划纲要》实施中期评估的情况。对于地方债,徐绍史表示,由于依靠投资拉动经济增长的模式没有得到根本改变,一些地区为了追求经济增长速度,盲目扩大投资,不顾条件上项目。这一做法不仅带来了产能过剩等问题,还导致地方政府性债务扩张较快、财政金融风险加大等隐患。部分地区政府性债务规模过大。

因此,从更长远的角度看,需要重新审视经济发展模式,以及政府的投资职能定位。转变对地方政府政绩的评价标准,促进政府把更专注于服务、规划和制定规则上,推动经济开发领域进一步向民间资本放开,引入市场力量等,从而自源头上减少政府投资责任带来的负债冲动。

(二) 地方政府融资平台

当前中国地方政府债务的风险不应只关注债务总量的多少,而是应该关注透明机制、预警机制的缺失,以及举债方式上存在问题。如果为了减少债务压力,贸然限制地方政府的融资,可能令公共建设停滞,经济增长乏力。

在财政收入与税收收入减少的同时,民生和稳增长仍需要刚性支出。2013 年 12 月 26 日,财政部部长楼继伟在全国财政工作会议上表示,2014 年财政工作要继续实施积极的财政政策。在 2013 年年底召开的中央城镇化工作会议中也指出要推进建设"人的城镇化",其中涉及城镇化建设中的基础设施建设与提供公共服务,都需要政府的投资。

因此,如何通过制度的设计,规范地方融资平台,使地方融资活动运行得可控、有效是问题的关键之一。

财政部部长楼继伟在 2013 年 12 月 25 日召开的全国财政工作会议上称,加强地方政府性债务管理要修明渠、堵暗道,有效防范和化解财政风险。业界解读,"修明渠、堵暗道"意味着要正式启动地方债,以政府直接债务取代现在的地方通过平台、企业借债等形式形成的债务。

地方自主发债能拓宽融资渠道,而国家信息中心预测部首席经济师范剑平认为,中央和地方财权、事权和职能重新划分之后,地方政府才有可能获得发债权。他表示,地方政府能够自主发债的前提是,地方政府必须是一个责任政府,其财政预算和财政收支要受到外部的严格监督,使得地方政府的资产负债表必须在安全可控的范围之内。但是,在中国不仅是地方政府,而且包括中央政府在内都没有这样的制度安排。

如果借鉴美、日的地方债的运行模式,地方政府的自主发债需要:法规制度的完善,需包含计划制定、债券投向、债券审核、债券发行、债券偿还、信息披露等内容;明晰政府责任,明确中央政府和地方政府事权与财权的具体划分规则,逐渐让中央政府淡出作为地方政府债务"兜底者"的角色,做到放任而不放纵;多管齐下加强监管。

而纵观美国、日本、德国和瑞典的地方债发行制度,可以发现一些共同点:

(1) 从规定发债制度的地方财政管理框架看,存在"黄金法则",即地方财政支出分成两项大费用,一是每个财政年度的经常性费用,二是长期公共服务的费用。前者主要依靠地方税解决,而地方债筹集的资金一般限于公共服务;

(2) 地方债的发行体制与本国财政体制相适应。美国和日本都是三级财政体制,地方政府承担一定事权,可根据需要通过债务融资手段融资,而欧洲各国金融市场发达,政府财权受限,所以主要采用市场化融资方式;

(3) 地方政府债务结构多样化,美国和日本将地方债分为纯公共性债务和准公共性债务,不同品种债务偿还方式不同;

(4) 地方政府发债受到法律法规的严格限制。

这些共同点或许可以给我国地方债运作模式的改进提供借鉴。

五、结语

2013 年是地方债问题备受关注的一年,中央首次将防控债务风险列为经济工作主要任务之一。表面上,是地方政府热衷于通过融资平台大肆举债,从深层次说,是经济发展方式、中央政府和地方政府事权与财权划分,以及监督制度上存在问题。因此,为地方债寻求出路多管齐下地综合治理,方能标本兼治。然而,牵一发而动全身,改革必将使一些群体受益,一些群体失利,但从长远的角度,地方债问题的解决,将使我国经济环境、金融环境更加健康和可持续发展,因此,不论是政府、企业,抑或个人,对待地方债问题有正确的态度和理智的关注和思考,都尤为重要。

参考文献

[1] 穆迪投资服务有限公司(Moody'8 Investors Service),是当今世界评级机构中最负盛名的一个评级机构。评级级别由最高的 Aaa 级到最低的 c 级,一共有 21 个级别。评级级别分为两个部分,包括投资等级和投机等级。

[2] 周晓明. 地方债:中国式的"次贷危机"——从穆迪调低中国地方政府信用谈起[J]. 财经科学,2013(9).

[3] 张留禄,朱宇. 美、日地方债发行经验对中国的启示[J]. 国际金融,2013(5).

[4] 纪慧松,荣艺华. 主要发达国家地方债制度比较[J]. 中国货币市场,2010(5).

[5] 国家审计署. 全国政府性债务审计结果[EB/OL]. 2013-12-30. http://www. audit. gov. cn/n1992130/n1992150/n1992500/3432077. html.

[6] 张连起. 中国地方政府债务危与机[EB/OL].《金融时报》中文网,2014-01-20. http://www. ftchinese. com/story/001054454#adchannel=NP_Other_story_page.

[7] 伍振. 土地偿债困局[J]. 国土资源导刊,2013(8).

[8] 求解地方债务风险[EB/OL]. 网易财经,http://money. 163. com/special/localgov-debt/.

[9] 地方债成中国经济隐忧[EB/OL]. 搜狐财经,http://business. sohu. com/s2013/dfzh/.

“乌龙指”暴露的监管缺陷

2013 年 8 月 16 日上午 11 时 05 分，上证指数一改沉闷的盘面，指数曲线直线拉起，3 分钟内上证指数暴涨超过 5%。几分钟后有媒体指出，指数异动是由于光大证券“乌龙指”引起的，但市场并不相信，指数继续上涨。午后开市，光大证券停牌，同时发布公告称，光大证券策略投资部门自营业务在使用其独立的套利系统时出现问题，公司正在进行相关核查和处置工作。至此，这次指数异常波动被确认为光大证券“乌龙指”所导致。光大证券“乌龙指”事件发生在 2013 年的大背景下，注定会引发一场证券市场制度建设的改革。

一、光大证券“乌龙指”事件暴露制度缺陷

（一）事件描述

2013 年 8 月 15 日的上证指数收于 2 081 点，8 月 16 日上证指数以 2 075 点低开，到上午 11 时为止上证指数一直在低位徘徊。11 时 05 分多只权重股瞬间出现巨额买单，大批权重股被一两个大单拉升之后，又跟着涌现出大批巨额买单，以致多达 59 只权重股封涨停。11 时 15 分上证指数开始第二波拉升，这一次最高摸到 2 198 点，在 11 时 30 分收盘时收于 2 149 点。

8 月 16 日下午 13 时光大证券公告称：因重要事项未公告临时停牌。13 时 16 分，光大证券董秘梅键表示自营盘 70 亿元乌龙纯属子虚乌有。14 时 23 分光大证券发布公告，承认套利系统出现问题，公司正在进行相关核查和处置工作。16 时 27 分左右中国证监会在下午召开的通气会上表示，上证综指瞬间上涨 5.96%，主要原因是光大证券自营账户大额买入，上交所和上海证监局正抓紧对光大证券异常交易的原因展开调查。

（二）事件调查

经初步核查，光大证券“乌龙指”事件的触发原因是系统缺陷，策略投资部使用的套利策略系统出现了问题。光大证券自营的策略交易系统包含订单生成系统和订单执行系统两个部分，存在程序调用错误、额度控制失效等设计缺陷，并被连锁触发，导致生成巨量市价委托订单，直接发送至上交所，累计申报买入 234 亿元，实际成交 72.7 亿元。同日，光大证券将 18.5 亿元股票转化为 ETF 卖出，并卖空 7 130 手股指期货合约。

尽管在核查中尚未发现人为操作差错，但光大证券该项业务内部控制存在明显的制

度缺陷，信息系统管理问题较多。中国证监会决定对光大证券正式立案调查。

（三）处罚决定

8 月 30 日下午证监会通报了对光大证券“乌龙指”事件的处罚决定：

(1) 定性为内幕交易行为。

证监会称光大证券知悉异动真正原因，而投资者并不知情，公司本应戒绝交易，待内幕信息公开后再卖空合理避险，但其具体作为违反了市场公平交易的原则。因此认定，公司在信息披露前转化卖出 ETF、卖出股指期货合约，构成了内幕交易行为。

(2) 徐浩明等 4 人终身市场禁入。

证监会对徐浩明，杨赤忠，沈诗光，杨剑波分别予以警告，罚款 60 万元并采取终身的证券市场禁入措施，并宣布为期货市场禁止进入者。对董秘梅键责令改正并处罚款 20 万元。停止光大证券从事证券自营业务（固定收益证券除外），暂停审批其新业务，责令公司整改并处分有关责任人员。

(3) 光大证券非法获利 8 721 万元。

证监会调查情况显示，光大证券在 8 月 16 日公开披露错单前，转化卖出 ETF、卖空股指期货共获利 7 414 万元，披露后，继续卖空避险、获利 1 307 万元，获利共计 8 721 万元。

(4) 投资者可以依法要求赔偿。

证监会表示，光大证券事件导致投资者损失严重，投资者可以提起诉讼依法要求赔偿。

(5) 异常交易是由交易软件产生。

光大证券异常交易事件，是因交易软件产生的极端个别事件。鉴于该案属于新型案件，证监会在深入调查基础上，组织外部专家对问题进行论证咨询。

(6) 停止光大证券从事证券自营业务。

证监会的处罚决定，没收光大证券非法所得 8 721 万元，并处以 5 倍罚款，共计 5.232 8 亿元。另外，还停止了光大证券从事证券自营业务（固定收益证券除外），责令光大证券整改并处分有关责任人。

（四）再起波澜

在被中国证监会处以终身市场禁入处罚决定后，光大证券“乌龙指”事件的直接操盘手、原光大证券策略投资部总经理杨剑波不服，向法院起诉中国证监会。

杨剑波在起诉书中称，这是一次上海证监局、上交所事先对交易知情但并没有阻止，中金所热线指导下完成的“内幕交易”。中国证监会在有充足时间告知错单交易为内幕信息的情况下并未告知，反而在事后认定为内幕交易，并予以罚款。因此证监会此前认定的内幕交易等违规缺乏法律依据。

光大证券“乌龙指”事件再起波澜，虽然杨剑波状告证监会的结果如何我们还不得而知，但这次诉讼事件本身会告诉我们，中国股市的制度建设迫在眉睫。

二、历史上中外证券市场出现过的“乌龙指”事件

股票中的“乌龙指”是指股票交易员、操盘手、股民等在交易的时候，不小心敲错了价格、数量、买卖方向等事件的统称。历史上由于监管制度上的不完善，中外证券市场曾出现过多起股票“乌龙指”交易。

(一) 日本瑞穗证券“乌龙指”

2005年12月8日上午开盘后不久，日本瑞穗证券公司一名经纪人接到客户的委托，要求以61万日元的价格卖出1股J-Com公司的股票。然而，这名交易员却犯了个致命的错误，他把指令输成了以每股1日元的价格卖出61万股。

这条错误指令在9时30分发出后，J-Com公司的股票价格便快速下跌。等到瑞穗证券公司意识到这一错误，55万股股票的交易手续已经完成。为了挽回错误，瑞穗发出了大规模买入的指令，这又带动J-Com股票出现快速上升，到8日收盘时已经涨到了77.2万日元。回购股票的行动使瑞穗蒙受了至少270亿日元的损失。

(二) 美国交易员“乌龙指”

在美国东部时间2010年5月6日下午2时47分，一名交易员在卖出股票时敲错了一个字母，将百万误打成十亿，导致道琼斯指数突然出现千点的暴跌。当天从下午2时42分到2时47分之间，道琼斯指数从10458点瞬间跌至9869.62点，与前一交易日收盘相比，下跌了998.5点。到2时58分，道指又回到10479.74点。这是道琼斯指数历史上第二大单日波幅。

(三) 纳斯达克股票市场报价系统出错

纽约当地时间2006年1月18日下午5时50分左右，由于美国纳斯达克股票市场交易报价系统发生技术故障，造成约1500只股票出现报价错误。尽管19日报价系统恢复正常，但受影响股票的错误价格变动数据仍在美国主要财经网站上出现，从而对依赖网上财经信息进行交易决策的投资者产生误导。

(四) 海尔认沽现“乌龙指”

2007年3月8日，南京一股民以1厘钱的价格买到收盘价近0.70元的海尔认沽权证，资金瞬间从820元变56万元，一天炒出了700倍的收益。这位股民称，因为当天的盘面上他看到了1厘钱的成交价格，一共买到82万份海尔认沽权证。收盘之后他查了一下自己的账户，一下子多出了50多万元。

三、国外证券市场逐步完善的监管制度

世界各国都把限制操纵市场行为的规则看做资本市场监管和增强投资者信心的重要制度设计。

(一)美国对操纵股价等违法行为绝不姑息

从1929年美国股市崩盘至今,美国证券市场发展经历多次波折,政府和行业监管也随之逐步成熟完善。从立法到执法,美国证券市场监管无不贯穿这样一个原则:对于违法行为绝不姑息。

1. 完善监管法规

1929年的经济危机之前,美国政府奉行的是自由市场原则,对证券市场监管很少。1929年股市泡沫破裂后,政府开始加强监管以规范证券交易行为和防范市场风险。从1933年到1940年,美国相继出台了《证券法》《证券交易法》等一系列法律法规,以维护市场公平、公正和公开原则,防止虚假欺诈行为。

2001年12月,美国能源巨头安然公司申请破产保护。这一事件极大地动摇了美国证券市场诚信度。为防止安然事件重演,美国于2002年通过《萨班斯-奥克斯利法》,对《证券法》和《证券交易法》进行了重要修改,在公司治理、会计职业监督和证券市场监管等方面作出很多新的规定。

2. 实施多层次监管

美国证券市场实行分级监管,形成了金字塔式的监管体制。第一层是美国证券交易委员会,对整个市场进行监督,享有法定的最高权威。美国各州也设有监管机构,在其辖区范围内对证券业进行监督。

第二层是行业自律。美国主要证券交易所、全美证券交易商协会、清算公司都有责任监督市场交易及其成员活动。这些自律组织要接受政府监管机构的监管和指导。

第三层是上市公司的监督部门、证券中介机构及社会舆论,重点监督公司与公众的交易,调查客户申诉。

3. 惩戒违法行为绝不姑息

上世纪90年代中期,投资者指控华尔街券商操纵以技术股为主的纳斯达克股市的交易价格,为此,至少有30家券商受到美国司法部的起诉,其中包括美林、高盛、JP摩根等知名券商。最后迫使华尔街以民事和解方式解决此案,这些券商支付9.1亿美元用以弥补违规经营给投资者造成的损失。

2001年,包括高盛、美林等在内的美国10家券商被指控在首次公开发行股票(IPO)

市场上有垄断行为。为了结这场官司，上述券商不得不同意支付总额超过14亿美元的罚款和其他费用。

（二）德国对证券业监管的严厉程度走在世界前列

在德国，券商等投资机构一旦被查出有操纵市场或内部交易行为，必将遭受巨额罚款乃至刑事处罚。

1. 监管渗透到证券机构的日常业务中

德国负责对证券市场进行监管的机构是联邦金融监管局。联邦金融监管局设有一个电子报告系统，每天有数百万个信息上报，所有交易所和场外市场的数据都汇集到该系统。如果发现有违规嫌疑，将直接交给分别负责监控内幕交易和市场操纵行为的部门进行调查。

依赖严密的市场监控系统，违规操作行为很难逃过监管当局的视线。近年来，联邦金融监管局查处了多起券商等投资机构违规操作的大案要案。有一起在德国引起巨大反响的案件，是西德意志州立银行操纵股价案。两名直接涉案人员被处以刑事处罚，该行行长托马斯·菲舍尔也被迫辞职。

2. 对海外投资者更是严加防范

德国监管当局对海外投资者在德国的违规操作更是严加防范。自2004年以来，联邦金融监管局一直就美国花旗集团涉嫌操纵德国国债期货市场的案件紧追不放。2006年初，虽然法兰克福地方司法当局已经裁决花旗集团的做法并不违法，但联邦金融监管局仍然对此裁决提起上诉，坚持要求追查花旗集团的“刑事犯罪行为”。

德国金融监管局对证券市场上抵押贷款证券化的标准要求也远高于美国，并且严格规定投资者持有这类高风险证券的比例，这从根本上保证了德国证券市场能够在金融危机中“过关”。

（三）印度以保护投资者利益为首要宗旨

印度证券市场在监管制度的设计中，重点突出保护投资者的利益。

1. 突出了保护投资者的利益

1992年，孟买证交所爆出该国股票交易史上最大丑闻。一批知名经纪人、银行家和政客被发现以诈骗方式从国家银行系统抽出巨额资金，操纵股市投机牟利。这一事件沉重打击了印度金融系统，导致印度证券市场罢工1个月。当年，印度议会通过了《证券交易委员会法案》，证交会成为证券市场法定监管机构。该机构设立的首要宗旨就是保护投资者利益。

2. 建立了投资者保护基金

印度证交会一方面加强对投资者的风险教育，一方面还定期与投资者进行沟通协商，并且建立了投资者保护基金，可以给因上市公司或券商违规而蒙受损失的投资者以最低限度的补偿。

（四）日本注重民间组织参与监管

日本是证券交易比较发达的国家，为了既能吸引资金又能规避风险，同时有效保护投资者的利益，日本政府采取了不少监管措施。

1. 构建多层次监管体系

日本金融证券行业的主管机关是金融厅，金融厅作为内阁府的外局，其特命担当大臣、副大臣、大臣政务官均由中央政府任命。金融厅下设总务企划、检查、监督 3 个局，此外还有 3 个独立性很高的合议制组织——证券交易监视委员会、正式会计师监察审查会和审判官设置，这些机构共同对银行、证券、保险等行业行使管理和监督职能。

2. 发挥行业自律作用

日本证券业协会是依据日本证券交易法成立的民间行业组织，但它又拥有制定规则和监督规则执行的权限。协会的主要工作是制定证券业交易规则、营业规则等，负责有关证券市场发展的调查研究，并提出相关意见。

3. 参与国际监管合作

日本迄今共有 6 个机构加入了国际证监会组织（IOSCO），积极参与国际监管合作。国际证监会组织为世界各国在规范证券交易方面提供了一个合作的平台。

四、我国证券市场呼唤制度设计

（一）证券市场操纵行为发生的原因

我国的证券市场自建立之初就一直充斥着操纵市场行为。有关于股票庄家的最新动向信息在股民中流传："坐庄"、"庄家"、"炒作"等字眼频频出现在证券市场，尤其是在 1999 年以后，中国证券市场在某种程度上说已演变为庄股市场。

1. 证券市场需要投资也需要投机

投资是根据证券的内在价值决定资金流向的行为，投机则是根据对证券的预期差价决定资金流向的行为。投机行为加速了资金的流动性，提高了证券市场活跃性，投机者也成为市场中一支主要的生力军。

2. 政策法律制度还不完善

我国证券市场是在被禁止近 30 年之后，由政府解禁并直接植入的。证券市场的建立与股份制改造同时进行，政策法律制度还不够完善，因此证券市场自我管理和风险自我控制能力都相当欠缺。

3. 流通盘小的市场容易被控制

在证券市场上，要想达到操纵目的，操纵者首先要对某只股票的流通盘的持有量达到一定数量，使其能够随心所欲地抬高或压低这只股票的价格。我国企业的国家股和法人股不允许上市流通，而庄家所能炒作的也只是股票的上市流通盘，盘子偏小的股票容易被控制操纵。

4. 收益与成本的反差巨大

我国证券市场上的操纵行为存在巨大的利润空间，极具诱惑力，而监管机构对这一类行为的查处则少之又少，即使查处也只是损失了所获利润的很少部分。这种收益与成本的巨大反差对潜在的犯罪欲望起到了刺激作用，使得此类犯罪行为屡屡发生。

(二) 构建多层次监管体制的紧迫性

要遏制证券市场的违法行为，我们要对现行的体制进行改革，要从宏观、中观和微观三个层面构建监管体制。

1. 宏观层面

宏观上要加强制度完善与观念转变。

要完善我国证券市场的基本制度，坚持不懈地推行包括监管目标的调整、交易制度的完善、投资者结构的改善、信息披露制度的强化等一系列基础性制度的改革工作。

改进反操纵市场行为的法规体系，修改并消除我国反操纵市场行为的法律法规体系不相协调的规定，明确规定各种操纵市场行为的构成要件，区分操纵行为与非操纵行为的界限及其相关的“安全港规则”。

落实操纵市场行为的民事责任制度，真正实现保护投资者利益的监管目标，鼓励投资者对操纵市场行为的追究，从而形成净化市场的重要力量，提高打击操纵市场行为的能力并减轻政府监管成本。

调整监管观念，要尽可能地在事前发现可能存在操纵的迹象。当然，这需要加强对操纵市场行为的研究，总结股票价格操纵出现的一些共同现象，提高反操纵市场行为的执法水平。

2. 中观层面

从中观层面,应当加强行业的自律监管以及新闻媒体的新闻监督。

要加强证券交易所的一线监管职能,通过制定上市规则、交易规则、信息披露等方面的标准,对其会员和上市公司进行实时监控,防止异常交易行为的发生。

发挥证券业协会的自律监管作用,以多边信誉约束功能抑制证券公司的操纵市场违法行为。协会为了规范会员公司的经营行为和维持市场秩序,利用其有特定的渠道将会员公司行为的信息在会员公司之间传递与交流,使会员公司在市场中形成一种信誉。

新闻媒体的监督不在证券市场监管的结构体系中,但新闻媒体能够对法庭、行政监管机构、自律监管组织和众多市场主体的行为进行监督。

3. 微观层面

微观层面应当落实到专业监管与执法能力的提高上。

要加强对交易市场的实时监控,完善对市场操纵行为的监管,包括制定明确而具有弹性的监管规则、建立市场侦测系统,其中市场侦测系统包括对交易市场的直接监视和对媒体的监视。

股票交易实名制是加强证券市场监管、减少市场操纵行之有效的手段之一,我国也应该积极借鉴国际经验推行实施该制度。当然,实施股票交易实名制需要一些配套措施,需要对现有投资者的账户进行重新登记和清理。

扩大监管机关的调查和处罚权力,证监会有权在必要时对证券账户和资金账户等进行调查,并准许特定人以书面形式说明有关调查事项;证监会应当和公安部门建立有效的互动机制,提高办案效率。

(三)新的保护投资者权益的制度密集出台

三中全会通过了《中共中央关于全面深化改革若干重大问题的决定》,证券市场的一系列配套方案也陆续出台。证监会发布了新股发行体制改革的意见和上市公司现金分红的监管指引,临近年底国务院又发布了"国九条",这一系列政策文件的发布,有利于净化证券市场环境,重振投资者士气,重新焕发市场的激情与活力。

1. 从新股发行体制改革看制度设计的起步

自2012年11月浙江世宝登陆中小板后,IPO停摆已超过一年。2013年11月30日中国证监会发布了《关于进一步推进新股发行体制改革的意见》,这是逐步推进股票发行从核准制向注册制过渡的重要步骤。《意见》从五个方面完善市场化运行机制。

(1) 审核理念市场化。监管部门和发审委只对发行申请文件和信息披露内容的合法合规性进行审核,不判断发行人的持续盈利能力和投资价值,改由投资者和市场自主判断。

(2) 融资方式市场化。发行人可以选择普通股、公司债或者股债结合等多种融资方式，融资手段将更加丰富自由。

(3) 发行节奏市场化。新股发行的多少和快慢将更大程度由市场决定，新股需求旺盛则多发，需求冷清则少发或者不发。

(4) 发行价格和发行方式市场化。不再管制询价、定价、配售的具体过程，由发行人与主承销商自主确定发行时机和发行方案，并根据询价情况自主协商确定新股发行价格。

(5) 约束机制市场化。不再由行政管控价格，采用市场化手段对相关责任主体进行约束。比如提前披露相关信息，加强社会监督等。

2. 从现金分红监管指引看多元化回报投资者的措施

中国证监会11月30日发布《上市公司监管指引第3号——上市公司现金分红》，重点从以下几方面加强上市公司现金分红的监管工作：

(1) 增强现金分红的透明度。证监会鼓励上市公司在章程中明确现金分红在利润分配方式中的优先顺序，要求上市公司在进行分红决策时充分听取独立董事和中小股东的意见和诉求。督促上市公司进一步强化现金分红政策的合理性、稳定性和透明度，形成稳定回报预期。

(2) 采取多元化方式回报投资者。支持上市公司结合自身发展阶段并考虑其是否有重大资本支出安排等因素制定差异化的现金分红政策。鼓励上市公司依法通过发行优先股、回购股份等多渠道回报投资者，支持上市公司在其股价低于每股净资产的情况下回购股份。

(3) 完善分红监管规定。加大对未按章程规定分红和有能力但长期不分红公司的监管约束，依法采取相应监管措施。

3. 从"国九条"看保护投资者合法权益的顶层设计

12月27日国务院发布的《关于进一步加强资本市场中小投资者合法权益保护工作的意见》(简称"国九条")，"国九条"明确提出资本市场投资者保护的宗旨原则，构建资本市场投资者权益保护的基本制度，为完善投资者保护法律体系奠定基础。此次发布的"国九条"有六大亮点：

(1) 构建投资者保护体系。"国九条"不仅划定了证监会等有关行政机关实施投资者保护方面的职责，而且要求探索建立中小投资者自律组织和公益性维权组织，向中小投资者提供救济援助；充分发挥期货证券专业律师的作用，鼓励和支持律师为中小投资者提供公益性法律援助。

(2) 优化投资回报机制。针对投资者关注的上市公司有能力而不分红的弊端，"国九条"完善了分红监管,对不履行分红承诺的上市公司,要计入诚信档案,未达到整改要求的不得进行再融资。

(3) 保障中小投资者参与决策权。"国九条"作出便利投资者行使权利的一系列制度安排,对于提高投资者权利意识、保障投资者参与权和监督权实现,推动公司治理完善等都有实际价值。

(4) 强化知情权与信息披露。资本市场是个以信息为基础要素的市场,"国九条"通过强化信息披露,确保中小投资者的知情权,有利于解决资本市场长期存在的由于信息不对称而侵害中小投资者权益的问题。

(5) 完善中小投资者维权救助机制。"国九条"根据资本市场中小投资者民事侵权纠纷与赔偿特点,要求健全救济维权工作机制,细化程序和实体的制度措施,以有利于投资者的维权。

(6) 健全投资者适当性制度。适当性管理是投资者进入资本市场的头一道保护,要根据投资者的风险承受能力将不同风险的产品配置给不同的投资者。

五、结语

我国证券市场是一个从无序到有序,不断发展的市场。在这个市场上,除了有操纵市场、内幕交易等违法行为外,还有监管上的不到位。我们认为:要遏制证券市场屡禁不止的违法行为,就一定要对现行的监管制度进行改革。

光大证券"乌龙指"事件或许是一个转折,国务院和中国证监会在年底密集出台了净化证券市场环境的一系列政策文件,尤其是"国九条"改变了我国资本市场缺乏专门的保护投资者尤其是中小投资者权益制度的局面,极大提振了市场信心。就像汪峰《飞得更高》的歌词:"我要的一种生命更灿烂,我要的一片天空更蔚蓝"。我们有理由相信,中国证券市场经过一系列的制度改革,未来将更加美好。

参考文献

[1] 8·16 光大证券乌龙指事件. 网易财经,2013-08-22,http://money. 163. com/13/0822/15/96T4KGD800254V4E. html.

[2] 乌龙事件知多少 历史上的"乌龙指". 网易财经,2013-08-16,http://money. 163. com/13/0816/14/96DGCK8000254IU4. html.

[3] 证监会对违法犯罪"零容忍". 新民晚报,2013-12-20,http://xmwb. xinmin. cn/html/2013-12/20/content_42_2. htm.

[4] 发审制度改革是"二次股改". 新闻网,2013-12-13,http://news. cnstock. com/news/sns_jd/201312/2830900. htm.

[5] 国九条激发市场活力解析六大亮点. 华讯财经,2013-12-30,http://money. 591hx. com/article/2013-12-30/0000286375s. shtml.

[6] 《关于进一步推进新股发行体制改革的意见》. 21 世纪网,2013-11-30,http://money. 21cbh. com/

2013/11-30/3MNjc2Xzk2NTk3Mg. html.

[7] 新股发行体制改革从五方面完善市场化运行机制. 中国新闻，2013-11-30，http://www. chinanews. com/gn/2013/11-30/5565436. shtml.

“并购潮”带来的战略思考

2013 年，中国企业在国际并购市场表现活跃。根据汤姆森-路透数据，截至 11 月中旬，中国企业国际并购总规模达 562 亿美元，首次超越日本成为亚洲第一大国。中海油收购加拿大尼克森公司，双汇集团收购美国史密斯菲尔德，复星国际购买纽约第一大通曼哈顿广场……一系列颇具全球影响的交易令人目不暇接。蓬勃发展的同时，中国企业的国际并购在行业分布、市场主体、投资区域等方面也呈现出一些新的趋势与问题，值得深入研究和探讨。

一、能源电力占据主导地位，消费、金融业并购持续攀升

从行业分布来看，2013 年中国企业国际并购依然主要集中于能源电力领域。根据汤森路透、投资中国及普华永道分析数据，截至 2013 年 11 月份，能源与电力并购金额占比为 44.1%，位列行业第一，但与 2012 年 57%的水平相比降幅明显。与此同时，消费服务与金融领域并购规模增长迅速，发展潜力巨大。安永最新调查显示，中国投资者对消费品、休闲服务、金融领域的兴趣正在日益增强。

(一) 能源电力实现全球布局

为了满足经济快速增长对能源电力的需求，确保资源类原材料供应渠道畅通，一直以来，中国企业国际并购的重心都是战略资源导向的。据 Dealogic 统计数据显示，2011 年中国企业国际并购交易金额前十名中，能源行业独占 8 席，并购区域集中于亚洲、大洋洲和东南亚。2012 年并购交易持续发展，并购版图拓展至中东、北美、澳大利亚等多个能源重地。2013 年，在积累国际化经验的基础上，能源电力企业的海外并购更注重全球战略布局。

2013 年能源电力行业并购势头虽然有所减弱，但依然占据最大行业份额，并且全球性并购布局特征进一步凸显。以中石油、中石化、中海油、国家电网这些央企并购主体为例：中海油于 2 月 26 日宣布完成收购加拿大尼克森公司，交易总对价 151 亿美元，创单笔海外并购交易金额最高纪录；中石油公布了四起海外并购，并购足迹遍布澳大利亚、巴西、伊拉克；中石化所公布的三起海外并购交易涉及美国、俄罗斯和埃及；电力巨头国家电网与新加坡能源公司的合作加强了其在澳洲的战略部署(见表 1)。

表1 2013能源电力行业主要并购交易

并购方	被并购方	并购内容	并购金额	并购时间
中国海洋石油有限公司	加拿大尼克森公司	中海油收购尼克森公司所有流通中的普通股和优先股	151亿美元	2013年2月26日完成并购
中国石油天然气集团公司	美国康菲石油公司	中石油将得到澳大利亚海上布劳斯盆地波塞冬项目20%权益,以及陆上凯宁盆地页岩气项目29%权益	未公布	2013年2月20日开始
中国石油化工集团公司	美国切萨皮克能源公司	收购切萨皮克能源公司俄克拉荷马州北部密西西比灰岩油藏油气资产50%权益	10.2亿美元	2013年2月23日开始
中国石油天然气集团公司	意大利埃尼集团子公司埃尼东非公司	收购意大利埃尼集团全资子公司埃尼东非公司28.57%的股权,从而间接获得莫桑比克4区块项目20%的权益	42.1亿美元	2013年3月14日开始
国家电网公司	新加坡能源公司	收购新加坡能源公司位于澳大利亚的子公司新加坡能源国际澳洲资产公司60%股权和新加坡能源澳网公司19.9%股权	未公布	2013年5月17日开始
中国石油化工集团公司	俄罗斯西布尔控股股份公司	购买拉斯诺雅尔斯克合成橡胶厂股权	未公布	2013年8月6日开始
中国石油天然气集团公司	巴西能源秘鲁公司	收购巴西能源秘鲁公司的全部股份,总计1.45亿股	约26亿美元	2013年11月13日开始
中国石油化工集团公司	美国阿帕奇石油公司	收购阿帕奇公司所属埃及资产1/3权益	31亿美元	2013年11月15日开始
中国石油天然气集团公司	美国埃克森美孚下属公司	收购埃克森美孚公司下属公司所持伊拉克西古尔纳-1期技术服务合同25%权益	未公布	2013年11完成

资料来源:根据清科网及电力行业门户网站数据整理而得

纵观能源电力企业的全球并购之路,我们可以发现,行业整体并购行为逐步趋于理性,战略目标日渐清晰。首先,着眼于完善产业链,注重薄弱环节并购。能源电力行业的企业并购行为逐步转为战略驱动型,目标在于完善全产业链布局,并购以弥补薄弱环节为先,力图实现对产业链、综合运营以及定价权的掌控;其次,在区位选择方面,并购资金在“多点开花”的基础上更偏向流入欧美高端市场。与以往主要集中于亚洲、非洲、南美洲地区不同，2011 年之后，并购越来越倾向于北美洲、大洋洲和欧洲一些区域。这一举措有利于企业接轨高端成熟市场，整合优质资源，进一步提升国际竞争力；再次，并购多采取渐进策略。能源电力行业的投资大多具有敏感性，容易遭受来自东道国的政治阻力。渐进式策略能够在合作初期减少阻碍，确立互利互惠原则，为并购成功奠定基础。

(二) 消费服务领域受青睐

伴随中国消费市场的急速扩张，消费者对高品质产品需求的增加，越来越多的中国企业将并购目光瞄准消费服务行业。2013 年消费服务行业的并购交易持续攀升：开元旅业 1 050 万欧元收购法兰克福金郁金香饭店；上海裕都 4 700 万美金收购美国加州万豪酒店；航海集团收购西班牙 NH 酒店 20%股权(见表 2)，等等。其中，最引人注目的当属双汇集团收购美国肉类生产商史密斯菲尔德。

表 2　2013 消费服务行业主要并购交易

并购方	被并购方	并购内容	并购金额	并购时间
开元旅业集团	德国法兰克福市原金郁金香饭店	开元旅业集团有限公司收购德国法兰克福市金郁金香酒店 100%股权	1 050 万欧元	2013 年 4 月 4 日完成并购
中国海南航空集团	西班牙 NH 酒店集团	中国海南航空集团拟购买西班牙 NH 酒店 20%股份	4.316 亿欧元	2013 年 5 月开始
双汇国际	美国史密斯菲尔德	双汇国际宣布将收购史密斯菲尔德发行的所有股票	71 亿美元	2013 年 5 月 29 日开始
上海裕都旗下兴力达集团	美国加州万豪酒店	上海裕都旗下兴力达集团成功受让美国加州万豪酒店 100%股权	4 700 万美元	2013 年 11 月 21 日完成并购

资料来源：根据清科网及各大网站数据整理而得

2013 年 5 月 29 日，双汇国际宣布将以 71 亿美元收购史密斯菲尔德发行的所有股票。此举创造了消费服务行业并购金额记录，引发各界热议，有关收购的战略意义成为关注的焦点。双汇集团是中国最大的肉类加工企业，主导中低端市场。史密斯菲尔德则是全球规模最大的生猪生产商及猪肉供应商，拥有完整的产业链和先进的生产模式。从战略的角度来看，并购将有助于双汇集团实现从市场交易为主的模式向垂直一体化模式的转换，打造“种猪－商品猪－饲料－屠宰－深加工－品牌猪肉”完整产业链条；获取先进技术与管理经验，建立世界领先的食品安全体系；重塑品牌形象，世界范围内拓展中高端市场。但是，我们也需要警惕并购所存在的风险，特别是双汇收购史密斯菲尔德这种“蛇吞象”的模式。并购之后，双汇集团的运营成本、资源配置、管理能力将面临巨大挑战，需要投入大量人力、物力进行整合资源、拓展营销渠道，才能真正从并购中受益。9月26日，双汇并购史密斯菲尔德宣告完成，但能否达成最初的目标还有待时间的检验。

目前，中国的消费结构正在逐步从基本的生存型消费向发展型、享受型消费过度，消费升级趋势明显。据美国波士顿咨询公司数据显示，2010至2020年，中国内地中产及以上的人口数量将从1.45亿激增至4.15亿，中国正在走入消费升级时代。并购有助于中国企业吸纳优质资源，提升市场定位，向上游产业链资源靠近，打造高端品牌。一些新型消费、高端消费、现代服务业正逐步成为投资热点。需要注意的是，消费服务业的核心是品牌、技术等无形资产，并购之后企业的管理模式将面对挑战。

（三）金融业交易趋于活跃

近年来，随着中国金融自由化进程不断推进，企业纷纷加快了金融业并购的步伐。2013年，国际并购金融业占比为14.4%，与2008年相比增幅高达66%，其中，证券企业表现最为抢眼。2013年7月31日，中信证券宣布正式完成收购里昂证券剩余80.1%股份，以12.52亿美元的总对价拥有里昂证券全部股权，历时三年的收购终于尘埃落定。这一交易是中国券商对欧美股权的境外券商的首次收购，格外引人注目。同为7月，广发证券股份有限公司宣布收购NCM期货，借此获取伦敦金属交易所等多交易所结算会员资格。银行业的亮点当属建设银行以7.64亿美元收购巴西工商银行72%股份，开启了拉美金融市场大门（见表3）。

表3 2013金融行业主要并购交易

并购方	被并购方	并购内容	并购金额	并购时间
广发期货	NCM期货公司	广发期货香港获得NCM期货公司100%股权	3614万美元	2013年7月23日完成并购
中信证券	法国里昂证券	中信证券收购里昂证券全部股权	12.52亿美元	2013年7月31日完成并购
建设银行	巴西工商银行	建设银行以7.64亿美元收购巴西工商银行72%股份	7.64亿美元	2013年10月31日开始

资料来源：根据清科网及各大网站数据整理而得

回顾上述案例可以发现，2013年中国金融业海外并购出现了新特点：第一，并购区域选择倾向于发达市场。以往金融业并购的目的主要在于开拓新兴市场，例如建设银行收购美银亚洲，工商银行收购南非标准银行、泰国ACL银行，等等。近期受次贷危机余波及欧债危机影响，欧美金融资产市值下降，发达市场成为了并购首选。中信对法国里昂证券的收购正是中国券商第一次进军欧美发达金融市场，意义重大；第二，收购多以控股型战略为主。无论是中信对里昂证券、广发对 NCM 的 100%股权收购，还是建行收购巴西工商银行 72%的股份，2013 年金融业的海外并购主打控股牌。控股型战略有利于中国企业在短时间内取得被收购方的机构网络和客户基础，实现资源整合，从而成为国际化战略的首选方针。

二、民营企业异军突起，逐渐成为并购主力

民营经济历经 30 多年的发展，已经成为拉动中国经济增长的重要力量。随着其由小到大，由弱变强，企业制度不断完善，创新实力持续增强，企业国际并购的步伐也在不断加快。根据安永发布数据，2012 年中国民营企业国际投资规模为 255 亿美元，是 2008 年的 8 倍，并购额增长速率远高于整体经济的海外并购速度。2013 年前三季度，民营企业占国际并购主力 45%，正逐步成为中国企业海外并购的主要力量。总体而言，目前中国民营经济国际并购具有以下趋势：

（一）并购数量与规模逐步上升

2001 年 8 月，万向集团收购美国 UAI 公司，开创了民企海外并购的先河。13 年来，民营经济有了长足的发展，为“出海”做好了管理制度、资金储备、竞争实力方面的准备。金融危机、欧洲危机的爆发导致许多国外实体或金融机构资产价格大幅下降，拓宽了民营企业海外并购可选范围。目前，中国民营企业海外并购无论是数量上还是规模上都有较快增长。

根据统计资料显示，2001 至 2007 年，中国民营企业国际并购事件仅有 39 起，而 2008 至 2010 年短短三年时间，并购事件就达 59 起。近几年，参与国际并购的民企数量增长更为显著，2012 年民企并购数量占比高达 62.2%，首次超过了国有企业。并且，高质量的民企并购案例不断涌现。2013 年上半年，中国企业对外投资十大投资案例中，民营企业并购案独占 4 席，相比 2012 年同期仅有 1 例的情况有了长足发展。

民营企业并购规模不断增大，甚至出现了一些超大型交易，总体呈现立体分布态势。2012 年，民企每年单宗交易金额为 1.78 亿美元，远远高于 2008 年 3 630 万美元的平均值。根据安永和德勤发布的数据显示，2013 年上半年，并购金额低于 1 亿美元的民企海外并购案例占比为 48.1%，为 2005 年以来的最低值。1 亿美元至 10 亿美元的海外并购案中，民企占比为 38.9%，例如大连万达集团股份有限公司以约 5 亿美元收购英国豪华游艇制造商圣斯克；海航斥资 3.08 亿美元收购西班牙连锁酒店 NH；迈瑞持资 1.05 亿美元收购美国 ZONARE 公司，等等。在 10 亿美元以上的超大型交易中，民企占比为 13%，与往年相比增幅显著，双汇集团 71 亿美元收购史密斯菲尔德更是创下了民企国际并购交易金额记录。

(二) 并购侧重技术类无形资产

目前,大多数中国民营企业仍处于价值链中低端,缺乏核心技术,已成为制约企业进一步发展的瓶颈。依靠自身力量扭转这一局面需要巨额投入和承担较大风险,对于规模较小,资金有限的民营企业并不是理想选择。然而,通过并购的方式,民营企业可以在短时间内实现跨越式发展。因此,中国民营企业国际并购侧重于获取技术等优质无形资源,提高其在国际市场的竞争力。

2013 年,民营企业涉足的国际并购案例中,有相当一部分剑指技术、品牌等无形资源。其中最具代表性的当属万向收购 A123 一案。并购方万向集团是从事汽车零配件生产的大型民营企业,上世纪 90 年代末就开始涉足海外并购市场,目前已拥有完整的全球供应链系统。万向集团虽然在传统的汽车零配件市场拥有较强优势,但新能源汽车市场对其而言还是一个新的领域。被并购方美国 A123 公司则是一家拥有众多专利的研发型企业,特别是在电池技术方面具有较强优势。万向收购 A123,看重的是对方先进锂电池核心技术与产业化经验。得益于并购后所获得的关键技术,万向集团将大大缩短新能源汽车的研发进程,构建全球化的新能源汽车零部件供应平台。

虽然海外并购是企业通往国际市场的一条捷径,但同时也是一把“双刃剑”,并购失败、企业受损的案例屡见不鲜。麦肯锡公司的调查结果显示,并购失败的案例占 61%,前景不明的占 16%,成功的仅为 23%。特别是有关高科技的并购案件,失败率更高。2003 年 11 月,TCL 集团并购法国汤姆逊公司,原本期望通过并购获取电视机方面的核心技术,结果非但没有获益,还背上了沉重的包袱,亏损数额巨大。导致并购失败的原因在于 TCL 在最初选择并购对象时,只注重短期效益,对国际市场的技术发展趋势缺乏正确的研判。当时汤姆逊所拥有的 C R T 电视屏幕显示技术已经较为落后,当液晶、等离子技术引导的产业升级到来时,TCL 集团通过并购获得核心技术的计划彻底失败。TCL 虽然是国有控股企业,但其经验教训对民营企业同样适用。

从上述案例对比我们可以看出,虽然中国企业特别是民营企业均意识到并购对企业核心技术跨越式发展的重要性,但能否对行业发展、目标企业无形资产状况、自身技术承接能力有全面、深入的了解将直接影响并购结果。首先,技术导向型并购在选择并购目标时,一定要系统地分析国际市场环境,洞悉行业未来技术发展方向;其次,并购之前需要对目标企业无形资产系统进行透彻分析,知己知彼,才能提高并购成功率;再次,并购并非单纯的技术获取,需要以企业自身的技术支撑为基础。例如 2009 年四川腾中收购美国悍马落空,双方技术方面的巨大差距即为主要原因之一。

(三) 基金成为重要融资渠道

国际并购需要庞大的资金做支撑,完全依靠自有资金难度较大。融资是目前民营企业面临的一个主要困难。我国民营企业由于自身规模较小、管理体系不健全、缺乏并购经验等因素，比国有企业更难获取国内银行的金融支持。近几年，很多民营企业并购融资采用了基金的方式。

基金公司不仅拥有充裕的资金，而且对海外市场较为熟悉，拥有专业管理团队，能够为民营企业国际并购提供有力的支持，正逐步成许多民营企业“走出去”的理想选择。2010年，吉利收购北欧最大汽车企业沃尔沃，所需18亿美元巨资中便有高盛旗下私募基金组织的注资。2012年三一重工集团携手中信产业基金公司收购德国普茨迈斯特公司成为了中国民营企业与本土PE基金合作进行海外收购的首个案例。2013年，复星集团在中国海外并购市场上表现亮眼：收购以色列医疗美容器械生产企业Alma Lasers，购买意大利奢侈男装品牌Caruso 35%的股权，以7.25亿美元买入曼哈顿地标建筑物。这一系列令人咂舌的大手笔收购都和基金的支持分不开。

民营企业国际并购和基金联合，一方面可以解决企业融资问题，有效规避并购风险；另一方面能够为基金带来丰厚的回报，这一“双赢”模式必定成为我国民企海外并购融资的主流方式。相比海外基金，相同文化背景下的本土基金和民企更容易沟通，较少出现道德风险。但目前我国本土的基金数量为数不多，国际化程度较低，在国际并购中难以占据主导地位。鼓励本土基金发展将会对我国民企实施海外发展战略具有重要意义。这一方面也得到了相关政策支持，2012年下半年出台的《关于鼓励和引导民营企业积极开展境外投资的实施意见》鼓励中国有条件的企业和机构成立涉外股权投资基金，充分体现股权投资基金对企业进行境外投资的推动作用。

三、并购遍布五大洲，美国欧洲成重点

根据顺向对外投资理论，国际并购的区位选择会采取先近后远的策略。2003至2008年，我国国际并购的地区分布为：亚洲71.4%、拉丁美洲13%、，欧洲5.9%、大洋洲4.4%、北美洲2.7%、非洲2.6%，亚洲占比远高于其他地区。我国当时正处于海外并购初期，企业由于缺乏经验，往往会选择较为熟悉的周边国家以降低风险。相对而言，亚洲国家和我国文化差异较小，资源、劳动力等各项成本较低，因此成为了我国企业并购首选区域。2008年金融危机爆发之后，我国企业的并购策略发生了转折。一方面，美国和欧洲的许多企业资产大幅缩水，为并购带来了机遇；另一方面，中国企业海外并购逐步转向了技术获取和向产业链高端延伸，因此，企业开始越来越多地选择和欧美发达经济体合作。

2013年上半年，我国企业国际并购遍布五大洲，从交易数量来看，欧洲占比为43%，北美为23%，大洋洲为15%，亚洲为11%（见图1），欧洲成为了企业并购的首选之地。从交易金额来看，北美以912.4亿美元高居榜首，第二名为欧洲，金额为802.4亿美元。从整体趋势上来看，目前我国并购主要以欧洲和北美等发达国家为主，大洋洲和南美也是吸引投资的重要区域。

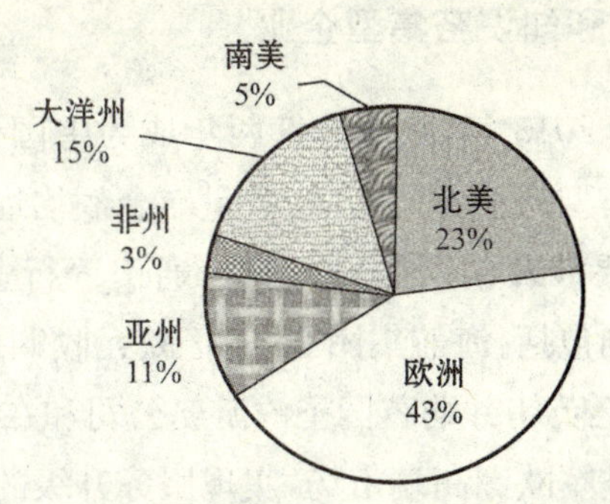

图 1　我国国际并购区位分布图(按交易数量)

资料来源:根据德勤发布数据整理而成

(一) 美国成为各行业投资热土

2013 年上半年,91 起并购案中有 14 起发生在美国,其中金额超过 10 亿美元的超大型交易有 3 例,占比高达 21%。并购涉及行业较广,重心逐渐从能源与资源转向消费服务、地产行业。能源与资源行业并购案以中化集团 18.3 亿美元收购美国先锋自然资源公司,中石化 10.2 亿美元收购切萨皮克能源为代表。无论是数量还是金额都比 2012 年下半年有所下降,表明随着我国经济发展日趋成熟,资源导向型的并购需求正逐步减少。与此同时,消费服务业却逐步升温,前文所述的双汇收购史密斯菲尔德是其中最受瞩目的案例。受到国内房地产市场价格居高不下,人民币不断升值,美国地产逐步复苏等因素影响,房地产行业的并购增长迅速。根据仲量联行公布数据显示,截止 2013 年 11 月,中国房地产海外投资超过 50 亿美元,比 2012 年增长 25%。其中投资于美国房地产市场的交易总额为 20 亿美元,占全球投资的 40%。收购大事件有:SOHO 中国拟出资 7 亿美元收购通用汽车大厦 40%股份;绿地集团 10 亿美元签约洛杉矶中心区大都会项目;复星集团 7.25 亿美元购买纽约曼哈顿广场。

复星国际收购曼哈顿广场标志着中国企业对美国高端商业地产展开布局。第一大通曼哈顿广场是纽约地标性建筑,历史悠久,地理位置突出,金融危机之前曾是摩根大通曼哈顿银行的全球总部。世贸中心的重建以及 Fulton 街地铁枢纽改造而形成的新商圈更让复星国际对其升值潜力充满信心。但是,在为中国企业进军美国高端商业地产而喝彩的同时,也要警惕由此可能导致的风险。纵观历史,日本在十几年前也曾对美国地产展开令人震惊的收购:1989 年,东京三菱地产公司以 13.73 亿美元的高价收购洛克菲勒所属 14 座办公大楼,拥有洛克菲勒中心 80%的股权;1991 年,日本人横井英树一举买下帝国大厦。然而随着日本经济形势恶化,这些地产又被卖还给美国,收购壮举最后均以惨败收场。因此,在进行大规模高端地产收购之前,企业一定要保持谨慎,对各项风险和将来的市场走向进行全面评估分析。

（二）欧洲瞄准高科技和知识密集型企业

有关研究指出，2012 和 2013 年，欧洲连续两年成为中国企业跨国并购的首选区域，特别是在高科技和知识密集型产业方面，并购数量与金额均远超其他地区。2013 年中国企业在欧洲的并购交易主要涉及消费服务、制造、通信等行业，大多数为技术资源导向型。消费服务业的主要案例包括：海航集团 2.34 亿欧元收购西班牙 NH 连锁酒店；万达集团分别以 3.2 亿英镑、7 亿英镑并购英国圣汐游艇公司和在伦敦主城区修建万达酒店。这些交易展示了我国企业进军欧洲高端市场，实现服务升级的决心。

制造业方面较为重要的案例是中联重科收购德国 M-TEC。M-TEC 公司创立于 1978 年，是干混砂浆设备的龙头企业，拥有全球领先的专业技术。中联重科是我国最大的工程机械企业，拥有巨大的市场空间。通过并购，中联重科的品牌知名度能够得到极大的提升，更为重要的是，能够实现核心技术上的突破，在混砂浆设备领域的竞争中取得领先地位。中联对 M-TEC 的并购代表了我国传统制造业企业在欧洲成熟市场并购战略的转变：由从前一味注重扩张规模，拓展市场的粗放型并购模式转向了侧重技术、品牌等无形资产的集约型模式。

通信行业方面，2013 年 8 月，华为完成了对比利时硅光技术开发商 Caliopa 公司的并购，开启了硅光子学研发领域的大门。此举被视为华为在欧洲市场强化研发战略布局的一部分。华为的国际并购之路可谓历经坎坷。2007 年，华为联合贝恩资本欲以 22 亿美元收购美国网络设备制造商 3Com 公司，结果受到美国监管部门严格审查，最终以涉及敏感技术为由未能成功。之后收购互联网软件提供商 2Wire 和摩托罗拉也以同样的理由遭遇“滑铁卢”。接二连三的失败之后，华为认识到美国在高科技领域对外资并购所设立的限制难以突破，因而转攻欧洲。在欧洲市场上，华为采用了由小到大，由成立研发中心到实施并购的“渐进”战略，成绩斐然。2012 年 1 月，华为收购了英国集合光电中心有限公司（CIP），在此基础上，2013 年 10 月，华为宣布成立英国研发中心，进行光电子、终端设计、软件开发等领域研究。加上之前在瑞典斯德哥尔摩成立的技术设计中心，以及 2012 年成立于赫尔辛基的移动终端研发中心，华为在欧洲的战略布局已经形成。华为的并购经历为中国企业，特别是高新技术企业进行国际并购提供了宝贵的经验：首先，在区域选择上应避免政治敏感性较高的国家，尽量选择环境友好，沟通渠道通畅的地区；其次，涉及敏感行业的并购活动应采用“由点到面，逐次展开”的策略。以和目标地区的企业进行项目合作为切入点，在双方逐步了解的基础上再进并购活动。

（三）大洋洲矿产资源仍具吸引力

近年来，矿产资源类交易在大洋洲并购案例中始终占据主要地位。原因主要有两方面：一是大洋洲矿产资源丰富，种类繁多，品质上乘，特别是澳大利亚，铁、铝土、镍、铀等矿藏均居世界前列；二是澳大利亚等国家商业环境较为稳定，对并购活动的支持度较高，交易成本低。2013 年,大洋洲较为重要的矿产资源并购交易主要两起:洛阳钼业收购澳大利亚北帕克斯铜金矿以及天齐锂业收购泰利森。

2013 年 12 月,洛阳栾川钼业集团股份有限公司宣布以 8.2 亿美元的金额完成对澳大利亚北帕克斯铜金矿 80%股权的收购。北帕克斯铜金矿是澳大利亚 2012 年四大产铜矿之一,位于澳大利亚新南威尔士州的成熟采矿管辖权区,品质较高,目前剩余可开采年限超过 20 年。并购方洛阳栾川钼业集团股份有限公司主要从事钼、钨及黄金等稀贵金属的采选、冶炼、深加工等。并购使得洛阳钼业进入了铜矿业领域,一方面能够推动洛阳钼业走向国际化市场;另一方面能够拓展其资产组合,弥补基础金属这一短板。这次并购是中国钼业近年来规模最大的一次,标志着中国企业资源类国际并购开始注重全产业链条战略布局,意图通过并购实现上、下游产业一体化,从而增强市场控制力和行业竞争力。

2013 年 3 月,天齐集团完成对澳大利亚泰利森 100%股权的收购,收购金额 10.05 亿加元。泰利森是世界最大的固体锂矿拥有者及供应商,占据全球锂资源市场份额 31%,同时也是天齐锂业的唯一供应商。天齐锂业是全球最大的矿石提锂企业,主要从事锂资源开发和中高端锂产品研发。此次并购属于典型意义上的纵向并购。作为唯一上游原材料供应商,泰利森对天齐意义重大,为了减少风险,降低交易成本,实施并购对天齐而言是一个理想的选择。由于天齐集团和泰利森资产相差巨大,这一并购活动被业界人士称为“蛇吞象”,天齐集团通过贷款、非公开发行募集资金等多种方式进行融资才得以顺利完成收购。通过并购,天齐集团实现了对原材料资源的掌控,增强了抵御风险的能力,从单一的锂加工企业升级为拥有锂矿资源,产业链完整的跨国企业。

四、机遇和挑战并存,风险防范是关键

国际并购快速发展的同时,也潜藏了一些风险,并购对企业而言既是机遇,也是挑战。中国企业的并购交易并非都一帆风顺,“交学费”甚至是付出惨痛代价的案例比比皆是。除了大家所熟知的财务、法律等方面的风险防范之外,更为重要的是进行文化资源整合以及政治风险的化解。

(一) 进行文化整合和重塑

国际并购历来存在“七七定律”:70%的并购交易没能实现预期的商业价值,这其中的 70%是由于文化整合失败所导致。国际并购实施中,会面临不同的民族文化和企业文化。文化就像是一条隐形的纽带贯穿于并购之后企业融合的整个过程,关系重大。正如联想集团原董事长柳传志所说:对境外并购交易中文化融合的难度,估计多高都不算过分,文化磨合决定收购的成败。因此,中国企业从事国际并购活动时,需要从加强交流、尊重和适应彼此文化模式、争取工会支持、聘请国际化的专业团队等多个角度努力,对文化资源进行整合和重塑。

吉利并购沃尔沃为我们提供了一个文化整合成功的经典案例。2010 年 3 月,中国民营企业吉利控股集团宣布收购沃尔沃轿车公司,"一石激起千层浪",引起各界热议。其中,"草根"吉利与欧洲豪门沃尔沃的文化冲突成为大家关注的焦点,更有业内人士指出,并购无论带来多少难题,都比不上双方文化差异所可能导致的危害严重。面对文化难题,吉利采取了如下举措:第一,尊重对方企业文化,保持良好的沟通。并购初期,瑞典方面曾质疑吉利是否能够理解沃尔沃的文化和员工的工作方式。吉利针对质疑反复强调会尊重当地文化,保障员工各项利益,并在一定程度上保持沃尔沃的独立运营。此外,吉利还邀请沃尔沃工会到中国总部访问以加深了解,最终获得了工会的支持。得到工会的认同无疑为吉利开启了和沃尔沃员工之间沟通的大门,对双方企业文化的融合起到了关键作用;第二,聘请国际化的管理团队。无论在收购阶段还是在收购结束之后,吉利都注重与深谙欧美企业文化,具有国际化背景的专业团队的合作。在并购阶段,吉利组建了洛希尔、德勤、罗兰贝格等具有丰富跨国并购经验的专家团队,扫除了文化障碍,保障并购顺利进行。并购完成之后又成立了由曾经效力于大众、福特、宝马等著名企业的高级管理人才组成董事会,这一跨国管理团队的组成对加强并购后的企业文化融合起到了积极作用。正是由于吉利集团在并购中高度重视企业文化整合,采取积极的沟通措施,营造良好软环境,才使得并购战略得以顺利实施。

反观上汽并购韩国双龙这一失败案例,其主要原因即是文化磨合失败。并购完成之后,上汽对双龙的企业文化缺乏了解和尊重,和工会之间较少沟通,仅仅是以管理者的身份入主双龙,引发了文化抵触。双方的认同障碍导致技术和品牌合作无法顺利展开,管理层和工会之间关系紧张,工会动辄罢工威胁。最终,并购不但没有为上汽带来预期的收益,反而一步步被拖入亏损的泥潭。

(二)加强政治风险管理

近年来,中国企业在海外并购活动中屡屡遭受来自东道国的政治阻力。例如华为对摩托罗拉、三叶系统公司的收购遭拒,中铝公司收购力拓集团中途受阻,中海油竞购美国优尼科失败,等等。麦肯锡的研究报告指出,中国企业在过去 20 年时间中有高达 67%的收购不成功,其中政治风险是一个重要因素。这些政治风险有些源自西方国家对我国资本的误解与偏见,有些是出于贸易保护的目的,还有一些由经济民族主义导致。中国企业在进行海外并购时应当充分考虑政治风险要素,特别是涉及资源、矿产、高科技行业的收购活动,更应当加强政治风险管理。面临政治风险,中国企业应当从建立积极的磋商机制、实施本土化并购策略、聘请当地专业机构等方面进行努力,化解政治风险。

中海油从失意优尼科到牵手尼克森的经历,向我们展现了中国企业在海外并购中面对政治风险如何不断成长,由折戟沉沙到从容应对的转变。2005 年 6 月,在中海油向优尼科发出收购要约之后即遭到来自美国强大的政治阻力。无论是美国众议院以中海油"将可能采取威胁到美国国家安全的行动"为由通过议案,反对并购。中海油并购优尼科以中海油退出而告终。这次的失败并没有让中海油停下收购的脚步,汲取经验教训的基础上,2013 年 2 月中海油宣布成功并购加拿大尼克森公司。收购尼克森的过程并非一帆风顺,同样存在政治风险隐患,但中海油从法律、财务、社会公共关系等角度进行了充分准备,得以成功化解风险。首先,在目标国的选取上,中海油选择了具有温和外交环境,与我国有较多经济往来的加拿大。良好的外交关系,对未来经济发展一致的观念奠定了成功并购的基础;其次,中海建立了积极的沟通机制,充分尊重对方的利益,承诺保留原有雇员,大大降低了并购中的冲突;再次,实施本土化并购策略,通过在加拿大设立的附属公司进行间接并购。由以上案例可以看出,中国企业,特别是国有企业在实施海外并购时,容易被误读为政治行为,而通过及时有效沟通,采取本土化并购策略体现并购交易的商业化属性,组建有经验的专业团队等一系列努力能够减少政治阻碍,确保风险可控。

五、结语

加入世贸组织以来,中国企业国际并购持续增长,已成为全球并购市场的一股新兴力量。2013 年,国际并购整体表现较为活跃,无论是数量还是交易规模均较以前有大幅攀升。特别是下半年,伴随欧美等主要合作国战略投资者信心的回升,并购交易增长势头强劲。行业发展方面,多元化趋势日益明显,虽然能源电力仍是重点,但是投资者对消费服务、金融行业越发青睐。投资主体方面,民营企业的异军突起打破了国有企业垄断国际并购市场的局面,在投资数量和交易金额方面均有赶超国有企业之势,特别是在高科技行业方面的表现更为亮眼。区域选择方面,走出"周边"国家,瞄准美国、欧洲等成熟市场的投资布局更为明显,企业国际并购越来越倾向于技术、服务升级和向产业链高端延伸。国际并购对中国企业而言既是机遇也是挑战,为了切实加强并购的成功率,需要防范文化资源整合风险和政治风险。回顾 2013 年的国际并购大事件,我们可以发现,通过并购交易实现外延式扩张,获取技术、品牌等无形资本,探索全球市场已成为中国企业发展壮大的必由之路。随着中国投资者并购经验的不断丰富,海外投资环境的逐步改善,我们相信,2014 年中国企业国际并购活动将会继续保持活跃。

参考文献

[1] M&A 2013 mid Year Review and Outlook Press Briefing ThomsonReuters[EB/OL]. China Venture and PwC analysis, http://www.pwc.dk/da_DK/dk/nyt/finance/deal/assets/china-m-a-mid-year-review-2013.pdf.

[2] 2013 能源央企海外收购盘点[EB/OL]. 中国电力网,2014 年 1 月 6 日,http://www.chinapower.com.cn/newsarticle/1202/new1202035.asp.

[3] 回眸能源企业海外并购二十年[EB/OL]. 北极星电力网新闻中心,2013 年 7 月 3 日,http://news.bjx.com.cn/html/20130703/443450.shtml.

[4] 中国企业海外并购高峰来临 能源消费行业受青睐[EB/OL]. 搜狐财经,2013 年 10 月 16 日,

http://business.sohu.com/20131016/n388319552.shtml.
[5] 向价值链上游攀登——中国对外并购复兴之路[N].德勤中国发布对外并购年度报告.
[6] 我国民营企业海外并购的风险及其规避对策[J].经济研究导刊,2013(32).
[7] 王杏双.我国企业海外并购失败的原因与对策分析[J].广东经济,2011(6).
[8] 王云帆,李关云,慕丽洁.专访复星集团副董事长、CEO梁信军:动力升级论:复星投资海外就是为了“做多中国”[N].21世纪经济报道,2013-11-18.
[9] 王伟明,项代有.企业海外并购的现状特点及对策建议[J].中外企业家,2013(9).
[10] 复星购买美国曼哈顿广场[EB/OL].新浪财经,2013-12-20,http://finance.sina.com.cn/chanjing/gsnews/20131220/011917692269.shtml.
[11] 最新投资报告显示:欧洲排名中国企业跨境并购之首[EB/OL].中新网,2013-09-27,http://finance.chinanews.com/cj/2013/09-27/5328006.shtml.
[12] 余典范.中国企业海外并购文化整合失败的案例与经营教训[J].企业文明,2013(9).
[13] 白少君,卢珊,李雪茹.中国企业海外并购文化整合典型案例分析[J].开发研究,2013(2).
[14] 程立茹,李书江.我国企业海外并购的政治风险及防范策略研究[J].对外经济贸易大学学报,2013(5).

“攻坚战”提出的深刻问题

在跌宕起伏中，国企走过了充满矛盾、挑战与考验的2012。2013年，社会关注的焦点并没有从国企身上移开，国企问题频现，改革的热点聚焦国企，中国国企注定拥有一个不安静的2013。据国务院国资委2013年12月公布的数据显示，2013年1至11月，多数企业经济效益继续改善，11户中央企业利润增量超过50亿元，其中中国石化超过100亿元，中国华能、一汽集团、华润集团、中国国电等企业位居前列。2013年央企的利润总额约为1.3万亿元左右，实现经济增加值继续保持在3000亿元以上。然而，看似“亮丽”的央企利润数字实际未必乐观。与2012年央企1.3万亿元的利润相比，2013年央企利润增幅可谓趋零。与去年相比，2013年央企利润增速实际上呈“倒U”型。面对着这样一份业绩单，国企经营发展等相关问题一再成为社会各界关注的焦点。国企发展究竟存在着哪些问题？应该如何解决？改革如果势在必行的话，那么，改革的方向在哪里？改革会给国企带来怎样的冲击？利益相关者在国企改革的过程中又扮演了怎样的角色？

一、背景

2013年，国企发展仍然是社会关注的重点，在问题、隐患、矛盾并存的现实中，最能与其呼应的便是日趋见涨的央企深化改革的呼声。一边是央企高额的负债，严重影响了央企利润的增加，面对高企的负债，央企该何去何从？管理者应如何应对其背后的隐忧？另一边是国企问题频出，改革势在必行。其中，最为典型的包括中国石油的腐败案，中国石化的漏油事件，国家电网输配分离，中冶经营问题浮现，地王难做等。除此之外，央企和民企的矛盾仍在继续，在高呼央企改革的同时，民营企业会受到怎样的冲击和影响？应该如何应对，才不成为央企改革的垫脚石？2013年11月12日，中国共产党第十八届三中全会在北京召开，届时，拉开了新一轮央企改革的序幕。会议认为，面对十分复杂的国际形势和艰巨繁重的国内改革发展稳定任务，全面深化改革是社会发展的总体目标。全中提到并强调必须更加注重改革的系统性、整体性、协同性；要紧紧围绕使市场在资源配置中起决定性作用深化经济体制改革，坚持和完善基本经济制度，加快完善现代市场体系、宏观调控体系、开放型经济体系，加快转变经济发展方式，加快建设创新型国家，推动经济更有效率、更加公平、更可持续发展；经济体制改革是全面深化改革的重点，核心问题是处理好政府和市场的关系，使市场在资源配置中起决定性作用和更好发挥政府作用。这些关于改革的思路对国企深化改革将有深远的影响，尤其是在市场与政府关系上的思路更值得深入思考。

二、央企高负债背后的隐忧

2013年4月23日，国资委在一季度经济形势通报会上对央企进行了“保增长”的工作部署。国资委要求，中央企业今年增加值增长要达到8%以上，利润增长要达到10%以上。然而，除了国际、国内经济环境复杂多变的影响外，央企本身巨大的债务问题成为其盈利难的主要障碍。2013年1-6月国有企业经营情况半年报数据显示，上半年中央企业资产累计45万亿，负债约30万亿，总资产负债率大约为67%，已接近70%负债率考核上限。虽然央企的资产规模很高，但在经济下行周期将面临巨大的折价风险。2013年国际货币基金组织的《全球金融稳定报告》显示，中国上市企业负债率有所上升，市值排在受调查前10%的公司上升幅度明显，平均债务占总资产比例超过80%。而A股市值排在前10%的企业几乎都为大型央企。央企高负债具体表现为，上市公司市值缩水，业绩下滑，企业资不抵债，亏损严重，靠政府补贴度日，极大的影响企业发展的速度(详见表1)。在“市值缩水榜”前100家的企业中，国有企业占据八成。其中央企38家，市值累计净蒸发1.3万亿元；地方国企42家，市值下降7412亿元。分行业来看，煤炭、饮料制造、有色金属和保险业成为市值缩水幅度最大的前五大行业。

表1　央企高负债的具体表现

企业名称	负 债 情 况
中国远洋	2011年因净亏104.48亿元而成为“A股亏损王”的中国远洋，2012年继续亏损，公司前三季度共亏损64.02亿元，中国远洋期望依靠政府补贴来扭亏为盈
长航凤凰	由于资不抵债，被多家银行起诉前财产保全申请，要求冻结其银行存款，或查封、扣押其等值财产，涉及金额11.4亿元
中国石油	其市值从年初的1.46万亿元缩水至现在的1.24万亿元，蒸发掉2202亿元，平均每天蒸发掉6亿元。根据中石油的年报，该公司以9881亿元的负债总额高居A股非金融类上市公司榜首
中国石化	中石化的市值进入“市值缩水榜”前十位，其负债总额达到了7187亿元

资料来源：各大网站资料整理

虽然央企不会在短时间内爆发严重的债务危机，它所带来的弊端也还没有完全显现，但是高负债问题的隐患还是应该引起重视。首先，过高的负债在相当长的时间内会拖累企业、乃至国家的经济增长。国际清算银行经济学家在2011年的一份报告中称，当一个国家企业负债超过GDP的90%时，就会拖累经济增长。而到了2013年第一季度结束时，伯恩斯坦研究提供的数据显示，中国企业和家庭债务已占GDP的201%，这个指标在2008年年底时候还仅仅是138%。目前国内经济并没有出现明显复苏的迹象，央企的盈利能力难以在短期内发生质变，债务继续扩大化是大趋势，年利润增长达到10%以上的任务目标并不乐观；第二，高企的负债使得企业融资存在安全隐患。央企以其天然的贷款优势，可以轻易进行大规模融资，虽然负债率高企，但同时资产也在大规模增加。但事实上资产价格是会随着经济景气度的走势而发生波动的。目前国际市场上大宗商品暴跌，黄金、白银、铜、原油价格都持续走低；而国内又不时传来热钱流出的担忧，楼市、股市均面临泡沫破裂的危险。等到危机来袭时，资产价格必然发生折价，当企业通过变现资产来对冲风险时，在巨大的债务压力下，中国央企所拥有的土地、矿产、资源等资产安全性堪忧。

央企高负债带来的隐忧带来了企业深化改革的第一阵呼声。众所周知，央企在国民经济中的地位是至关重要的，但如果不能化解债务风险，就很难在经济发展的下行期完成“保增长”的重任。因此，国企改革应该考虑如何化解企业债务风险。是应当利用市场资源优化配置，还是应当由政府调控？政府补贴在解决企业债务危机时应该扮演一个怎样的角色？具体来说，央企在化解债务风险时，可以考虑企业增长模式的改进、信贷结构的优化，以及对投资融资等方面的改革和升级。

三、央企问题频出

2013年央企问题频出是国企深化改革的又一原因。从这些央企出现的问题，也可以看到央企在制度、管理、生产等方面可能存在的隐患，正是这些隐患使得改革的呼声更为迫切。较为典型的例子主要包括中国石油的腐败漩涡、中国石化的黄岛燃爆案、国家电网输配分离、中冶地王被强制收回等。

（一）石化双雄，事故突发

中国石油和中国石化作为中国油气行业占主导地位的最大的油气生产和销售商，是中国销售收入最大的公司之一，也是世界最大的石油公司之一。2013年却在事故频发中一路颠簸。国内对石化双雄关注的焦点主要集中在腐败案及安全生产等问题上。

2013年3月20日，中石油旗下运营商昆仑利用总经理陶玉春，因公司财务等多方面原因，被有关部门控制起来，拉开中石油腐败案序幕。从3月到12月，中石油高管包括王永春、李华林、蒋敏洁等人纷纷因腐败而落马（见表2）。

表2 2013年中石油高管腐败事件

时 间	人 物	事 件
2013年3月20日	中石油旗下运营商昆仑利用总经理陶玉春	因公司财务等多方面原因，被有关部门控制
2013年8月26日	中石油副总经理兼大庆油田有限责任公司总经理王永春	涉嫌严重违纪被调查

（续表）

时间	人物	事件
2013年8月27日	中石油副总经理李华林、中石油副总裁兼大庆油田分公司总经理冉新权、中石油总地质师兼勘探开发研究院院长王道富等3人	涉嫌严重违纪被调查
2013年9月1日	国务院国资委主任、中石油原董事长蒋洁敏	涉嫌严重违纪，接受组织调查
2013年12月	中石油集团总会计师兼集团财务资产部总经理，昆仑能源董事长的温青山	被要求协助调查

资料来源：百度百科

中石油的腐败案，一方面，反映了政府反腐改革的决心，另一方面也折射出中石油在公司治理方面存在的问题。腐败案被曝光之后，市场对国企改革投入了更多的目光，很大一部分的声音认为这是垄断的弊端，纷纷支持打破垄断。实际上，简单的打破垄断，完全让市场来配置，或者让民资介入等观点都难以经得起推敲。近年来，舆论对“垄断”有种根深蒂固的误读，只要一提“垄断”，就认为它是“万恶之源”。事实上，在市场经济环境中，不违法的自然垄断，是一种客观常态。这是经济学和经济界的常识。自然垄断，全球经济学界对其有严谨的定义。通俗地讲，就是如果某个行业内的主要产品，由单一企业生产所付出的成本，小于由很多企业生产所付出成本的总和，这个行业就是自然垄断行业。如果这个行业只由一个或少数几个企业经营，比由很多企业经营更能降低成本，更有经济效率，那么这种“自然垄断”是被市场经济法则所允许的。显然，石油业即是这样的行业。打破垄断，首先要考虑全球市场竞争的背景。全球有石油产业的国家大概有40个。最近5年来，其中的32个国家都不约而同地将本国原有的两到三家石油公司合并成一家。因为全球石油业竞争空前惨烈，只有把企业做大，才有可能做强，获得更多话语权、主动权。在这样的环境中，我们应该把中石油、中石化拆分成十几家更小的企业吗？其次，关于民间资本进入石油行业，答案是：不是国家不让，而是理性的民间资本并不愿意进来。因为自然垄断行业有一个普遍特征，就是投资巨大，折旧时间长，变现能力差，收益回收很慢。而且一旦将石油企业完全交由市场配置，很容易出现“石油巨头”，资源被极少数人掌控，情况更加堪忧，俄罗斯石油大亨滥用国家资源，导致国有资产外流，损失巨大便是一个很好的例子。

十八届三中全会强调了新一届领导人的改革决心，指出要紧紧围绕使市场在资源配置中起决定性作用。加快完善现代市场体系、宏观调控体系、开放型经济体系，加快转变经济发展方式，加快建设创新型国家，推动经济更有效率、更加公平、更可持续发展。对会议内容的解读不能断章取义，除了强调市场的作用，还应加强政府宏观调控的能力，两者是相辅相成的。对于中国石油行业的企业改革，关键是强化现代企业制度，强化对企业主要领导人的权力制衡，强化企业内部管理和外部监督，强化审计纪检监督和公众监督，而不是笼统地认为把中石油拆散了架子，就不再有问题出现了。

除了腐败问题发生，生产安全问题也为国企敲响警钟。2013 年备受瞩目的还有中石化的黄岛燃爆案。2013 年，11 月 22 日，中石化东黄复线管道青岛黄岛开发区段发生原油泄漏及爆燃事故，造成超过 50 人死亡。事故初步原因是输油管线破裂，同时与市政管线铺设存在一定冲突，导致原油泄漏进入市政管网后发生爆燃。复杂的地面情况可能造成检修不足，也不容易在事故发生时疏散人群。除了中石化的黄岛爆燃，中石油也发生过相关的安全问题，如中石油在大连石油输油管道爆炸导致漏油事件、厂区起火、爆炸起火等事故。实际上，漏油事故对全球都是一个监管难题。漏油事故的发生往往带来灾难性的后果，寻求有效的监督管理途径越发显得重要。另外，除了漏油事故，环境污染问题也不容忽视。在以往的大气污染治理中，治理的重点为火电、钢铁、水泥等行业。随着改革力度的加强，现今中石油、中石化也开始成为污染治理的主要对象。环保部 2013 年 8 月29 日公布 2012 年度全国主要污染物总量减排情况考核结果。中石油、中石化分别未完成 COD、NOx 的减排任务，被处以暂停审批中石油、中石化两家集团公司除油品升级和节能减排项目之外的新、改、扩建炼化项目环评(即无法开工建设)。

漏油事故与环境污染等生产安全问题带来的危害是不容忽视的。十八届三中全会指出能源领域的改革是重要的一环。加快基础产业领域改革是会议确定的改革重点之一。2013 年 12 月召开的中央企业社会责任工作会议也指出，应深入实施和谐发展战略，促进企业经济社会环境综合价值创造能力的提升。然而，中石油、中石化对中国能源安全的贡献也不容抹杀，事故的发生说明现存体制仍存在漏洞，改革应从安全监管、法律法规、城市规范等方面着手，而不是全盘否定。特别是应该考虑到如何处理相关的问题，管网分离是否真的能解决问题？又应该如何实施才能使其效率最优？事故的发生、污染的排放等安全问题除了中石油和中石化应该负责以外，还有没有相关部门也应负责？能源行业天然存在一定的使用危险性，在进行安全生产改革的过程中，应意识到，这是一项长期的工作，切忌操之过急。

(二) 输配分离，电网强拆？

电力体制改革，要从 2002 年的电改“5 号文”说起。2002 年国务院下发的《电力体制改革方案》，被称作电改“5 号文”。当时的“5 号文”提出，政企分开、厂网分开、主辅分离、输配分开和竞价上网五大任务。电力改革以来，国家电力公司在 2002 年前发、输、配、售垂直一体化运营，高度垄断的局面被打破。电网侧沿袭了自然垄断，但在发电侧已形成竞争性市场。“5 号文件”的一个基本思路是对中国电力行业实行产业流程的纵向拆分，在发电、输电、配电、电力辅业等不同产业环节分别打造独立的市场主体，形成多元竞争格局。在厂网分开、主辅分离之后，人们不约而同将目光齐刷刷地锁定输配分开。所谓输配分开，就是将输电和配电环节从资产、财务和人事上分拆，输电环节由电网管理，而售电环节，将把地方供电局改组为多个独立的法人实体，再辅之以购电大户与电厂签订直供合同，把配电网的建设运行下放地方。未来电力改革是坚持输配分开，还是输配一体，加强中间监管？成为了目前电力改革的关键问题。

要明晰是否应该进行输配分离？首先应该正视目前电网所面临的问题。一方面，经过几十年的超常规发展，我国发电装机规模以及电网规模都已位居世界第一，基本解决硬缺电的问题。但整个电力工业体系效率偏低，电力工业发展的持续性与协调性问题仍然没有解决。特别是电价体系僵化导致发电企业盈利能力很弱，进而导致周期性缺电与发电过剩反复出现。而发电企业和输电企业的关系不协调，又导致了区域性缺电和窝电并存的现象。输电网和配电网之间也不协调，造成配用电设施落后的局面；而另一方面，现阶段我国诚信体系、法律体等尚不完善，契约精神相对缺失，如果实施输配分开，可能带来以下问题：第一，增加电网安全稳定运行风险，降低事故防范和抗灾应急能力。输配分开后，不同企业之间难以实现充分的信息共享、有效的资源整合和管理协调，易出现信息割裂，输配电网之间难以及时掌握设备变化情况，在电网正常运行中增加了安全隐患；在事故发生时，可能由于改革后的企业分散、规模小、力量弱，抗击重大灾害时的应急及灾后重建能力将减弱。第二，城乡电网统筹发展政策难以实施，部分配电企业发展将面临困难。城乡统筹发展，是我国和谐社会建设的基本政策。现阶段，我国在输配一体化体制下，形成了城市补农村、富裕地区补贫困地区的电价体系。若输配分开，原有的内部转移支付、价格补贴、技术和管理帮扶政策都难以执行，经济不发达地区的配电企业将面临较大的发展困难。第三，增加输配电网协调发展难度，影响电网投资运营效率。我国厂网分开后，市场主体增多，行业规划协调难度陡增，实行输配分开，市场主体将更加分散，规划协调难度将进一步加大。受多元化建设主体的利益驱动、信息不畅通的影响，可能导致电网重复建设、无序竞争。第四，增加管理协调成本，可能推高电价水平。输配电网具有很多共用系统和部门，实施分离，形成多个企业，将增加一大批管理机构和人员，显著增加管理成本，输配电环节的交易、协调成本也将提高。

针对上述问题，显然，电力体制改革也已经在下一步改革议程中。归纳起来，一种观点是要继续加快深化电力体制改革，实行输配分开、电网调度独立，建立独立、公开、受监管的“输配电价”制度。还有一种观点认为，要立足国情，不照搬国外模式，反对以全面拆分和私有化为导向的改革，坚持“输配电一体化、电网调度一体化”，加强监管。输配分与不分，都存在一定的问题，那么，究竟应该如何权衡其中的利弊？可以明确的是，正是这些问题的不断涌现，改革的呼声才不断提高。改革本就是需要勇气及承担风险的能力的。关于输配分离的争议，不同利益群体站在不同的角度会有不同看法，问题在于能否客观的看待利弊得失。首先，应先明晰电力行业是不是属于自然垄断行业？如果是，那么如何协调输配分离后，公用成本、交易成本以及协同效益等方面的利益得失？如果不是，那么怎么界定电网部分，输电，以及配电业务等的生产属性？第二，实现输配分离的前提是什么？目前我国是否已经具备这样的条件？当前整个电力供应依然紧张，电力企业经营普遍困难。资源充沛、终端到位、价格灵活、竞争充分等条件尚难以具备，输配分离只能以循序渐进的方式进行。第三，输配分离仅仅只是电力行业的事吗？如何考虑在改革过程中与其他的经济利益相关体的关系？电力是我国经济生产和发展的基础能源，牵一发而动全身。尤其是在电力体制改革要服务经济发展大局，不能就电力行业说电力。而且目前仅直接服务电网的员工就超过了200万人，改革也直接关系到数百万家庭的生计。电力体制改革更可能在探索中逐步推行，发电和电网、中央与地方在改革方案的认同感上也会存在很大差异。第四，输配分离具体怎么操作？出现的问题怎么解决？市场对电力体制改革大方向已有预期，未来改革将是循序渐进的过程，在确保实现电价定价机制的（相对）市场化基础上，电改首先要做的不是电网分拆，而是业务层面上的输配分离。综合上述，电力体制改革的首要目标不是分拆国家电网，而是推进“输配分离”；本轮电力改革涉及的利益和人群更为庞大，这个过程必定难以一蹴而就，但对于改革要有信心。

（三）中冶巨亏，地王远去

2013年央企发生的重大问题事件中，不得不提到中国中冶拍下的2012年全国总价地王被南京市政府强制收回事件（详见表3），中冶的经营问题再次浮现。

表3　中冶地王被政府收回全过程

时　间	事　件	问　题
2010年9月	中冶置业拍得下关滨江1号和3号地块，成交价分别是121.41亿元和78.93亿元	自2010年拿下“地王”头衔后，一直处于闲置状态
2012年11月	南京市公共资源交易中心现场，“2号地块”进行公开拍卖。在没有任何竞争对手的情况下，中冶置业持股98.52%的南京临江老城改造建设投资有限公司，以底价56.2亿竞拍成功。竞拍所得的三幅土地连成整体，总面积达到236万平方米，耗资256.54亿元，中冶置业成为南京下关区的头号地主	拿地的操作正当与否也成为大家争论的热点
2012年12月	12月18日，国土资源部土地利用司要求公开调查该地块的“违规供地和违约房地产用地”问题。12月28日，中冶置业致函南京市国土资源局，要求确认缴纳土地出让金和签订土地出让合同的时间，但南京市国土资源局一直未予回复	2012年巨亏69.52亿元，在亏损榜上排名第三
2013年7月	7月5日，南京市国土资源局发出终止南京2号地块出让程序的公告	巨亏的现实使得10%的利润增长任务难以完成

资料来源：各大网站资料整理

作为全球最大的工程承包公司之一，中国中冶本身的核心业务为专业设计和建设冶金工程承包。在巩固、发展传统工程承包业务的同时，公司也开始拓展其他业务领域，包括资源开发、装备制造及房地产开发等业务。因受钢铁行业宏观调控影响，中冶公司近年来大力推进业务多元化，希望以此提高非冶金工程业务的收入比例，增加资源开发及房地产开发等非工程承包业务对公司业绩的贡献。然而，一方面，由于历史遗留原因和钢铁行业产能过剩引发上游对冶金工程需求下降，主业面临较大经营压力；另一方面，海外项目拓展并不顺利，中国中冶澳洲项目成本高企，使得其盈利能力大幅削弱。在内外压力并施的过程中，中国中冶 2012 年巨额亏损 69.52 亿元，成为仅次于中国远洋的亏损榜"探花"。在其披露的《2012 年度业绩报告》中显示，在四个主营业务构成中，中国中冶 2012 年只有房地产业务实现了营业收入的实际增长。其中，工程承包业务收入 1 750 亿元、装备制造业收入 113 亿元、资源开发业务收入 28 亿元，同比下降分别为 3.13%、20.55%、45.16%。虽然房地产业务实现了营业收入的增长，但是房地产业务实现的增长相比企业的亏损只是杯水车薪，而且中冶涉足地产业务较晚，已错过了房地产黄金 10 年，地产业务在公司内也独木难支。在这样的情况下，仅凭房地产业务实现了收入的实际增长，就继续进行房地产领域的扩张，最终会引发更严重的问题，经营还是难以运行下去的。

对于此次地王被收回的事件，有舆论表示"这很可能是地方政府在暗地里帮助中冶减轻负担，中冶亏损严重，资金难以周转，政府暂时以拆迁、规划等理由收回，让中冶恢复元气。按照南京的惯例，国土局不会主动收回刚成交不久的地块，中冶应该是无法承受项目开发所带来的巨大资金压力而主动退地。"且不论这样的推断是否正确，中冶的巨亏是不争的事实。企业的经营发展不能孤立来看，结合国际国内的经济发展形势，宏观经济进入下行周期，许多企业希望通过多元化经营来度过企业发展的寒冬，如"养猪"等非钢产业也成了武钢抵御寒冬的重要支撑。但是多元化经营究竟该如何进行？本身就值得企业仔细研究。必须结合自身的实际情况做决策，盲目的多元化，不看清楚局势，将战线拉得太长，管理混乱，最终将导致巨亏，多元化的救赎变成了负担。十八届三中全会强调央企深化改革，央企多元化经营应成为改革考虑的问题之一。企业改革，应该关注企业结构调整、优化产品结构升级，在走多元化道路时，能结合自身的实际的情况，而不是盲目扩张。

一般来说，在不景气的时期，企业会在业务线上进行大刀阔斧的改革和收缩，逐渐退出与主业关联度低、扭亏无望的业务。但是中冶等央企在经营上不完全需要对投资者负责，而是需要完成国资委提出的目标，这使得央企在经济下行周期中逆势扩张，试图做大做强。一旦遇到下行周期出现巨亏，非但无法完成任务还会适得其反。

四、民企与央企矛盾持续

国企的弊病，国企呈现的问题使得 2013 年国企改革呼声不断。其中，很大一部分声音认为，应该打破国企的垄断地位，这又必然牵涉到民企与央企的矛盾。2013 年，民企与央企的矛盾仍在继续，也正是因为这两者之间的矛盾，更加剧了改革的呼声。民企与央企的矛盾主要表现在什么方面？国企的改革又该如何处理这些矛盾？国企与民企的关系应该是怎样的？国企改革，不能让民资成为垫脚石。国企与民企最主要的矛盾表现在资源的分配上。随着改革的深入，市场的发展，经济环境的变化，国企的优势在减弱。因此，国企改革，在处理国企与民企的关系时应更为谨慎。

2013 年民企与国企矛盾爆发最为典型的例子应该是云南白药股权案。2009 年 9 月，云南红塔与陈发树签订《股份转让协议》，双方约定陈发树以 33.54 元/股的价格，购买云南红塔手中的 6 581.39 万股云南白药股份，股权转让总价超过 22 亿。然而，如今股权已升值 20 多亿，但相关股权红塔方面迟迟未能过户，至 2012 年 1 月 17 日，中国烟草总公司称“为确保国有资产保值增值，防止国有资产流失，不同意本次股份转让”。至此，在等待超过 800 天后，陈发树的云南白药股权转让合同被正式拒绝。陈发树仅相当于做了无息存款的投资，损失惨重。2012 年 12 月 28 日“云南白药股权纠纷”案在云南省高级人民法院正式宣判。审判法院除了确认《股份转让协议》合法有效外，原告方陈发树的其他请求均被驳回。中烟为何原先同意交易后来又拒绝交易，除了“防止国有资产流失”这个理由之外，没有更多的解释。红塔、中烟等相关企业应该主动将合同履行情况告诉陈发树，能履行就履行，不能履行合同说清情况，并承担相应的责任。但相关国企收了 22 亿交易款之后，一直保持沉默。2009 年的山西煤改也让民资很受伤。这场“政府意志牵头、国企收编中小煤矿”的运动，一夜之间就让民资出局。类似的还有 2003 年陕北政府强制将民营油井全部收回事件。如果没有相应的法律保护民资权益，民资甚至有可能成为国企改革的垫脚石。国企的强势不无道理。截至 2012 年底，百余家归属于国资委的央企资产总额达 30 万亿元，与全国 1 000 万户私营企业资产总额相当。“中央队”呈现出“以一敌十万”的强悍实力。盈利方面，仅五家国有银行全年利润就相当于全国民营企业 500 强的净利润总和的两倍。悬殊的实力差距使民企在与国企的合作中很难获得平等地位，即使出资入股国企也很难获得话语权。部分国企的政企不分也导致民企遭遇“非常”待遇。既不平等又无保障的合作只能令民企望而却步。

国企与民企的矛盾一方面提高了改革的呼声，另一方面，也显示了改革的困难。首先应明确国企与民企的关系。国企与民企不应该是“你死我活”的关系，无论民营还是国有，都是中国企业，它的标签上都写着“中国”两个字。即便国企和民企有一定的互相竞争的关系，但更多的应该是互为补充的关系，像中国移动，一家中国移动带动了中小企业 1 000多家，包括华为和中兴，都与中国移动带动有关。政府在处理国企与民企关系时也应该更为客观；第二，可以借鉴国外的成功经验(详见表 4)。从各国的国企改革路径看，都遵循引入非国有企业，激活竞争，提高企业活力的模式。对于国外的经验，不能照搬照用，但在考虑国情的情况下，还是有一定的借鉴意义。

表4　国外国企改革经验

国家	问题	经验
英国	上世纪70年代后,国企出现大面积亏损,政府负担很重,垄断的低效率引起民众不满,产业升级转型压力也较大	英国政府采取发行股票和资产出售两种方式,大企业股份制上市,小企业、亏损的和满足不了上市要求的企业直接出售。另外通过特别股权保障国家对关键企业的控制权
法国	上世纪80年代,国有企业几乎垄断了煤炭、电力、铁路和航空。随着新兴产业兴起,传统产业亏损严重,国企面临经营困难	法国政府的改革方案是对钢铁、石油、航空制造等21家国有集团进行私有化,只保留电力、煤气、铁路运输、邮电通信等基础部门。通过公司化改革让经营效益好的公司上市。政府与国有企业实行合同制经营方式。既活跃了金融市场,也给国有资产市场化的定价
德国	国有企业也曾存在效率低下管理落后的问题	德国政府的改革范围限制在制造业和原材料行业。采取股权转让和直接出售的产权改制模式;主要包括出售、减持、退出;引入竞争机制,打破垄断

资料来源:财经观察整理

社会资本是逐利的,引导社会资本需要让出部分利益。中国国有企业分布很广,涉及领域很多。改革阻力较大。但随着中国经济增长的放缓,国企改革将是无法回避的议题。2013年初,全国国有资产监督管理工作会议为国企改革方向提出了指引,其中,深化多元投资主体股份制改革,支持非公有制经济参与国有企业改革成为重中之重。9月6日国务院常务会议提出"尽快在金融、石油、电力、铁路、电信、资源开发、公用事业等领域向民间资本推出一批符合产业导向、有利于转型升级的项目,形成示范带动效应,并在推进结构改革中发展混合所有制经济。"9月9日李克强总理在英国《金融时报》上撰文指出,"我们已经并将进一步通过简政放权,推进结构改革,发展混合所有制经济"。由此可见,新一届政府国企改革的决心。在改革的过程中,应注意方式方法。对待民企与国企的关系应更为客观,单单强调一方都有失偏颇。平衡好国企的实力,也不能忽略民间资本在国企改革中发挥的重要力量。

五、结语

随着央企的发展,问题的暴露,2013年国企改革的呼声渐高。十八届三中全会的召开,更是强化了全面深化改革的思路及决心。2013年,各大媒体追踪着央企事件,曝光不为人知的隐患,高呼改革势在必行。然而,改革不是一蹴而就的,也不是光靠喊口号就能出成绩的,"改革"二字远远不是表面看上去那么简单。牵一发而动全身,改革事宜任重道远,有改革的决心就应做好打持久战的准备。改革究竟好不好?又应该如何改革?改革期间如何处理,平衡各方利益?诸如此类的问题更值得深思。古往今来,每一次改革,总有一部分群体受益,一部分群体失利,改革的意义究竟何在?如果不能探寻出有效的改革办法,在急于求成的浮躁下,出台的种种方案最后仅仅只能沦为一部分群体牟利的工具及借口罢了,受害的始终是最需要帮助的弱势群体。实际上,不同的利益群体对于改革或有不同的看法,但是站在国家的角度,改革的意义在于优化资源配置,提升企业效率,其本质不仅在于如何把蛋糕做大,还要考虑蛋糕做大以后的分配问题。“穷则独善其身,达则兼济天下”则或许是作为亿万人民群众的一员,在面对改革时,所应有的态度。

参考文献

[1] 央企全年稳赚1.3万亿 多数企业超额完成目标[N]. 国际金融报,2013年12月30日.

[2] 2013年央企利润增幅或创五年新低[N]. 北京商报,2013-12-30.

[3] 中国共产党十八届三中全会公报发布[EB/OL]. 新华社,2013年11月14日,http://news.xinhuanet.com/house/tj/2013-11-14/c_118121513.htm.

[4] 十八大三中全会公报解读汇总[EB/OL]. 和讯网,2013年11月12日,http://news.hexun.com/2013-11-12/159620962.html.

[5] 2013年我国中央企业经济运行情况浅析[EB/OL]. 中国行业研究网,2013年4月25日,http://www.chinairn.com/news/20130425/13485779.html.

[6] 央企高负债背后隐忧[J]. 财经观察,2013-04-27,第841期.

[7] 央企利润总额同比零增长探因[EB/OL]. 中国经营网,2013年12月31日,http://finance.eastmoney.com/news/1350,20131231349957135.html.

[8] 2013上半年我国央企负债情况报告[EB/OL]. 中国行业研究网,2013年7月25日,http://www.chinairn.com/news/20130725/09590338.html.

[9] 2013年市值“毁灭榜”:38家央企全年市值蒸发超万亿字号[N]. 云南信息报,2013年12月31日.

[10] 中国远洋为何总要靠补贴生存[J]. 财经观察,2013-1-15,第771期.

[11] 中石油深陷反腐漩涡:垄断地位难保[J]. 财经观察,2013年9月2日,第931期.

[12] 国企改革先拿拆分中石油开刀[J]. 财经观察,2013年9月12日,第939期.

[13] 深入实施和谐发展战略 五方面提升央企社会责任[EB/OL]. 国资委网站,2013年12月30日,http://finance.jrj.com.cn/2013/12/30152516416626.shtml.

[14] 黄岛爆燃难以撼动中石化[J]. 财经观察,2013年11月27日,第994期.

[15] 电网输配分离:政府、电网公司想法不同[EB/OL]. 北极星智能电网在线,2013年1月25日,http://www.chinasmartgrid.com.cn/news/20130125/415525-3.shtml.

[16] 国家电网将被“强拆”?[J]. 财经观察,2013-03-22,第816期.

[17] 魏玢. 对输配分开的认识和再思考[N].《中国电力报》,2012年7月2日.

[18] 中冶:“地王”远去[EB/OL]. 新华网,2013年07月09日,http://news.xinhuanet.com/house/nj/2013-07-09/c_116470241.htm.

[19] 地王“撑死”中冶 谁之过?[EB/OL]. 21世纪经济报道,2013年07月29日,http://www.21cbh.com/2013/7-29/yNNTYwXzczMjUyNQ.html.

[20] 中冶南京地王解套背后:央企地方政府合演双簧[N]. 中国房地产报,2013-07-15.

[21] 张庆源.央企不能什么都想搞,要处好与民企关系[EB/OL].财经国家新闻网,2013年10月04日,http://finance.ifeng.com/a/20131004/10796028_1.shtml.
[22] 国企改革不能让民资做垫脚石[J].财经观察,2013年11月12日,第983期.
[23] 白药股权案:国企赖账民遭殃[J].财经观察,2013-02-07,第787期.
[24] 国资委谈央企与民企:谁有本事给中国争脸就支持谁[EB/OL].中国广播网,2013年08月22日,http://china.cnr.cn/yaowen/201308/t20130822_513386928.shtml.

互联网企业强势进军金融业

如果在去年提到互联网企业，人们大多会想到做搜索的百度，做电商的阿里巴巴，或者是做QQ和微信的腾讯。但是，在2013年聊到互联网企业，有一个关键词已经和互联网企业联系在了一起——金融。2013年被称为互联网金融元年，阿里巴巴、腾讯、百度以颠覆者姿态昂首挺进金融业，金融行业不再是银行、保险公司和证券公司等传统金融企业的自留地，作为行业新进入者的互联网企业，像一条鲶鱼捣乱了传统金融行业的生态。余额宝、百度百发、现金宝等互联网金融理财产品横空出世，这些收益远远高于银行定存的理财产品带给国内网民一场狂欢。越来越多的人意识到可能相比把钱存在银行，用来投资互联网理财产品是更好的选择。支付宝、微信微支付、新浪微银行等互联网支付产品的成熟，与传统线下银联支付方式正面交锋。以阿里巴巴、百度为代表的互联网企业，开始运用互联网思维在改造传统金融业。它们对金融行业带来的实质影响是理念、技术和渠道等多方面的创新，并打破信息不对称和垄断，提高了金融交易的效率，推动传统金融企业的自我升级，为企业自身和广大投资人带来更多的互联网红利。

一、互联网金融概述

互联网金融是指借助于互联网技术、移动通信技术实现资金融通、支付和信息中介等业务的新兴金融模式，这种崭新的模式既不同于商业银行间接融资，也不同于资本市场直接融资的融资模式。

互联网企业进入金融行业共有五类模式，分别是支付结算、网络信贷、虚拟货币、渠道业务和其他，如表1所示：

表1　互联网企业进入金融行业的模式

	包含内容	行业特点	所处时期	代表企业
支付结算	第三方支付	独立于商户和银行，为商户和消费者提供的支付结算服务	正规运作期	支付宝
网络信贷	P2P贷款	投资人通过网络的中介机构将资金贷款给其他有资金需求的人	行业整合期	N/A
	众筹融资	搭建网络平台，由项目发起人发布需求，向网友募集项目资金	萌芽期	N/A
	电商小贷	利用电商平台积累的企业数据，完成小额贷款需求的信用审核并放贷	期望膨胀期	阿里巴巴

（续表）

	包含内容	行业特点	所处时期	代表企业
虚拟货币	虚拟货币	以比特币为代表的非实体货币	期望膨胀期	比特币
渠道业务	金融网销	基金产品和券商理财产品的网络平台销售	期望膨胀期	余额宝
其他	周边产业	金融搜索、理财计算工具、金融咨询等	N/A	N/A

网络第三方支付的业务开展的时间较早，无论是支付宝还是财付通等，依靠着自身电商平台的垄断和客户的黏性，已经初具规模。2013 年最火的互联网金融领域当属金融网销。阿里巴巴和百度等互联网公司依靠巨大的用户群体和互联网企业极低的边际交易成本，迅速形成了规模。除此以外，包括 P2P 和重筹融资等网络信贷也在 2013 年风生水起。因此，在接下来的文章中，我们会详细介绍金融网络销售和网络信贷方面的背景、引起各方面格局的变化以及对未来发展进行讨论。

二、理财产品的狂欢

2013 年 6 月，阿里巴巴旗下的支付宝与天弘基金合作，推出余额宝. 余额宝是支付宝为个人用户推出的一项余额增值服务，用户把钱转入余额宝中，可以获得一定收益。余额宝支持支付宝账户余额支付、储蓄卡快捷支付的资金转入，不收取任何手续费。与普通货币基金的标准入门门槛 1 000 元不同，余额宝 1 元钱就可以起购。而且，余额宝内的资金能随时用于网络消费和转账，转入、转出和使用余额宝付款都是实时的，无需等待。通过“余额宝”，用户存留在支付宝的资金不仅能拿到约合年化 5%左右的利息，在和银行活期存款相似水平的货币流动性水平下，收益率远远高出银行的活期存款收益。不仅如此，该收益也高于银行定期存款 3%左右的利息，但是在流动性方面比银行定期存款更为灵活，可以随时转出转入资金。

根据来自支付宝和天弘基金发布的数据显示，截至 2013 年 12 月 31 日，余额宝的客户数已经达到 4 303 万人，金额达 1 853 亿元，户均持有额 4 307 元。其创立半年来，累计给用户带来 17.9 亿元的收益。通过支付宝强大的渠道优势、客户黏性和数据优势，余额宝成为互联网金融一个明星产品，而天弘基金从一家默默无闻的小基金公司变成了中国规模第二的基金公司，完成了华丽的转身。

余额宝在半年时间内达到 1 853 亿元规模意味着什么？某国有银行郑州分行的一名高管蔡骏（化名）算了一笔账，2013 年度，该行在河南全省新增个人存款额约 250 亿元，占全省所有新增存款额的三分之一。照此粗算，余额宝在民间吸金一年，相当于拿走了一家大型国有银行在河南全年新增私人存款的 15 倍。

受到阿里巴巴余额宝的蝴蝶效应，百度亦推出了名为“百发”的理财产品。作为百度第一款理财服务产品，百度承诺 8%的收益率而受到了广泛的关注，但也因为明确收益率而被证监会叫停。后来百度以“百度理财 B”的名义推出，虽然这款产品百度不再承诺收益，但在网络上的关注效应没有丝毫降低，不到4小时即销售10个亿，创下国内基金业销售记录。

12月17日，百发卷土重来，百度不仅将收益率提高至超过8%。而且用户需要先登录百度理财去抢“百发码”后才能在12月20日14点之后持“码”抢购。12月23日，“百发”对所有用户开放，无需持码即可参与，当日即宣告售完。比起余额宝4%到5%的年化收益率，百发能够将年化收益率做到8%的原因是百度创立的“团购”模式。所谓团购模式指的是将零散的小微资金集合起来走银行的协议存款通道，以此获得比活期存款高数十倍的高额协议存款收益。

在阿里巴巴和百度两大巨头纷纷进入互联网金融之后，网易也按捺不住了。12月25日，网易推出理财产品“添金计划”。5亿的额度迅速就被抢完。该产品其宣传的年化收益率高达10%以上。具体收益分两部分：汇添富现金宝产品截至12月24日的七日年化收益率为6.42%，另外网易加送5%的年化收益率。即每位投资者累计成功购买金额中2万元及以下部分，由网易掏腰包给予年化收益5%的现金红包补贴。另外，在补贴期间，投资者对购买的货币基金，可以随时提取，并且当日到账(T+0)。为了稳定销售的规模，网易规定如果在补贴期间，投资者的现金宝账户剩余资金低于添金计划中享受补贴的资金份额，则不再获得补贴收益。

三、第三方支付硝烟弥漫

在第三方支付出现以前，传统收单市场一直是银联系和银行系两分天下。成立于2002年3月的银联，目前拥有近300家境内外成员机构，在第三方支付兴盛之前，一直是中国境内发行的人民币支付卡的唯一交易清算供应商。但随着电子商务的发展，几家大的第三方支付企业均通过与发卡行直接连接的方式开展互联网支付、POS收单、快捷支付、手机支付等服务。越来越庞大的市场和越来越丰厚的利润面前，银联坐不住了，第三方支付和银联的暗战一直不断。

根据Enfodesk易观智库最新数据显示，2013年第3季度中国非金融支付机构各类支付业务的总体交易规模达到4.53万亿，环比2季度增长19.2%。其中POS收单和互联网支付两类业务的交易规模分别为2.71万亿和1.51万亿，与2季度相比分别增长21.5%和12.5%，是目前各类支付业务中占比最大的两类。

事件的起因是2012年12月19日，中国银联业务管理委员会向银联各成员银行印发了《关于规范与非金融支付机构银联卡业务合作的函》(17号文)。银联函中列举了第三方支付机构与银行进行合作过程中的种种“违规”行为及其产生的“严重后果”和“恶劣影响”。文件称，这些非金机构“普遍绕开银联网络，采取各种不合规手段开展业务，扰乱了市场秩序，损害了成员银行的利益。”2013年陆家嘴论坛上，中国银联总裁许罗德表示：“第三方支付机构从事的业务是银联卡的业务，它提供的服务都是以银联卡作为基础的，第三方机构要做银联卡的业务就必须遵循银联卡的规则和体系。”

这一文件引起了广泛的争论，尤其是第三方支付机构对此提出了种种质疑，特别是银联自身既是“裁判员”又是“运动员”甚至还是“主办方”的多重合一的垄断身份，让第三方支付联盟感到了愤怒与无奈。2013 年 8 月 27 日上午 11 时，支付宝通过微博发表声明：支付宝将停止所有线下 POS 业务，这意味着，支付宝去年启动的物流 POS 战略已经终止。而问及原因时，其称“由于某些众所周知的原因”，大有映射银联之意。

支付领域硝烟四起，一方面，银联通过自己的垄断优势想要收编其他第三方支付机构，另一方面，银联的子公司银联商务在积极保持自身在银行卡收单领域的市场优势的同时，加大了对互联网支付和移动支付的创新和拓展力度，同时加强个人收单业务拓展，加大便民缴费类终端的布放和推广。

而第三方支付中占比较大的支付宝和财付通则加码移动支付。支付宝加大在移动端的促销推广力度，通过价格杠杆引导用户从 PC 端向手机端迁移；财付通加大微信支付的市场推广，通过电信充值、彩票、航空等领域的微信支付促销，积极培养市场应用环境，微信支付市场前景值得期待。

可以看到，在支付领域，不光是刚刚兴起的互联网企业在和传统的银联在抢市场份额，互联网企业之间也在相互掐架，以求迅速占领市场。微信支付虽然起步晚于支付宝，但是由于微信依附于腾讯巨大的用户基础，隐藏于导航栏的“我的银行卡”中，大有追赶之势。比如腾讯推出的用微信打车支付，乘客和司机都可获得 10 元现金补贴奖励，便是以亏损也要抢市场的姿态凶狠而来。而支付宝钱包为较为独立的支付方式，已先于微信支付存在已久。2013 年支付宝改名为支付宝钱包并整合余额宝后，它开始快速进击，在线下投入大量广告。微信支付和支付宝各有优势和弱点，微信的优势在于庞大的社交体系，而弱点则是相对保守；支付宝的优势在于多年积累的品牌效应和金融体系，而弱点是公众服务的不完善。

2014 年春节前夕，由腾讯微信掀起的一场抢红包在一二线城市的年轻人当中开始流行起来。这是腾讯布局微信支付的重要一步棋，用户必须通过绑定微信支付才可以发红包，或者是提现所抢的红包，因此趁着抢红包游戏，微信让不少人成为了微信支付的用户，大有赶上支付宝之势。

这场支付之战到底结局几何，可能我们要在若干年后才能知晓。但是，可以肯定的是，互联网企业进军支付领域，已经给人们的生活带来了巨大的变化，也给原来的传统企业带来了巨大的压力。竞争促进提升，相信有了互联网企业的加入，消费者将能够享受到更加便利、更加快捷、更加实惠的支付手段。

四、狼真的来了吗？

对于互联网企业如火如荼地进入金融领域，作为原先金融行业的老大哥——银行似乎也按捺不住了。据传闻，银行内部皆称互联网金融为“狼来了”。据说 2013 年某些国有银行面对揽储的严峻形势，做出了上调存款利率 10％的紧急调整。在调整会议上，

"余额宝'抢钱'凶猛"被再三强调。一位银行内部工作人员这么说:"我们内部人都将钱存在余额宝上,这都是公开的秘密。一年期定存利率才3%,当前很多网销基金的年化收益率在5%以上。谁都不是傻子。"

随着互联网和信息技术的不断发展以及中国经济增速放缓和利率市场化进程加速,中国银行业面临着前所未有的挑战,过去依靠经济增长形成的垄断格局正在动摇,经营环境日益恶化,业务竞争加剧。设想一下,当互联网企业提供了高于银行的利息,同时保障了安全性的话,有谁会去把钱存到银行里。而对于银行来说,存款是立行之本,如果没有存款就没有钱用来放贷,也无从盈利。因此,当互联网企业通过高效率低成本的方式,来挤压银行的市场份额时,那么对于银行来说,真的是狼来了。

那么,为什么对于传统金融业来说,互联网企业是一批可怕的狼呢?因为互联网金融拥有低成本、高黏性、高聚合的特点。

首先在成本方面,互联网金融使得交易成本大大降低,这主要表现在信息成本降低、信息量大增。而相比原来则需要亲自跑到银行、基金公司柜台或者证券公司去购买或者办理业务,不仅如此,可能还需要排上两个小时的队才能办完事。而通过互联网,只需轻点鼠标不需出门,就可以轻松地完成购买。随着智能手机应用的出现,更加实现了随时随地可上互联网进行金融交易。不仅如此,相比传统金融企业,互联网企业拥有极低的边际成本。举例来说,如果一家银行网点每天只能容纳1 000个客户,则2 000个客户就需要两家网点,新增的1 000个客户的边际成本就是新开这家营业部的费用;对于互联网来说,只要在建立之初配备了足够大的存储空间,客户数量翻番或增加10倍,其边际成本几乎为0。因此当用户人数达到一定的规模以后,互联网金融企业相比传统金融有成本上的优势。

在用户黏性方面,互联网企业有着非常强的竞争力。首先,淘宝和天猫商城是中国最大的C2C和B2C电商,有着巨大的流量,而所有的交易都通过支付宝这唯一的支付渠道进行,用户没有别的选择。因此作为淘宝和天猫支付的唯一入口,支付宝有着巨大的用户黏性,掌握着巨大的闲散资金。相比其他银行来说,支付宝作为支付入口,只要阿里巴巴还是中国最大的电商,支付宝就会像一个日夜不停歇的蓄水池,吸收着买卖双方的金额。而余额宝则通过支付宝的垄断和用户黏性占尽先机。同样道理,百度在中文搜索领域是排行第一的企业。搜索引擎被认为是人们通往互联网世界的入口,不管你要去别的什么网站,你可能都需要通过搜索引擎才能转到那个网站。因此百度拥有非常大的用户黏性。因此,当百度开始做金融以后,设想一下如果我们在搜索框中打入理财产品,紧接着第一个显示出来的是百度自己的产品,根据研究结果,搜索引擎的排列属性和点击率正相关。因此光是这一小小的排名,就可以吸引到人们注意百度的理财产品。

高聚合指的是把来自各地的分散的资源结合起来。以百度为例,对于百度来说,其理财产品的购买人群分布在330个地级行政区域(地级行政区划总共334个)。高效聚合这是互联网区别于传统金融行业的最大卖点。这些特点与互联网行业本身的行业属性和互联网精神息息相关。互联网精神的核心是开放、共享、去中心化、平等、选择、普惠、民主；而金融业则是精英化、神秘化、制造信息不对称，然后赚钱。互联网使得当人们有钱想要投资，只需按鼠标一键搞定。就像现在在苹果商店下载一个软件一样，你不一定懂软件技术。将来很多人不一定懂金融，但是照样可以用非常复杂的金融工具。

五、互联网金融的思考和展望

互联网企业进军金融业，给金融的销售和获取渠道上带来了巨大的变化。这种变化是积极的，甚至是革命性的。就比如说自从有了当当网和京东商城以后，人们就不再在实体书店和家电连锁店购物，许多物理商店变得多余。但是，电器还是电器，衣服还是衣服，书籍还是书籍，商品不会因为其渠道的变革而成为非商品或超商品。由于边际成本低、营销成本低，不需要设网点付房租、一些原本需要人工完成的工作可以通过电脑程序来完成，因此互联网体系可以代替很多传统的物质、物理网点，当然这其中也包括了金融业。

正如耶鲁大学的陈志武教授所说的，互联网金融所经营的产品在支付结构上并没有明显的创新，不是支付结构意义上或金融产品意义上的“新金融”。就像当当网在网上买书，但书还是书，但是购买的渠道不同了。原先在新华书店买而如今在网上购买。同样的道理，目前一些非常火爆的互联网理财产品也只是金融销售渠道、金融获取渠道意义上的创新。换言之，互联网正在渠道意义上挑战传统的银行和资本市场，但在产品结构和产品设计并没有太大的区别。金融的本质没变，还是交易各方的跨期价值交换，是信用的交换。互联网的出现，改变了金融交易的范围、人数、金额和环境，但没有改变金融交易的本质。

但是，即使是渠道的改变，也给传统的金融企业带来了巨大的冲击。那么对传统的金融机构，该如何面对互联网企业的搅局，未来的行业格局又会如何呢？

我们认为，对于银行来说，当互联网和空气、水分一样，已经成为一种不可缺少的生活模式时，银行的互联网化就不只是一个技术手段，更是一种必要的思维模式。如果银行还是固步自封，那么结局只有被互联网企业颠覆。完善网络渠道、将利率优惠让给储户，更加优化的管理资产等等都是银行应该面临的问题和挑战。

对于其他的一些金融机构，例如券商、保险公司等，虽然现阶段互联网金融并没有影响到他们的业务和地位，但是这并不代表互联网企业没有进入该行业的野心和打算，也不代表券商和保险等金融机构可以掉以轻心以为自己能够在这一场行业变革中幸免于难。从美国的经验来看，2000 年网络兴起后，网络技术把经纪商的低佣金策略推向极致，低佣客户数量迅速超越全部投资者的 40%，原本属于券商的市场被互联网企业挤压。而行业佣金率的持续下滑，使得经纪业务向降低成本和深化服务两个方向进行转型。只有转型，才是这些金融企业的前路，不然它们就会成为互联网风口里的那只猪，被无情的吹进历史的尘埃之中。

当然，互联网企业进入金融业，也给监管和合规带来了更大的要求。一方面，互联网企业对于金融风险没有处理和管理的经验，而另一方面，监管层很难在短时间内对互联网这一新兴的商业模式作出全面的监管。互联网金融使得人们的购买和投资的方式更加便利，由于受众范围非常大，当参与交易的人数太多之后，金融市场里发生风险的概率就会大增。例如"人人贷"中所发生的卷款潜逃；货币基金因为金融危机的关系不再保本等等。如果当金融交易的人数达百万、几千万甚至几个亿时，这时候金融交易如果出现问题，很容易变成一个大的社会问题、政治问题。我们试想未来互联网金融的客户数量可能会超过工行、农行等，那么互联网金融今后面临的监管，可能比对传统银行更严厉。目前在互联网金融的管制上，并没有太多的明文规定。虽然百发的首次发行尝试最后因证监会的介入而叫停，但是最终百度的产品还是没有胎死腹中。因此在没有监管的档口，互联网金融快速的发展，有些边界模糊的地方也有企业在不断地打擦边球。我们认为在未来，互联网金融的管制将逐渐被管理层重视起来，而在此之前，互联网金融的发展将继续以高成长的速度进行。

那么对于互联网金融，还会有什么新的模式，带给我们新的体验，我们在此展望一下。

新支付模式：随着移动支付时代的加速到来，线上和线下市场正在不断融合，未来电子钱包形式的虚拟货币可能逐渐取代现金、实体卡片。这些新支付模式使资金流及其附属的海量信息流被深度整合，交易效率更高效，消费者体验更便捷。支付行业的泛金融化带给传统商业银行的冲击不仅是支付业务分流，更重要的是构建了一套绕过传统银行的账户体系，沉淀了亿级客户数据，逐渐具备了建立银行的基础。结合当下火热的民营银行政策，中国第一家网络银行可能呼之欲出。

网络投融资平台：网络投融资平台就是借鉴电子商务，把放贷方与借贷方通过网络连结起来。这种模式体现了互联网时代公众化点对点信息交互和资金流动，在债权债务属性关系中脱离了传统的资金媒介。典型如阿里小贷和P2P。阿里小贷从2010年成立至今累计服务小微企业超过60万家，累计投放贷款超过1 400亿元，它成功的关键在于以信息的搜集和处理为核心的微贷技术的革新，开创了大数据背景下的互联网贷款新模式，像一条"互联网鲶鱼"搅动着传统金融。而国内300多家P2P，在胡乱生长之后，在央行引导下逐步向信息撮合平台方向回归。网络贷款平台硬生生地闯入商业银行的自留地，代表了金融脱媒的新方向。未来，网络投融资平台可能会挤压掉银行的一部分市场，成为一个快捷、安全的投融资渠道。

跨界金融机构：在传统金融生态瓦解、新金融生态萌芽过程中，出现许多新的机会，一批嗅觉敏锐的企业大胆跨界，力争在金融生态链上占据一席之地。这其中既有互联网巨头阿里巴巴、腾讯、百度、新浪、京东等，也有许多传统实业和平时行事低调、名声不扬的民营企业，如：中国移动、联想集团、万向集团、复星集团、海航集团等，这些侵入者将原有产业优势与新金融密切结合，孵化出中国产融资本的雏形，给传统金融注入了新鲜的血液，促使新金融业态萌芽。

我们相信，随着中国市场化改革的深化，特别是随着十八届三中全会具体改革的深化落实，互联网金融的发展机会会越来越大。互联网金融带来的最大变化是，交易的范围、环境、金额都和过去几十年、几百年不同，发生了很大的量的变化，足以改变到我们每个人，每个家庭，甚至是生活的方方面面。

参考文献

[1] 支付宝停止线下 POS 业务[EB/OL]. 人民网，2013 年 8 月 28 日，http://finance. people. com. cn/n/2013/0828/c1004-22724401. html.

[2] 行业数据：2013 年第三季度中国非金融支付机构交易规模达 4.53 万亿[EB/OL]. 易观智库，2013 年 11 月 18 日，http://www. enfodesk. com/SMinisite/newinfo/articledetail-id-390681. html.

[3] 互联网精神对传统金融有颠覆性[EB/OL]. 财新网，2013 年 12 月 24 日，http://finance. caixin. com/2013-12-24/100621266. html.

[4] 年底频推互联网理财产品，网易收益率高达 11%[EB/OL]. 新华网，2013 年 12 月 20 日，http://news. xinhuanet. com/fortune/2013-12/30/c_125932307. htm.

[5] 互联网金融大混战[EB/OL]. 2013 年 12 月，http://www. 36kr. com/topics/2650.

[6] 余额宝半年吸储 1 835 亿[EB/OL]. 搜狐新闻，2014 年 1 月 3 日，http://news. sohu. com/20140103/n392861532. shtml.

[7] 百度版余额宝百发 8% 年化收益率被指赔钱造势[EB/OL]. 新浪财经，2013 年 10 月 22 日，http://finance. sina. com. cn/money/fund/20131022/072617065914. shtml.

[8] 互联网金融深入影响券商经纪业务[EB/OL]. 和讯网，2013 年 7 月 5 日，http://stock. hexun. com/2013-07-05/155850820. html.

[9] 陈志武. 互联网金融是另一个泡沫[EB/OL]. 新浪财经，2014 年 1 月 3 日，http://finance. sina. com. cn/money/bank/dsfzf/20140103/111617835274. shtml.

民营企业发展的艰难、曲折与希望

民营企业简称“民企”，极富中国特色。35年来，民营经济始终与改革开放的进程紧密相连，大致经历了社会主义经济的补充力量、社会主义市场经济的重要组成部分、平等竞争相互促进三个阶段。全国工商联的调查数据显示，1978年，全国城镇个体工商户只有14万人；1992年，全国已有民营企业14万户；2002年，民营企业增加至244万户；2007年，全国民营企业已达551万户，占全国企业总数的61%；截至2013年3月底，全国民营企业1097万户，占全国企业总数的近80%。民营经济和民营企业展现出了蓬勃的生机与活力，已经成为中国经济的重要支柱和发展动力。

然而，从过去到现在，中国民企发展的道路都相当艰难，这里有环境因素，也有自身原因。2013年亚布力中国企业家论坛年会发布了《中国企业家生存环境指数》研究报告。报告指出，企业对当前经济环境评价大部分是比较好的，但民营企业生存环境连续两年处在及格线水平以下，企业的投融资环境一直处在及格线以下。另有数据显示，民营企业的总体存活率并不乐观，大量民营企业只能维持小规模运营，仅有极少数民营企业可以成功地发展为稳健的大型企业，中国民营企业的平均寿命仅为2～3年……

尽管如此，我们仍然可以看到曙光已经渐现，前途充满光明。2013年10月，国务院总理李克强邀请包括马云在内的多位企业家和专家学者座谈。马云对总理说：“民营企业家希望得到政府更多的信任。”总理当即回应：“对民营企业家，政府不仅信任，还要依靠！”11月，十八届三中全会召开，会议公报指出，公有制经济和非公有制经济都是社会主义市场经济的重要组成部分，都是我国经济社会发展的重要基础。全会发布《中共中央关于全面深化改革若干重大问题的决定》，指出要支持非公有制经济健康发展。

一、民间投资“三重门”——玻璃门、弹簧门、旋转门

2005年1月12日，为民营经济正名、被称为是“民营经济宪法”的文件——《国务院关于鼓励支持和引导非公有制经济发展的若干意见》(“老36条”)出台。据全国工商联原副主席、中华民营企业联合会会长保育钧回忆，当时民营企业主要面临四大难题：第一是市场准入难，许多领域进不去；第二是融资难、融资贵；第三是税费负担重；第四是民营企业合法权益得不到保障。“老36条”围绕这四大问题，特别是市场准入做了具体的部署。这份文件最终赋予了民营经济在行业准入方面的最高原则——“非禁即入”，即除去法律中明确禁止民营资本进入的投资领域之外，民营资本都可以进入，相关部门不得以任何理由设置障碍。

然而，长期形成的行政垄断以及政府管制的惯性，使得在之后的几年时间里，民营企业“非禁即入”的原则始终难以落实。据媒体报道，2010 年 3 月 4 日，温家宝在出席会议时表示，要着力解决民营资本在投资领域所遭遇的“玻璃门”、“弹簧门”、“旋转门”问题。大约在两个月之后，《国务院关于鼓励和引导民间投资健康发展的若干意见》(下称“新 36 条”)出台，试图进一步拓宽民间投资渠道。但是，2008 年以来庞大投资的惯性依然很大，新 36 条并没有得到很好的落实。

“政府相关部门在落实新老‘36 条’的过程中，细则不细，可操作性不强，有些部门甚至把中央的文件抄来抄去，成为文集汇编。尤其是‘老 36 条’，各个部委都在敷衍、应付，没有落实的诚意，民间资本根本无法进去，这就是所谓的‘玻璃门’；‘弹簧门’指的是，民资可以进去，但还是会被挤出来；还有那些涉及多个部门的项目在各部门之间推来推去，形成了‘旋转门’。”保育钧一一细数。

2013 年 9 月 6 日，国务院总理李克强主持召开国务院常务会议，听取民间投资政策落实情况第三方评估汇报，研究部署有效落实引导民间投资激发活力健康发展的措施。会议强调：一是各有关部门要限期拿出细化、实化已出台实施细则的改进措施和配套政策。二是认真落实深化行政审批制度改革的一系列措施。凡市场机制能有效调节的事项，不再设定行政审批；凡可采用事后监管和间接管理方式的不再前置审批。需要审批的，也要严格规定程序和时限。坚决打破各种对民间投资制造隐形障碍的“玻璃门”、“弹簧门”，彻底拆除“表面迎进去、实际推出来”的“旋转门”。三是尽快在金融、石油、电力、铁路、电信、资源开发、公用事业等领域向民间资本推出一批符合产业导向、有利于转型升级的项目，形成示范带动效应，并在推进结构改革中发展混合所有制经济。四是全面清理和修订有关民间投资的行政法规、部门规章及规范性文件，制定清晰透明、公平公正、操作性强的市场准入规则，多设“路标”、少设“路障”，为民间投资参与市场竞争“松绑开路”。同时依法加强对各类所有制企业的监管，维护规范有序的市场秩序。

在中国社会科学院工业经济研究所罗仲伟研究员看来，从 2005 年的“老 36 条”到 2010 年的“新 36 条”，再到现在的进一步督促落实，代表了中央改革开放的决心。“整个经济的发展不能缺少民营经济，不能缺少民间资本的进入。从高层来说，这种认识、态度和基本的取向始终不变。”“‘非公经济 36 条’的最终落实与整个体制改革密不可分，特别是行政体制中政府对经济的过度干预和对资源的垄断配置，无论是‘玻璃门’、‘弹簧门’还是‘旋转门’，均与此相关。”

2013 年 12 月 26 日，中国工业和信息化部正式给 11 家民营企业颁发了首批虚拟运营商牌照，这意味着民间资本进入传统垄断领域获新突破。在“2013 中国民营经济论坛”上，全国工商联副秘书长王忠明向在座的民营企业老板们乐观地预测：“现在我们完全可以判断，在宏观经济层面上一定会越来越重视民间资本，要进一步激活民间资本。”他认为，未来的 5 到 10 年间，民营企业将迎来一个新的大发展时期，奇迹会成群结队地在民营企业当中出现。

二、民企融资难与民间借贷"双刃剑"

我国民营企业、中小企业融资难，是众所周知的。商业银行为保证信用不受损害，必须谨慎放贷。又由于贷款利率均为国家调控，而如果给中小企业放贷，其风险高、国家规定的利率过低，根本不可能收回成本。因此银行注定就是必须给大型的、风险低的企业放贷。

以温州为例。温州银监局统计显示，2013 年 3 月末，温州银行业不良贷款率为 4.01%，这是自 2011 年 6 月至今，时隔 21 个月之后，温州不良率首次超过 4%。伴随着不良贷款增幅上升，以及新增贷款减少，一些银行将有限的信贷资源配置到了"政府性投资项目"，而对于民营企业则采取了"敬而远之"的态度。有的银行大幅缩减贷款规模，甚至对原先的贷款加大抽贷和断贷力度，以减少自身损失。银行为了追逐利润和回报股东，为了规避信贷风险、保护信贷资产安全、防止不良率上升，"弃民企、傍政府"似乎无可厚非。但是这样做，会加速一些原本没有太大问题的企业，因抽贷、断贷产生资金链危机而破产倒闭，进而引发连锁反应。

一方面是民营企业有巨大的资金需求，正规金融无法全部满足；另一方面是民间有大量闲置的资金，苦于没有好的投资项目和渠道，民间借贷应运而生。民间借贷具有灵活、方便、利高、融资快等优点，运用市场机制手段，融通各方面资金，满足着生产和流通对资金的需求。纵观中国改革开放 30 多年的历史，民营经济是靠民间借贷发展起来的。但是近年来，民间借贷的潜在风险也有所积聚，乱象频生，给企业经营和经济运行带来了诸多不利影响，甚至灭顶之灾：助长高利贷行为，加重企业经营负担；资金脱实向虚，经济的泡沫化程度和波动性加剧；"链环式"债务危机频发，风险涉及面大，企业受影响程度深。

从 2011 年 9 月开始，有关温州民间借贷崩盘、企业家跳楼或者跑路的新闻成为全社会关注的焦点。不幸的是，2013 年仍在继续。江苏纺织企业聚集地吴江，多家企业主跑路。海南泰达拍卖有限公司和海南泰特典当有限公司的老板沈桂林"失踪"。上海玛花纤体以装修停业为名关停多家门店，老板去向不明。2013 年 12 月 13 日傍晚，湖南娄底市同星米业集团有限公司董事长肖仲望在某小区以跳楼自杀的方式了结了他所欠下的高额民间贷款。这是继 11 月 12 日湖南恒盾集团有限公司董事长王检忠跳楼身亡后，湖南连续发生的第二起企业家非正常死亡事件。

2012 年初，浙江的吴英被以非法集资的罪名判处死刑，迅速引发了关于民间借贷和非法集资的大讨论。"刀下留人"的喊声此起彼伏，结果吴英在最后关头被改判死缓。而曾成杰则没有这么幸运：曾成杰，湖南三馆房地产开发集团有限公司总裁；2008 年 12 月，因涉嫌集资诈骗被逮捕；2013 年 7 月 12 日，被执行死刑。曾成杰之死给民营企业家们带来了极大的震撼。

2012 年 3 月 28 日，国务院批准实施《浙江省温州市金融综合改革试验区总体方案》，标志着温州金融改革大幕正式开启。近两年过去了,温州金改围绕民间融资多投资难、小微企业多融资难的“两多两难”问题展开了不少改革实践,但目前看效果一般,社会各界对其存疑。“金融改革左冲右突,三十多年间只进了半步,民间的尝试一直遭遇体制的‘弹簧门’和‘玻璃门’。真正的推进甚微。”温州金改第一批尝试者之一方培林说。

温州金融改革实施效果有赖于地方政府与各部委进一步沟通的进展。政府推出的部分政策短期内避免了民间金融风波事件的扩大,但中长期来看,改革政策缺少细节上的转换措施,小贷公司转型村镇银行的内外条件仍不成熟,民间借贷登记服务中心的实施效果也有待考察。在这场“自下而上”式的金融改革示范中,无论是温州自身,还是上级政府,都难以迈出实质性的创新步伐。未能突破现有金融体制框架,亦未提及利率市场化有关内容。温州金改更多的只是来自政策上的呵护,而技术上的创新却不见踪影。

但是,浙江省省长李强认为温州金改已经取得了可喜的阶段性成效。比如,创建了民间借贷服务中心,发布了“温州指数”,促进民间资本参与金融机构改制,温州银行增资扩股和农村合作金融机构股份制改造已经成为民资进入的突破口;推出“幸福股份”产品,以股权形式让市民参与城市轨道交通等基础设施项目;创新抵质押担保方式,推出多元化动产抵押、货物抵押、未来收益权抵押等 49 个创新产品;推动民间融资规范化等。特别值得关注的是,温州企业融资成本已连续六个季度下降,民间融资综合利率连续八个月下降。总的来看,温州金改一步一步走过来,迈的步子比较扎实。2013 年 11 月 22 日,浙江人大通过了《温州民间融资管理条例》,这是中国第一部民间借贷的地方法律,2014 年 3 月 1 日正式生效。

三、民企审批难与“加勒比海盗”

圣基茨和尼维斯联邦,一个远在加勒比的小岛,总面积只有 267 平方公里,不到北京丰台一个区大。但它或许是中国海外上市企业的老板最为密集的地方,已经吸引了俏江南、和谐汽车与中国白银集团等一大批中国企业家悄然改换国籍、甘做岛民。还有不计其数即将海外上市的企业老板正在办理移民手续,甚至有移民中介为这个岛国贴上了“中国上市公司老总首选移民国家”的标签。

一直以来,国内企业海外上市有两种路径。其一,直接上市。即企业经由证监会国际部审批,直接到境外上市。可证监会审批耗时费力、不确定性太大。尽管中国证监会新闻发言人表态:改进工作效率是证监会工作的方向和重点。可 2013 年证监会共收到 20 家企业境外上市申请,目前核准了 7 家,在审 12 家。如 2013 年天地壹号饮料股份有限公司就因证监会“办事效率低下”而错过聆讯有效期,最终上市失败。其二,间接上市。即国内企业股东首先在境外注册一家离岸公司,通过收购或协议的方式控股国内企业。国内企业转变成外资后,离岸公司再在境外证券市场上市。这种“红筹模式”因避开了政府审批而被普遍采用。

2013 年广州市两会上,政协委员曹志伟吐槽广州投资项目审批时间太长,一个项目从立项到审批，整个流程需要经过 20 个部委，盖 108 个章，全程需要 799 个审批工作日，大大影响了民企投资的效率。

全国政协委员、吉利控股集团董事长李书福对此也深有体会。他在两会提案媒体沟通会上心情激动地说："面对复杂的行政审批，我们非常无奈。大家都知道吉利是民营企业，当我们冲在第一线，正要为市场竞争奋斗时，却又不得不集中精力在项目的批准中花大量时间研究怎么盖公章、如何完成审批等。"李书福表示，虽然党和政府的政策对国企和民企都一视同仁，但相关部门有些观念还没转过来，认为民营企业"低人一等"，"在走审批流程时，我们民营企业还是很艰难的"。

全国人大代表、娃哈哈集团董事长兼总经理宗庆后在两会提案中提到，政府审批事项多、时间长，影响企业发展。尽管中央和地方政府不断取消大批审批事项，简化审批程序，但现有审批事项仍然十分庞大，很多完全可以通过市场调节或企业自行解决的事项仍在通过审批制度去实现。这不仅导致企业负担加重，更浪费了大量的人力、财力和时间。

经济学家张维迎表示，就投资来讲，政府审批应该彻底废除。投资本身是企业家的事，不是政府的事。我们为什么要有企业家？就是未来有不确定性，需要有人判断未来。从历史来看，企业家最有可能判断未来，尽管企业家也有犯错的。现在我们政府仍然按照过去计划经济，认为市场经济就是自发的，自发的就会出现混乱，这是错误的。我们没有办法相信政府官员比企业家判断的更准确，何况这些人本身不担当任何风险，我们怎么知道他们有积极性作正确判断呢？从过去中国作出的产业判断来看，基本上都是失败的，包括光伏产业、汽车产业等等。

四、民企、国企之争

一直以来，国有企业在融资、市场准入、税收、政策优惠等方面占据优势地位，相比之下，与部分国有企业同处于市场竞争中的民营企业则疾呼不公，而这也成为国企饱受诟病的原因之一。有媒体人士曾如是评价国企，"它们通常都自由跨越在多个行业，基本不用像民企那样担心政策准入问题、项目审批问题和贷款问题。部分企业一旦亏损就叫苦连天，经常可获得提价、国家注资等多种形式的救助。"当然有时国企也觉得不公平，埋怨政府管得太多，办什么事都要报批，想做一点事非常难。

著名经济学家胡祖六认为，只要有大量国企的存在，就不可能实现真正的公平竞争，因为政府各种政策、法规，包括金融政策，主观上和客观上都会不可避免地向国企去倾斜的。政府在市场经济中应该是一个立法者，立规者，和一个公正中立的裁判，但如果政府拥有和经营企业，就等于说你又是裁判又是运动员，那怎么可能有公平竞争呢？

尽管政策规定，原则上国企只应在战略性、非竞争性行业发挥作用，但事实上，国企凭借其自身优势地位、国资背景频频将手伸向盈利高的领域，比如涉足房地产、购买理财产品等。国资委商业科技质量中心主任卫祥云表示，竞争性国企的退出是一个争议不大的问题，其退出只是时间问题，关键在于如何平衡因退出引发的利益调整。具体而言，国企的退出将是一个先分类再逐步退出的过程，首先是将国企分为竞争性国企和非竞争性国企，然后是竞争性国企的退出与非竞争性国企的改革同时进行。此外，除在竞争性领域，国企应逐步退出并让位于民企之外，在垄断性行业还应对非国有企业逐步开放。

经济学家厉以宁表示，国有企业跟民营企业不是国进民退，也不是国退民进，目标是双方双赢。双赢现在还没有，因为国有企业还没有改革，他的行政干预太多，他不是独立的市场主体，要经过国有企业改革；民营企业要转型，民营企业不转型也谈不到经营的重大问题。

2013 年 12 月 26 日，国务院国资委主任张毅在中央企业、地方国资委负责人会议上表示，要改变观念，消除“国退民进”、“国进民退”的争论，扫除思想上和体制上的障碍，积极为发展混合所有制经济创造有利条件。明年要积极发展混合所有制，进一步推进国有企业公司制、股份制改革，继续推进改制上市，有条件的实现整体上市。

五、民企转型与创新

保育钧指出，中国有民营企业千万户，注册资本金却只有 31 万亿元，意味着平均规模极小，每家只有 300 万到 400 万元。企业在经营方式上也显得粗放、竞争手段低级，“许多企业只会打价格战，弄得自相残杀，一地鸡毛”。

厉以宁表示，民营企业不用改革，而是要体制转型，要实现“四个转型”，即观念的转型，要从小业主的思想变为现代企业家的思想；发展方式的转型，要从重速度、重产量、重盈利率向重效益、重质量转型；营销方式的转型，要主动转变营销方式，适应世界经济向工业化和信息化融合、制造业和服务业融合的发展趋势；管理体制的转型，要树立产权观念，进一步界定和细化产权，实行现代企业管理制度。

目前我国民营企业还主要采取家族企业制度形式，能够建立起真正意义上的现代企业制度和委托代理关系的民企业尚不多见。随着企业的迅速发展，家族制的弊端越来越明显。产权单一，封闭的家族持有企业股权，不愿接受外界的参股，企业的所有权和经营权高度统一。产权不清，导致没有人真正关心企业的利润目标及相应的资产增值目标，而更多的只是关心如何把企业的资产分配完毕，最好是更快更多地获得个人收入；也造成企业不成规模，发展到一定规模就要分家；这不利于公司治理结构的完善。

中国社科院的一项调查数据显示，目前中国第一代企业家的年龄平均为 55～75 岁，在未来 5～10 年内，全国有 300 多万家民营企业将面临企业传承问题。近年来，刘永好、朱孟依、楼忠福、杨国强等即将准备或初步进行财富的交接班。楼忠福向《中国经济周刊》表示：“对我个人而言，一生的创业历程中有最大的两件事，一是白手起家筚路蓝缕创造财富、回馈社会；另一件大事就是功成身退，适时培养好、选择好接班人，延续辉煌，传承企业的使命。”

民营企业不具备国企的资源和政策优势，唯一的优势就是创新。创新不仅是民企在中国特殊国情下参与市场竞争最"公平"的手段和途径，还是民企应对产业转型浪潮的必然要求。如果说过去的30年，民营企业还能依靠中国廉价的劳动力和低廉的土地、环境成本得以发展壮大，那么在劳动力、原材料、土地等要素价格快速上涨，环保要求越来越高的今天，那些缺乏创新能力的劳动密集型、资源密集型企业的利润空间越来越小，因此，唯有创新，民营企业才有出路。企业家的本质就是创新。

2013年第十四届中国经济年度人物评选获奖名单在中央电视台揭晓。从榜单中，可以看到企业在转型升级方面的不懈努力。例如，小米科技创始人雷军，用"专注、极致、口碑、快"的七字诀，为发烧友打造了一个互联网品牌。专注在自己所处的产业领域中做事，把产品做到极致，加快产品的更新速度。重视与用户的互动和口碑，通过互联网广泛收集用户意见，让消费者参与设计，把消费者的参与感做到极致。他提出"软件＋硬件＋互联网服务"的铁人三项模式，用互联网思想推动着传统领域的转型升级，带领中国移动互联网步入新的产业时代。

六、十八届三中全会的利好信息

2013年十八届三中全会公报指出，公有制为主体、多种所有制经济共同发展的基本经济制度，是中国特色社会主义制度的重要支柱，也是社会主义市场经济体制的根基。公有制经济和非公有制经济都是社会主义市场经济的重要组成部分，都是我国经济社会发展的重要基础。

十八届三中全会还发布《中共中央关于全面深化改革若干重大问题的决定》，《决定》指出要支持非公有制经济健康发展：非公有制经济在支撑增长、促进创新、扩大就业、增加税收等方面具有重要作用。坚持权利平等、机会平等、规则平等，废除对非公有制经济各种形式的不合理规定，消除各种隐性壁垒，制定非公有制企业进入特许经营领域具体办法。鼓励非公有制企业参与国有企业改革，鼓励发展非公有资本控股的混合所有制企业，鼓励有条件的私营企业建立现代企业制度。

中央财经领导小组办公室副主任杨伟民表示，我们对公有制经济和非公有制经济地位和作用的认识，是随着改革的深化而不断深化的。过去，我们认为个体私营经济等非公有制经济是社会主义经济的补充，后来承认是组成部分，但加了"在法律规定范围内"这个前提，似乎总有一部分是违法的。目前民营经济发展中的一些障碍，"玻璃门"、"旋转门"等，根子在于思想上没有把非公有制经济放在与公有制经济同等地位上。在完善基本经济制度方面，《决定》有很多新的突破和创新，主要体现了一个基本精神和理念，就是更加公平地对待和认识各种所有制经济。

七、结语

1912年，熊彼特在《经济发展理论》中，第一次提出决定经济增长的是企业家。正是企业家把各种要素组织起来进行生产，并通过不断创新改变其组合方式才带来了经济增长。民企对于中国经济、社会的作用与贡献,伴随改革、发展的进程将越来越重要。当前民企的艰难道路上,正需要有关各方共同努力,披荆斩棘,迎着曙光,勇往直前。

参考文献

[1] 百度百科. 民营企业[EB/OL]. http://baike. baidu. com/view/166888. htm.

[2] 百度百科. 曾成杰[EB/OL]. http://baike. baidu. com/link? url=gtNaIm64HHi7tExBXC50sBsz4UPqswzETaszw8amvvfVqPM_R07M9EeLeW70KdltfC3cI2yZIdJh8ma63lnyna.

[3] 韩丛. 国企 VS 民企:市场能做的应尽量归市场[N]. 中国经济时报,2013-06-06(012).

[4] 本报记者 杜薇. 民企生存环境处于"及格"边缘[N]. 中华工商时报,2013-02-26(006).

[5] 陈雪萍. 从创业家到企业家——中国民营企业掌门人成功的路还有多远?[J]. 企业管理,2013,05:26-28.

[6] 2013 年,中国民营企业新的里程碑[J]. 中国产业,2013,04:46-48.

[7] 哈尔滨日报. 打破拆除阻碍民间投资的"玻璃门、弹簧门、旋转门" [EB/OL]. http://hb. my399. com/html/2013-09/07/content_12117502. htm,2013. 9. 7.

[8] 林嘉慧,龙晓庆. 行政审批成为民企发展"绊脚石"[N]. 民营经济报,2013-03-05004.

[9] 经济观察报. 十号文空转七年 民企老板变身加勒比海盗[EB/OL]. http://www. 21cbh. com/2013/12-20/zMODUyXzk5ODczMA. html, 2013. 12. 20.

[10] 科技日报. 厉以宁:民营企业应实现"四个转型". http://scitech. people. com. cn/BIG5/n/2013/1218/c1057-23868785. html, 2013. 12. 18.

[11] 腾讯财经. 温州金改一周年效果不佳[EB/OL]. http://finance. qq. com/zt2013/cjgc/wzjg. htm, 2013. 3. 26.

[12] 王方华. 中国企业发展年度报告(2013)[M]. 上海:上海交通大学出版社,2013.

[13] 网易网. 民企老板非自杀即跑路 闹钱荒中小企业最受伤[EB/OL]. http://edu. 163. com/13/1223/10/9GP8IQM400294III. html, 2013. 12. 23.

[14] 新华网. 评论:我国民营经济亟待更多领域市场化破题 [EB/OL]. http://finance. sina. com. cn/review/jcgc/20131227/112617773067. shtml, 2013. 12. 27.

[15] 徐绍峰. 银行对民企"敬而远之"值得警惕[N]. 金融时报,2013-05-13005.

[16] 张奇. 未来十年民企将迎来创二代接班潮[N]. 证券时报,2013-05-23A09.

[17] 中国网. 何翠芹:三中全会首次把国企民企放到同等位置 [EB/OL]. http://finance. china. com. cn/news/special/szqh/20131128/2007114. shtml, 2013. 11. 28.

[18] 中国科技网. 肖方晨:民企迎来稳健发展期[EB/OL]. http://www. wokeji. com/kjrw/kpdr/201312/t20131223_611354. shtml, 2013. 12. 23.

[19] 中国经济周刊. 马云盼民企得到政府信任 李克强:不仅信任还要依靠[EB/OL]. http://china. huanqiu. com/hot/2013-11/4553941. html, 2013. 11. 12.

[20] 中国经营网. 浙江的改革样本 [EB/OL]. http://www. cb. com. cn/index. php? m=content&c=index&a=show&catid=26&id=1026893&all, 2013. 12. 9.

[21] 中国经营网.《中国经济周刊》. 中国富豪接班大考 [EB/OL]. http://www. cb. com. cn/index. php? m=content&c=index&a=show&catid=26&id=1020624&all, 2013. 11. 5.

[22] 中国企业家. 胡祖六解读公报:有国企就不可能公平竞争[EB/OL]. http://bschool. hexun. com/2013-11-13/159638987. html，2013. 11. 13.

[23] 中国企业家. 厉以宁谈改革:民营企业为什么不用改革[EB/OL]. http://bschool. hexun. com/2013-11-18/159772658. html，2013. 11. 18.

[24] 中国青年网. 十八届三中全会公报解读:国企民企不分伯仲 改革路漫漫 [EB/OL]. http://finance. youth. cn/finance_gdxw/201311/t20131116_4214669. htm，2013. 11. 16.

[25] 中华工商时报. 2013 年民企的几件事 [EB/OL]. http://news. hexun. com/2013-12-26/160908682. html，2013. 12. 26.

[26] 中华工商时报. 民营企业转型升级提速 [EB/OL]. http://news. hexun. com/2013-12-24/160840369. html，2013. 12. 24.

[27] 宗庆后. 关于破除国有企业和民营企业身份区别的建议[J]. 商品与质量,2013,11:5.

企业跨界扩张的豪情、张扬与忧虑

回顾 2013 年，企业跨界似乎正成为一股愈演愈烈的风潮。实际上，跨界的本质就是多元化经营，有利于企业分散风险，增强盈利能力。诸多的企业跨界案例展现了企业主在日益复杂的经营环境下拓宽版图的新思路，甚至有些跨界已经转变为行业性的变革。然而，跨界也是一把双刃剑，企业在向其他领域扩张时，与机遇并存的往往是风险，跨界失败的案例比比皆是，跨界的成功与否与行业性质以及企业的商业战略、运作模式、资金实力等等有着密不可分的关系。以下将分行业分角度地盘点一下 2013 年企业跨界事件。

一、房企向金融业延伸，房地产经营模式转变初露端倪

房地产商跨界的风潮早在前几年就已兴起，足球、矿业、文体等行业都曾吸引众多房企扎堆进驻。2013 年，房企的跨界潮有了新趋势，房地产企业正逐步深入地向金融业渗透，房企频繁参股银行，尤其是行业领头羊万科以 30 多亿港元入股徽商银行，成为该银行最大股东，在业界引起了不小反响。此外，还有越秀集团斥资 116 亿港元收购创新银行；花样年投资 1 亿元成立小额贷款公司；新湖中宝投资 1 亿多元竞得温州银行定向增发股份 35 000 万股；贵州中天城拟出资近亿元入股贵州银行……

从外部政策原因来看，2013 年 7 月，国务院办公厅发布金融改革“国十条”鼓励民间资本投资入股金融机构和参与金融机构重组改造，因此有实力的房企进入金融领域是大势所趋。论及房企向金融业延伸的内因，直观的猜想下普遍有以下两个原因：第一，房地产业始终面临着调控风险，一旦市场进入低迷状态，那么将资源全部集中在地产领域的房企将面临危机。与此同时，银行业目前估值不高，但这几年普遍利润丰厚，因此向银行业渗透从多元化盈利角度来说是一种理智的跨界行为。第二，金融业是地产企业的上游，掌控着开发商的资金命脉，房企进入金融行业也能够为企业获得更稳定的融资渠道。

然而对于万科这样的行业龙头来说，融资并不是跨界金融的主要诉求，根据万科 2013 年的境外募资经历，国内银行贷款并没有比较优势。事实上，地产业向金融业的渗透在一定程度上预示着地产业正在开启经营模式的转变。在一线城市和一些二线城市，房地产市场已经从“增量时代”进入了“存量时代”，从长期发展来看，新房交易将不足以支撑房企发展，如何利用庞大业主群体和用户粘性来服务存量客户是关键。因此，万科等领先房企跨界金融的真正目的很可能在于打造社区金融，构建地产金融的全体系架构，正如万科董秘谭华杰所说“此次参股徽商银行的投资规模不大，但可望发挥协同效

应，帮助公司率先向客户提供国内领先的社区金融服务，提升公司在全面居住服务方面的竞争力”。一方面，地产商可向业主销售理财产品，扩大募集资金的人群范围，以房地产业务拉动金融业务；另一方面，社区金融服务为业主提供各类消费结算，这也是延续了万科一贯的优质物业的特点，进一步增加客户黏性，使金融业务反哺房地产业务。可见，地产业与金融业的联姻，不仅是靠近金融业以追求融资便利，更是初步显现出房地产经营模式的转变。

当然，在地产企业能够主动掌握更多利益的同时，金融和地产两个行业的捆绑也会成倍放大风险。一方面，金融业还是一个风险相对较大的行业，一旦银行资产配置不当，就势必会拖累房地产业；反过来，当房地产泡沫破灭，风险也会尽数转嫁给金融体系，这样的风险放大是房企转型过程中所必须警惕的问题。

二、企业跨界饮高端矿泉水，豪掷重金前景如何尚待观察

2013 年的跨界热潮中，快消企业也不平静。尽管快消企业与其他实体企业相比有着周转快和利润微薄的特点，然而各个品类中的高端产品，往往都具备着比普通快消品更高的盈利水平，让不少企业看到了有利可图的空间，其中一个代表就是矿泉水市场。矿泉水平均行业利润在 4%左右，然而高端矿泉水的利润可以达到普通矿泉水的六至七倍。在如此高利润的吸引之下，2013 年，恒大集团、方大特钢、白云山等各方企业都跨界进军了矿泉水行业。我国矿泉水行业的高中低端市场已经形成了一定的格局，高端市场也基本在依云、昆仑山和西藏 5 100 的稳定垄断之下，如今新进入者重金跨界能否打破这种格局获取高利润，还是会跨界未成反而影响主业，成为了业界关注的重点。

根据高端水市场的特点，矿泉水产品间的工艺大同小异，差异点几乎都在于水源地的不同，因此企业往往将水源地理解为成功的要素，不约而同地在水源地上大加宣传，想要分得高端矿泉水市场大蛋糕的跨界企业也是如此。然而，在市场已有既定格局的情况下，新企业仅有高端水源地并不能够保证破局成功，跨界企业要进入快消业必须以新品牌占领消费者心智份额，广铺渠道占据终端地位，因此，除了水源的宣传之外，营销投入是不能少的。这一点上，一向“土豪”作风的恒大做到了极致，在亚冠期间拒绝了三星等大品牌的广告邀约，而是借助亚冠的势头猛烈地宣传恒大冰泉，一时间品牌宣传覆盖了几乎全媒体的各个角落。恒大的宣传固然到位，但伴随而来的问题是：恒大的多元化战略马不停蹄，已经布局了地产、餐饮、足球、电影、音乐之后，如今又跨界快消，在广州恒大赢下亚冠冠军杯的同时就强势推出了矿泉水品牌恒大冰泉，一时之间来势汹汹，推广费用高达 5 亿多。如此的豪情不禁让人疑问，多元化战略下各个其他版块都还羽翼未丰，重金投入是否会对企业造成太大的压力？

从乐观的角度来看待恒大的跨界，多元化的资源间若能够达到协同那么恒大冰泉矿泉水成功挤入高端水第一梯队也并非遥不可及。一方面，恒大已经利用自身的足球产业为恒大冰泉打响了第一炮，未来借助恒大的全国布局优势，以楼盘、影城、酒店、会所等地

产及文化资源作为恒大冰泉的直销渠道。另一方面，房地产行业有着回款周期长的特点，正好可以拿资金快速回笼的快消产业进行弥补，以矿泉水业务反哺地产业，不失为一种明智的战略布局。但是这场跨界也存在着明显的隐忧，恒大的各个产业都还不稳定，尤其是房地产业政策存在不确定因素，恒大是否能够支持负债运转多元化还有待观察，真正的成绩取决于恒大对恒大冰泉的投入是否能达到匹配的回报，以及新产业是否能够达到与其他产业间的协同和互补，而不是让矿泉水的跨界之举成为拖累恒大其余产业的一根鸡肋。

三、白酒业的冬天吸引外界资本跨界抄底，"时机"成为关注焦点

两年之前，白酒业被一轮轮的价格飞涨和一片利好声音所充斥着，净利增速可达30%至50%。而2013年前三季度十余家白酒上市公司2013年前三季度的收入和净利润增长分别为-3.3%和-6.3%，宣告白酒业结束了黄金十年，如今正面临着一轮严酷的寒冬。在萧条的景象之下，娃哈哈、天津荣程钢铁、中国平安集团等企业反而纷纷宣布进入白酒行业，其中娃哈哈与贵州省政府签订的战略合作协议投资金额高达150亿元，荣程集团在四川泸州的"酒业航母"战略投资计划也高达120亿元。

新进入的企业固然明白白酒业处于低潮期，娃哈哈集团董事长宗庆后表示"行业的振兴与传承需要有实力的企业加入"。当然，这不会是娃哈哈跨界饮酒的唯一动机，在外界看待这场企业跨界饮酒的风潮时，"抄底"成了关键词。从盈利的角度来说，白酒行业曾经是暴利行业，如今虽然低迷，但盈利能力仍然强于普通快消品，同时，行业低谷期间投资成本显著降低，因此白酒业走低看似是一个很好的投资机遇。然而也有观点认为，成本低不应该成为跨界的理由，跨界所带来的还有巨大的风险。娃哈哈等企业如此跨界是低成本下的盲目还是理性的战略？问题就归结为如今是不是最佳的跨界时机。

剖析白酒行业低迷的原因：第一，从外部事件的影响上来看，过去几年的白酒市场，尤其是高端酒市场，有一大部分是三公消费的机构团购，因此严厉打击三公消费、颁布禁酒令等中央政策下必然会抑制白酒行业的增长势头。加上塑化剂风波在整个白酒行业蔓延，食品安全的隐患也使得普通消费受到影响。第二，从行业长期发展的内因上来看，行业在过去的黄金十年间飞速发展，各白酒企业无论品牌实力纷纷扩张产能，白酒行业面临着产能过剩，并且白酒的品牌定位纷纷偏离正轨，白酒的价格一再攀升，定位越发偏向高端，社交价值和炫耀性价值被放大，使白酒不再仅仅是一种大众消费品。从表面来看白酒行业的低迷似乎是打击三公消费的结果，然而事实上是行业过度扩张且定位偏离后的一种必然结果，因此在调整期中，行业需要一定时间消化库存，同时整个行业的产品结构、行业价格以及渠道都会经历调整，逐步回归到一个民族的、大众的白酒行业。企业跨界抄底的最佳时机往往符合两个特点，第一是投资价格低，第二是行业很快反弹，因此各方评论均认为目前白酒行业仍在下滑，此轮调整最少需要2～3年时间，从而对现在进入白酒业跨界抄底的企业并不抱乐观态度。

其中，业界对于娃哈哈的争议非常多，甚至将其投资行为比喻为在沪指 6 000 点建仓，不知何时解套。宗庆后曾在同年 3 月向媒体表示，在白酒行业出现一系列问题的情况下，哪怕再有机会也不会进入，因而他的跨界之举引发不少评论认为这是不得已而为之——传统饮料行业利润进一步缩水，但企业缺乏向移动互联网等潜力巨大的行业扩张的基因，因此只能够选择一些实体的传统行业来实施多元化战略。可惜，在产品与渠道上，娃哈哈的白酒战略还是饱受质疑。娃哈哈将其即将推出的白酒产品定位为平价的酱香型酒，定价在 100～400 元。然而酱香型原属于高端酒类，市场培育周期长、成本高，并且生产资源具有一定稀缺性，恐怕难以进行低价位快节奏的运作，对于娃哈哈的传统渠道和经销商管理模式来看，似乎更为适应清香型、浓香型等运作周期较短的产品。当然，宗庆后会选择如此跨界也是因为机遇的存在，是否能够跨界成功，还要随时间推移看娃哈哈是否能够跟随白酒行业未来的发展逻辑，打造合理品牌找准市场定位匹配完善渠道，以专业的白酒行业运作来随市场一起进行调整，逐步恢复市场信心和消费欲望。

四、上市公司抢购手游企业，井喷之后行业泡沫问题凸显

2013 年，手机游戏概念大热，在大盘不景气的基调下，手游似乎成了提振低迷 A 股市场的主力。在上半年股市遭遇滑铁卢时，A 股唯一一个纯手游上市公司掌趣科技的股价却在三个月内暴涨了 260%，而后在第三季度就爆发了 A 股上市公司疯狂的手游收购潮。参与投资的公司中，真正的游戏公司却在少数，更多的是通信、传媒、文化企业，例如大唐电信、华谊兄弟、凤凰传媒，甚至主营业务与游戏毫不相关的实业公司也积极地向手游行业挺进，例如顺荣股份、星辉车模、梅花伞、华天酒店等等，纷纷豪掷重金抢购手游公司。2013 年前三季度，国内手游行业的并购交易多达 10 多起，交易规模超过百亿元。然而值得怀疑的是，跨界做手游的企业是真正在进行公司多元化转型，还是想要利用手游概念争取短期收益？

从行业发展的角度来说，手游的前景毋庸置疑。随着移动互联网兴起、智能手机普及，我国已经进入了全民玩手游的阶段，未来手游市场也有望进一步扩容。根据艾瑞咨询的预计，2013 年手游行业产值同比增长约 98%，未来几年也将呈几何增长的态势，占网络游戏市场的比重将从 10%提高到 20%以上。值得注意的是，这次手游收购并非平稳兴起而是骤然井喷，恰恰显示出了这些企业跨界收购手游背后的原因并不仅仅是看到了行业前景，而是看到了手游的概念能够帮助推高股价和扮靓业绩的价值：一方面，也许就是因为掌趣科技在低迷市场中的优异表现，许多上市公司关注到了手游这一概念的潜力，靠近手游概念成为了拉高股价最简单有效的办法，大部分公司在收购消息一经公布后股价确实齐齐上涨。另一方面，有一部分跨界收购手游的企业是业绩下行的传统企业，这些企业主营业务增长乏力，增长可观的手游就成为了他们向企业注入新生活力的首选。

在这股疯狂收购潮中，收购方纷纷豪掷数亿元甚至数十亿元收购一家手游企业，手

游行业无可避免地显现出了过剩的局面。同时，尽管游戏行业本身是一个高收益的行业，想要在手游界持续增长对企业来说却绝非易事，这场收购热潮之后所有的跨界收购方都普遍缺乏行业经验，面临着不小的风险。首先，行业泡沫和成本攀升加剧整体利润降低。当手游开发者越来越多，容易出现的一种情况是游戏同质化严重，团队创新能力不足，大量手游具有相似的玩法，仅仅变换主题和界面；同时，产品研发成本与新用户成本逐年攀升，长此以往手游行业整体将遇到发展瓶颈。第二，手游运营商的话语权强于游戏开发商，随着行业竞争的激烈化，开发商往往无法兼得市场份额与利润，或是需要通过运营商扩张份额从而牺牲利润，或者选择自己运营从而无法获取高份额。第三，手游持续盈利难度高，很多收购方都与被收购的手游企业签订了业绩对赌协议，持续盈利的条件相当严格，难以实现。每一款手游产品都基本具有很短的生命周期，通常只有半年左右，无法与生命周期可长达五年的端游相比，并且畅销的手游往往出自不同公司，要求同一家公司持续做出畅销游戏的难度很高。第四，收购热潮之下相关部门已经收紧了监管。深交所在 11 月宣布，针对市场热点的手游资产，要求披露 ARPU 值（每用户平均收入）、玩家结构分布、充值渠道和金额等关键业务信息，并要求财务顾问、会计师核实业绩真实性等，目的在于打压部分公司追逐市场热点概念，从事非实质性的跨界投资进行炒作。

种种风险之下，曾经的热点概念泡沫已经破灭，一些企业宣布收购手游公司后并未实现大幅度增长，甚至有的企业出现了股价连连下跌以致收购方案最终未获董事会通过。然而，手游市场的降温并不意味着市场潜力的缩水，而是市场发展更趋理性，只有真正具备可持续创新能力、具备渠道和新用户成本优势的开发商才能够屹立不倒。可见，企业跨界热点概念时，短期内的一片繁荣并不一定对企业有利，反而可能面临着市场泡沫的破灭；而长期中跨界企业若能够获取优质资源，那么仍然将是市场的赢家。

五、向产业链上游延伸，快递跨界电商步履艰难引发思考

长期以来，电商和快递是上下游的关系，并且这也是两个近几年来相辅相成飞速发展的行业。电商的效率离不开快递业的服务，快递业的壮大离不开电子商务的井喷式发展所带来的业务量。从 2012 年起，电商和快递互相渗透的趋势开始显现。为提升用户体验，抵御专业快递供不应求的压力，并进一步降低成本提高效率，电商普遍开始向快递业的渗透，自建物流，部分电商的物流体系甚至可以单独作为一个物流公司来承接企业外的快递订单。电商向下游的延伸主要是为了主营业务的配套运营，而快递企业向上游延伸，则是更完全的跨界行为。近几年各大快递公司陆续推出电商业务，2013 年这场跨界潮还未结束，各个向电商进军的企业已经显示出了不同的生存状态。申通的网上商超爱买网超在上线两个月后即停业；天天快递的天天特卖汇主打服装日用品等特卖商品，采取全场包邮，体现出了快递企业的优势；主打生鲜电商概念的顺丰优选上线一年持续发力，已经第六次扩大规模，将常温配送范围扩展到了大陆的所有大区，并覆盖了江苏、

浙江和广东省全境，暂居快递电商中规模最大的企业。

快递之所以跨界电商，背后有着多层原因。首先，电商自建物流的趋势愈演愈烈，对于快递企业来说是直接的市场容量损失。若未来电商纷纷进一步扩大自由物流体系，那么快递业的发展势必受到挤压，为了避免自身在这种发展趋势中被边缘化，快递企业就必须寻求新的出路来抵御这种冲击。第二，在电商与快递的上下游关系中，尽管快递企业是直接接触客户的最后一个关卡，但电商掌握着客单，也就掌握着话语权。如此一来，在企业成本加剧增长的当下，快递企业却往往迫于上游的压力无法涨价，也就致使企业利润被压低，企业就必须寻求新的利润模式来增长盈利能力。第三，国内网购市场仍在快速成长期，电商这块大蛋糕对于外界有着巨大的吸引力，而快递企业自身有着强大的物流配送能力，因此企业认为自身有着做电商的天然优势，同时，以现有业务系统延伸至新业务，也能够达到分摊成本提高盈利水平的作用。第四，快递业整体的增速远小于电商商业的增速，然而行业竞争却在加剧，甚至有一些外资巨头正谋求进入国内快递市场，一旦竞争升级则行业有可能面对着利润进一步缩水的可能。在多重压力和机遇权衡下，由快递业进军电商似乎是快递企业一个有利的战略选择。

然而从市场反应来看，快递电商似乎并不为市场所看好，经过 2013 年的发展，并没有一个快递企业的电商成功表现出成为企业盈利新源头的潜力。快递电商发展乏力的其中一个原因是源于电商行业的特点，电商行业本身就存在着竞争残酷、利润低、盈利困难的问题，真正能够做大且保持盈利的企业在少数，即使是京东、苏宁等行业巨头也面临着年内能否实现盈利的考验。除了行业本身的特点以外，阻碍快递电商发展的更多的是快递企业在电商经营上的能力缺失：首先，企业需要选择切实可行的能够吸引客流的电商定位和盈利模式，若定位不准确就会直接导致人气不足与成本过高。原想定位为送货上门的网上便利超市的申通，正是因为品类多而杂，在成本高昂但商品订单少盈利微薄的情况下，唯有退出市场。第二，相对于已经成熟的电商来说网店的品类重复或优质商品种类少，从而难以吸引大量的客户群，也正因为在品牌上没有优势，对于上游的供应商就没有议价能力。第三，快递企业缺乏互联网基因，在品牌宣传上处于劣势，而网购的消费者已经具有了一定的品牌粘性，例如形成了买衣服上淘宝，买电器上京东，买日用品上一号店的习惯，几家快递网店的宣传远远没有达到为网站吸引足够客源的效果。第四，快递企业所有的仅仅是物流配送优势，但缺乏电商平台的运营经验，事实上电商运营的体系远比单独的物流体系要复杂，如何管控用户流量以及销售服务是直接关系到销量的重点，在这些方面，快递企业都是从零做起。

尽管快递做电商的确面临着不少的问题和风险，但若电商业务的试水能够同时作为快递主营业务的补充和提升，那么也不失为一种成功的战略布局。以顺丰举例，尽管顺丰优选的成功与否还有待考验，然而其主打生鲜和直采正是为未来发展冷链物流铺路，而冷链物流是国内目前最薄弱、前景也最广阔的物流服务。正因如此，马云也在评价顺丰优选说到“物流业的下一个关键词是食品物流，生鲜食品将会直接送到消费者手中，顺丰抓住了食品物流的发展趋势，非常具有前瞻性”。反过来，因为生鲜冷链物流的配送技术和人才及其匮乏，也要求庞大的投资规模，才至今没有企业成功打造这样的全冷链物流体系。由此可见，不论顺丰是通过电商寻求新的赢利点，还是借电商试水冷链物流发展，这一步跨界将是一个巨大的机遇，也将会对企业的每一步策略提出严格的要求，唯有快速为电商吸引客流，保持电商业务的稳步崛起才能够为冷链物流系统注入资金和经验，否则不仅会是电商实践的失败，也会为未来主营业务的提升造成一定的瓶颈。

六、IT互联网企业集体玩电视，与传统企业的竞合是大趋势

2013年对于彩电业来说是不平静的一年。在传统彩电向新兴媒体大量流失份额的背景下，智能电视又为彩电业注入了新的生命力，而在过去一年中，众多的企业涌入了智能电视市场，上演了一出客厅争夺战。值得关注的是，挑起这场客厅大战的并非传统彩电制造商，而是IT与互联网企业这两支“跨界军”。5月，乐视高调发布了超级电视，并称要“颠覆”彩电业；7月，联想与夏普发布了合作研发的智能电视；阿里发布了智能电视操作系统并联合华数推出了“阿里盒子”，宣布已建阿里智能电视生态系统；9月，康佳与未来电视联合推出了KKTV；小米发布了小米智能电视；TCL与百度爱奇艺联合打造了TV＋；创维与阿里推出了“酷开”智能电视……

之所以IT企业和互联网企业纷纷跨界彩电业，其背后的原因是“家庭互联网时代”的到来，而他们的跨界正引领着彩电业的转型。传统电视被新媒体抢占份额反映了互联网的发展对传统行业造成的冲击，在经历了以电脑为平台的PC互联网时代、以手机为平台的移动互联网时代之后，互联网行业正在迈向更高的台阶，也就是以电视机等家电为平台的家庭互联网时代。另一方面，从电子产品的角度来讲，其发展已进入了“智能时代”和“用户时代”，在用户为王的如今，将硬件、软件、服务融为一体提升用户黏性才是在行业中立足的必要条件。

在这场跨界风潮中，尽管IT企业与互联网企业做出了同样的战略举措，然而可以分辨出他们的战略起点和商业模式却不尽相同。以联想、小米等为代表的IT企业逐渐由软件平台开发商向服务提供商转型，在已经占领了个人电脑、手机、平板电脑等三大领域后，跨界进一步升级，从而发展“第四块屏”——彩电。对于IT企业来说，他们具备终端产品制造经验，同时擅长硬件的制造和操作系统与软件的开发，简单来说就是以做智能手机同样的方式来进军智能电视市场。与IT企业不同，阿里、乐视、爱奇艺等互联网企业，尤其是视频网站，并不具备硬件的生产经验，他们所具备的是自身强大的影音内容平台以及版权资源优势，这些企业往往采取以硬件收入、软件收入、广告收入和增值服务相结合的多点盈利模式。

IT和互联网企业能不能成为彩电业的新贵？跨界做电视究竟能不能“颠覆”彩电业？这都是业界关注和议论的重点。其实，在目前的智能电视市场中，IT互联网企业和传统家电企业都有其明显的优劣势。IT互联网企业已经积累了扎实的系统平台、丰富的应

用、庞大的内容资源，然而智能电视终究还是电视，IT互联网企业在做电视上所缺的是传统企业所拥有的品牌影响力、物流供应链、销售渠道、售后配套服务等同样不可或缺的实力。尽管乐视和小米等企业所采取的商业模式都是以低价的硬件吸引消费者，将盈利点放在广告和内容服务上，低至2 999元的智能电视价格的确能够吸引一部分消费者，为企业弥补销售上的先天不足，然而新进入者仍然面临着产品线单一、品牌影响力小的问题，由此引发的用户规模过小的情况也就暂时阻碍了通过内容和增值服务实现盈利的设想。并且，可以预见未来当新进入者的品牌影响力逐步提升之后，一旦产能、供应链、销售渠道没有跟上，也同样会导致商业模式的搁浅。

面对各自的优劣势，传统家电企业和IT互联网企业合作共赢成为了目前业界普遍赞同的战略选择。而事实上，在一众推出智能电视的IT互联网企业中，除乐视和小米采用的是垂直整合的模式，其他企业多数采用了合作模式，与传统电视企业形成了战略联盟，预告了智能电视乃至整个家电行业的一种传统企业与高科技企业间竞合的大趋势。正如2013年年底格力集团董事长兼总裁董明珠与小米公司董事长兼CEO雷军的一场五年后孰强孰弱的赌局中所反映的，小米称自身代表着在互联网的基因下重新做消费电子，格力在争论中却并没有否定互联网基因的重要性，而是表示未来的发展既需要有传统的一半，又需要有互联网的一半，这正是体现了家电市场的未来会依托IT互联网技术而发展。可见，智能家电中的跨界军拥有了行业未来所必需的基因，电视产品的核心竞争力不再仅仅是电视屏幕一类的硬件，更重要的是内容和服务等软件属性，跨界的成功与否取决于企业能否达到受到认可的“硬件＋软件＋服务”的组合，也取决于一些实体企业能力的补足。至于未来的彩电市场是否会被IT互联网企业所颠覆，从目前的情况看来，传统和跨界的双方并非像曾经线下实体店和线上网店之间的“砖头和鼠标”一般鲜明对立，融合才是大趋势。

七、结语

2013年，一桩桩豪掷重金的跨界交易让业界看到了许多企业的扩张雄心，也看到跨界是一把双刃剑。进行多元化经营，有利于企业抓住行业机遇，做大规模，分散风险，提升盈利水平，但这一切都基于企业对行业的选择，对跨界投资的战略规划以及实际运作管理。从几个行业跨界的大事件总结而言，谋求跨界的企业因首先理性地看待目标行业的发展，避免仅仅看到短期利益就被繁荣的表象吸引，盲目进入从而深陷行业泡沫，并警惕跨界后风险成倍扩大。其次，企业应根据自身实力设计长期发展战略，避免在跨界中造成“不务正业”，跨界未成反而丧失主业优势。风险与机遇并存，成功进入高风险行业往往也能够带来革新性的战略转型，因此从最初就选择利于企业长期发展的商业模式是跨界企业的必经之路。最后，新老行业存在一定的协同并不意味着容易跨界成功，失败往往是因为企业以原有行业的思路进行新行业的经营，缺乏新行业所需要的核心能力，因此跨界企业应对新行业的经营进行深入的挖掘，或是与传统企业进行融合，从战略到运营使企业实施全方位的转型以匹配多元化商业模型才是跨界成功的要义。

参考文献

[1] 赢商网. 万科等房企纷纷入股商业银行 金融地产时代加速来临?[EB/OL]. http://news.winshang.com/news-197832.html,2013.11.5.

[2] 赢商网. 万科收购徽商银行猜想:房地产20年经营模式即将颠覆[EB/OL]. http://news.winshang.com/news-198467-2.html,2013.11.8.

[3] 赢商网. 万科涉足银行业的"阳谋":搭建地产金融全体系架构[EB/OL]. http://news.winshang.com/news-199357.html,2013.11.13.

[4] 每经网. 高风险的跨界:房地产深度渗透金融业[EB/OL]. http://www.nbd.com.cn/articles/2014-01-03/799908.html,2014.1.3.

[5] 网易. 恒大跨界产业版图再次扩张 解密亚冠背后的营销内幕[EB/OL]. http://money.163.com/13/1111/16/9DDPPH6D00254TI5.html,2013.11.11.

[6] 21世纪网. 白云山也欲跨界卖水 业内称或将影响主业[EB/OL]. http://www.21cbh.com/2013/11-22/yMODUyXzk0OTcyMg.html,2013.11.22.

[7] 一财网. 恒大百亿投资2个月跨界推出矿泉水[EB/OL]. http://www.yicai.com/news/2013/11/3100482.html,2013.11.11.

[8] 长江网. 多家大牌企业跨界卖矿泉水[EB/OL]. http://cjrb.cjn.cn/html/2013-11/12/content_5249377.htm,2013.11.12.

[9] 中国经营网. 娃哈哈卖白酒"钱途"被画问号[EB/OL]. http://www.cb.com.cn/special/show/247.html,2013.11.26.

[10] 红网. 娃哈哈抄底白酒是没有办法的办法[EB/OL]. http://hlj.rednet.cn/c/2013/11/07/3190229.htm,2013.11.7.

[11] 北京参考网. 白酒业艰难"过冬" 业外资本频频跨界"饮酒"[EB/OL]. http://www.bjcankao.com/index.php? m=content&c=index&a=show&catid=129&id=25683,2013.12.19.

[12] 搜狐网. 谢明称酒业低迷至少两年 娃哈哈等抄底时机对吗[EB/OL]. http://business.sohu.com/20131107/n389720662.shtml,2013.11.7.

[13] 凤凰网. 娃哈哈进军白酒行业 产业资本巨头跨界"饮酒"渐成风[EB/OL]. http://hebei.ifeng.com/finance/baoxianzhengquan/detail_2013_11/06/1424286_0.shtml,2013.11.6.

[14] 云南信息报. 娃哈哈150亿"饮酒"[EB/OL]. http://news.ynxxb.com/content/2013-11/8/N12153144541.aspx,2013.11.8.

[15] 网易. 传媒公司玩跨界,整合并购扑面而来[EB/OL]. http://money.163.com/13/0729/10/94UOF1L000254IU3.html,2013.7.29.

[16] 新华网. 上市公司豪掷数亿"跨界抢购" 手游集体疯狂?[EB/OL]. http://www.sc.xinhuanet.com/e/2013-10/17/c_117753677.htm,2013.10.17.

[17] 成都日报. 动辄豪掷数亿 手游集体疯狂?[EB/OL]. http://www.cdrb.com.cn/html/2013-10/17/content_1937206.htm,2013.10.17.

[18] 搜狐网. 真跨界还是炒概念?吃手游的肉不容易[EB/OL]. http://it.sohu.com/20130705/

n380770534. shtml,2013. 7. 5.

［19］ 腾讯网. 头号风险提示:中青宝等游戏股或被证监会调查［EB/OL］. http://finance. qq. com/a/20131219/002510_1. htm,2013. 12. 19.

［20］ 和讯网. 手游概念股高位再狂飙谁对泡沫负责?［EB/OL］. http://stock. hexun. com/2013-10-10/158585381. html,2013. 10. 10.

［21］ 艾瑞网. 手游泡沫行将破灭 明年玩什么?［EB/OL］. http://game. iresearch. cn/mobile-game/20131201/220963. shtml,2013. 12. 1.

［22］ 中国企业家网. 顺丰拓展电商业务 快递跨界电商风险评估［EB/OL］. http://www. iceo. com. cn/m/2013/0227/264342. shtml,2013. 2. 27.

［23］ 和讯网. 顺丰跨界电商或难“顺风”［EB/OL］. http://tech. hexun. com/2012-07-19/143758361. html,2012. 7. 19.

［24］ 艾瑞网. 顺丰拓展电商业务 快递跨界电商要解决四大问题［EB/OL］. http://ec. iresearch. cn/shopping/20130228/193808. shtml,2013. 2. 28.

［25］ 杭州网. 快递做电商,能否“近水楼台先得月”?［EB/OL］. http://hznews. hangzhou. com. cn/jingji/content/2013-12/24/content_5012737. htm,2013. 12. 24.

［26］ 易观网. 解析:快递企业跨界做电商 缘何不成功?［EB/OL］. http://www. eguan. cn/news/yishijiao_145115. html,2012. 10. 18.

［27］ 一财网. 智能电视:各路明星倾力“演大戏”［EB/OL］. http://www. yicai. com/news/2013/12/3276646. html,2013. 12. 26.

［28］ 慧聪网. 彩电业进入战国时代:合纵连横成必然［EB/OL］. http://info. homea. hc360. com/2013/08/261032963021. shtml,2013. 8. 26.

［29］ 电子信息产业网. 电视＋互联网:电视产业的跨界生意经［EB/OL］. http://znzd. cena. com. cn/2013-11/04/content_200956. htm,2013. 11. 4.

［30］ 东方网. 互联网企业抢占“客厅终端”　彩电业“IT 化”成大趋势［EB/OL］. http://sh. eastday. com/m/20130806/u1a7572214_1. html,2013. 8. 6.

［31］ 网易. 电商与家电跨界融合:让家庭互联网概念落地［EB/OL］. http://hea. 163. com/13/0906/10/98352RQ4001667PM. html,2013. 9. 6.

［32］ 新浪网. 董明珠与雷军对赌背后:格力将全面融合互联网模式［EB/OL］. http://finance. sina. com. cn/chanjing/cyxw/20131223/195617724469. shtml,2013. 12. 23.

抑制“三公”消费下的中国餐饮业

一、背景

福建某高新产业园区的2013年年会被取消，这并不是年底工作上的唯一变化。

中办、国办于2013年12月8日印发《党政机关国内公务接待管理规定》(下称《规定》)，再次划定了一道道“舌尖上”、“车轮上”的纪律红线，比如明确工作餐应当供应家常菜，不得提供鱼翅、燕窝等高档菜肴以及香烟和高档酒水。

与该高新产业园区一样，福建某事业单位办公室负责接待的人员对媒体表示，他们正在参照《规定》里面的细则对本单位的接待条例进行修改。在其看来，《规定》是对业已出台一年的“八项规定”的细化。

“八项规定”是指2012年12月4日，中共中央政治局审议通过的关于改进工作作风、密切联系群众的八项规定。一年间，从中央到地方，一系列从严管钱、管人、管物、管事、管言行的制度迅速出台，包括《党政机关厉行节约反对浪费条例》、《关于严禁中央和国家机关使用“特供”“专供”等标识的通知》等文件密集出台。

“以前每个月至少在外面喝三四次酒，现在有时候一个月都喝不了一次。”福建某高新产业园区招商负责人称。他从事该单位的接待工作已经三年了，对“八项规定”后的改变体会尤其深。在吃喝方面，现在接待用酒全部由茅台或五粮液改为本地酒水，所有用餐均不提供香烟。以前用餐所安排的佛跳墙等奢侈菜品，现在也全部取消了。

岁末之际，本是公务消费刺激“尾牙经济”之时，《规定》的出炉再度提醒广大政府机构人士，看紧他们的嘴巴。

往年政府事业单位、国企等翘首期盼的五星级酒店单位年会从2012年开始消失了，2013年依然如此。受到影响的不只是福建地区的相关单位。珠三角某城市政府办公厅的工作人员也表示，曾经一年一度的传统节目“团拜会”从2013年开始取消了。

即将到来的公务“年会餐”预订到底缩水几何，上海餐饮烹饪行业协会副秘书长金培华估计，这部分订单可能比往年的正常情况下降四成左右。而根据不完全市场信息统计，上海一些高星级酒店在近期的年会、宴请等方面的订单量同比下滑30%～70%，一些机构收到的政府部门年末宴会订单基本为“零”。

小南国花园酒店担任宴会销售的负责人说，从2012年开始，因“三公消费”受限，该酒店来自国企方面的订单已经明显减少，即便是一些原本已经下了订单的国企单位也都纷纷取消了。“今年这个趋势更加明显。”她说：“本来国企、事业单位、政府方面的年末宴会订单可以占到我们酒店整体预订的40%左右，但现在根本没有来自这方面的订单。现在的宴会客人都是外资企业、民营企业，客源结构大调整，整体的年末宴会订单同比减少了30%左右。”

据媒体报道，不少高星级酒店在2013年末宴会订单方面同比减少甚至达70%。

“国有企业、政府方面的订单肯定是没有了，但即便是外资企业和民营企业，他们的订单也会减少。”上海锦江酒店内部人士透露，“因为有很多时候，外资企业和民营企业要宴请国企方面人员，这些宴请现在都没有了。”

珠三角某城市政府办公厅的工作人员说，现在基本没有接待方面吃喝的情况，其他联谊、联络之类的宴请也一律取消了。外出调研、考察之类的活动非常谨慎，“八项规定”出台后还没有组织过类似活动。

公务活动从简的背后是各个单位的钱袋子扎得更紧了。

一位高端餐饮企业负责人告诉记者，在整个高端餐饮行业，有近20%的营收来自纯公务消费，故而其所在公司近期业绩下滑20%左右。有媒体走访上海多家餐饮企业和门店获悉，高端餐饮近期的业绩平均下滑逾20%，为谋求盈利，不少餐饮企业通过降低单价或与旅游业联合营销等以求应对。

在各大星级酒店经历退单潮后，限制“三公消费”的影响还在继续。

日前，商务部、国家旅游局联合发布通知，提出餐饮行业要大力发展网络订餐、半成品餐和外卖快餐等餐饮服务模式，要清理规范最低消费、包间费等收费，减少不合理的餐饮支出。

上海郊区一家经营多年的大饭店并无每年的旅游淡旺季之分，因为其生意主要接待公务客，只要有公务会议或宴请，对其而言就是旺季。“我们这类饭店并不少，由于是公务消费，所以不少主力接待公务客源的餐厅、饭店等会设置最低消费，比如包房最低消费金额，甚至连一些位置较好的卡座都设置最低消费，以此来保障商家的营业额。”然而由于“三公消费”受限及提倡节俭后，他们那里的订单降了不少。不过这家大酒店仅是一个缩影，近期，各大餐厅、饭店都在遭遇业绩骤降的阵痛，首当其冲的要数定位高端的餐饮企业。

“政府、国企等公务消费在高端餐饮中占有较大比重，目前已出现大批退订，这类高端餐饮企业的业绩下滑和所受影响肯定较大。”上海市餐饮烹饪行业协会相关负责人透露。

多家从事高端餐饮的连锁公司相关负责人，近期业绩下滑较大，事实上，2012年餐饮行业本就下滑严重，在这种情况下，又遇到限制“三公消费”的打击，不少企业已经在考虑转型。

一位高端餐饮企业负责人称，在整个高端餐饮行业，有近20%的营收来自纯公务消费，故而其所在公司近期业绩下滑20%左右。

根据众多业内人士反映和行业不完全统计，“三公消费”受限之下，大连、宁波、成都等二三线城市业绩下滑尤其明显，市场平均降幅超过30%。

而除了限制“三公消费”，国家有关部门再次发布反对餐饮浪费文件，无疑是对餐饮企业的又一次打击。

二、三公消费控制下中国餐饮企业成长困局

政府加强对于“三公消费”的控制并非打压餐饮行业的“罪魁祸首”，只是压垮餐饮业的最后一根稻草。

公务消费、商务消费退潮之后，暴露出来的是高端餐饮业发展的弊端和行业顽疾。学会新的生存策略是餐饮企业得以突围的当下之急。

相比2006年中国餐饮消费零售额突破1万亿元人民币，实现历史性跨越。中国烹饪协会发布了2013年《上半年餐饮行业形势分析》中却明确指出，2013年上半年我国餐饮业增速比去年同期回落3个百分点，成为除2003年因“非典”因素外新世纪以来的最低值。

十年之后，中国的餐饮企业正在经历着痛苦的成长性困局。“虽然相比从前，人们会更多地选择外出聚餐或是尝鲜，但是市场旺盛和企业盈利却是两个概念，”上海一家餐饮投资管理公司的负责人对腾讯财经大吐苦水。

据商务部典型企业调查统计数据，2012年餐饮企业营业利润、利润总额增长率均不到1%，但营业、管理和财务费用增长了14.2%。

已经上市的湘鄂情、全聚德、小南国、唐宫中国等餐饮企业也陆续遇到了成长瓶颈，营收面临下滑或增速放缓的挑战。

“中国的高端餐馆此前的利润率一般为20%至30%，这本身就不可能长期维持，一般国外餐饮业的平均利润率都在10%左右”，餐饮企业资深人士说。在他们看来，这是餐饮行业告别高利润的黄金时代必须经历的阵痛，以后餐饮行业将进入拼规模、拼管理的肉搏战。大型及高端餐饮成为“重灾区”。来自中国烹饪协会的报告显示，2013年第二季度行业亏损面达20%，60%的企业利润出现大幅下降，个别企业下降超过300%。

中国烹饪协会副会长边疆介绍说，2013年全国中大型餐饮企业数量首次出现了负增长，第一季度的数字为-2.8%。他所指的是年收入200万元以上的企业——大型餐饮企业普遍感到了寒意。百胜餐饮集团发布财报称，公司2013年第二季度总利润下降15%；而中国区同店销售额下降20%，营业利润下降63%。

坏消息不断传来。湖南省餐饮协会近期对本省餐饮业进行的调研显示，该省中小餐饮企业处境堪忧，其中75%处在盈利边缘，三成生存困难，濒临倒闭。上海市餐饮烹饪行业协会副秘书长金培华也对外透露，上半年上海市正餐出现1991年以来的首次下挫，收入不增反降，降幅高达10%，其中，中高端餐饮降幅高达20%。此外，困局的“重灾区”——高端餐饮的众多企业业绩也纷纷出现历史性下滑，被迫断臂自救，或者转行

自保。

全聚德业绩创下上市以来同期最大跌幅。根据业绩预告，公司预计实现净利润为6 144.42万元，同比下滑31.60%。而作为国内餐饮行业第一家上市公司，湘鄂情曾被树为行业标杆。但2013年以来，湘鄂情也不得不“跨界”收购，关闭门店以求自保。业绩的不景气必然反映到股价，无论是在A股的湘鄂情、全聚德，还是在H股的小南国、唐宫中国、名轩以及纽交所的乡村基，股价都出现明显下跌。那么，餐饮企业出现困局的原因何在呢?

(一)“限制消费”仅是最后一根稻草

《2007中国餐饮产业运行报告》显示，2006年中国餐饮消费实现历史性跨越，全年零售额首次突破1万亿元人民币，——行业增速比GDP增速高出5.7个百分点，连续16年实现两位数高速增长。如今为何会出现业绩大面积下滑？餐饮类上市公司大多认为主要原因是限制“三公消费”导致高端市场萎缩。但是，限制“三公消费”又是必须的，从而成为压垮餐饮业的最后一根稻草。

1. 餐饮环节上的浪费现象触目惊心

浪费现象无处不在。我国每年餐桌上的浪费价值高达2 000亿元，被无端倒掉的食物相当于两亿多人一年的口粮。中国人“好面子”的传统观念在餐桌上起了很大作用，“消费讲排场”、“盲目点菜”、“公款消费”分别占了20.87%、18.7%、16.96%。餐饮业界反映，商务宴请等消费形式的浪费情况惊人。由于商务宴请以公款消费为主，普遍存在“讲排场”心理，消费者又怕丢面子不打包，造成了大量的浪费。

2.“三公”经费支出吓人

“三公”消费，指政府部门人员在因公出国(境)经费、公务车购置及运行费、公务招待费产生的消费，是当前公共行政领域亟待解决的问题之一。

全国人大常委会2011年6月30日表决通过关于批准2010年中央决算的决议，经财政部汇总，2010年中央行政单位、事业单位和其他单位“三公“支出合计94.7亿元。决算报告还公布了汇总2010年中央行政单位(含参照公务员法管理的事业单位)履行行政管理职责、维持机关运行开支的行政经费，合计887.1亿元。2012年6月财政部公布，2011年中央行政单位、事业单位和其他单位的“三公经费”支出，合计93.64亿元人民币。

湘鄂情发布公告表示，“八项规定”、“六项禁令”出台后，公司酒楼餐饮业务收入大幅下降，部分门店处于持续亏损状态且扭亏前景不明。全聚德表示，主要原因是受市场环境影响，高端接待业务减少。小南国发布公告称，受政府限制宴请款待政策的影响，以及宏观经济增长放缓等因素的冲击。

餐饮业资深人士对媒体记者指出，高端餐饮经营下滑，与遏制公款消费相关，但这只是表象，餐饮企业的经营成本包括人员工资、福利、培训、教育、原材料、房租、税费、物品损耗等。而政府加强对于“三公消费”的控制并非“罪魁祸首”，只是压垮餐饮业的最后一根稻草。

（二）成本增长是最大的压力

“餐饮行业原本就是一个淘汰更新很快的行业。餐饮业今年经营风险明显加大，主要是由于人工、食材、房租等经营成本不断上涨”，餐饮行业的一位业内人士表示。他还说，大众消费的成本主要是人工和房租。而对于高端消费来说，相比这两项成本更大的压力来自于装修和设备维护。

1. 人工（成本）增长是目前最大的问题

湘鄂情在经营高端餐饮时，人均毛利率即使接近70%，净利润却只有不到10%，公司仅员工薪资和福利支出每年就达到2亿元。

连锁自助餐厅金钱豹北京世贸天阶店的一位前管理人员表示，2005年金钱豹初到北京的时候，普通员工月薪是2 500元，已经远高于行业普遍标准。2011年之后，同样是2 500元月薪，对员工的吸引力很小，甚至经常招不到人。人口红利正在消失——这个趋势成因复杂，而且看不出有逆转的可能性。此外，租金上涨也是所有人共同面对的另一座大山。尽管从2012年开始，中国经济下行趋势明显，但商业地产的租金却一路上涨。2013年8月，德勤发布的《中国零售力量2013》显示，2012年商业地产租金平均增长率为3%至5%，黄金商圈的年均增幅达到10%。眼下，在管理上压缩成本无疑是正确的选择。据金钱豹管理者介绍，为降低原材料成本，金钱豹开始重新梳理供应链，将集团统一采购比例由原来的七成提高到八成。但是，与房租和人工相比，实际上原料在餐饮行业的成本中所占比例有限，如金钱豹只有30%左右，业内的平均水平还要更低。另一突围路径——中央厨房，在近两年被许多业内人士认定为降低成本的杀手锏，但现在才开始做却是远水难解近渴。

在北京有60多家店面的眉州东坡酒楼，早在几年前就建立了自己的中央厨房，2012年再次投入3 000万元进行扩建。眉州东坡董事长王刚表示，“东坡肉、粉蒸肉这样的招牌菜每个店单独做，至少需要一个人，全放到中央厨房去做，只需要7个人。”“但同时，不得不说我们之前投入的成本10年内不一定能收回。”

2. “三高一低”（高房租、高装潢、高物价、低菜价）压力倍增

湘鄂情董事长孟凯表示，高昂的人力成本已经让湘鄂情原先的商业模式难以维系。

原本的高端餐饮，鉴于其特殊消费人群的消费需求，增加了对菜品的需求，引起菜品以及菜品原材料的价格大幅度上涨。同时，经营人员也会采取豪华装潢，以高工资

待遇聘请高水平厨师。现阶段，消费需求减少，消费人群也减少甚至消失，因此供大于求，菜价下跌。但是原本的高装潢，以及高装潢连带的高房租、高物价和低菜价却依然存在。

（三）餐饮陷入了“千家一味”的尴尬局面，有悖于“一菜一格，百菜百味”的精神

面对着残酷的市场竞争，各个餐饮企业都感受到了巨大的压力，特别是来自竞争对手的压力。“把握市场脉搏”被众多餐饮企业简单地理解为“跟风”，即你有，我有，全都有。粤菜来了，一条街都是“生猛海鲜”；川菜来了，满城都是四川麻辣火锅、重庆麻辣火锅；香辣蟹来了，家家都做香辣蟹……。于是有了一条街上若干个似是而非的店名，“某某餐厅”、“正宗某某餐厅”、“正宗某氏某某餐厅”。

（四）只见新人笑，不闻旧人哭

全国餐饮企业网点目前已超过400万家，日渐增加的餐饮企业也造成空前激烈的竞争格局。不知从什么时候起，众多都市的食客们养成了一个习惯，即一家店只去一次。一方面是因为菜式、口味的问题；另一方面，以食客们的经验，用不了多久又有新的餐饮店开张，与其在同一个地方吃同一个菜，不如换换新面孔。于是乎，每当有新店开张，必定是车水马龙，一派繁荣景象。但短短几个月之后，便风光不再，变成门前冷落车马稀。曾经有一家位于“餐饮黄金地段”的店面创下了两年换了六个招牌、开张六次的纪录。

以北京为例，在北京总共有4.5万家中外餐饮企业，每天新开业100家，关闭或转业的也基本有100家，大约两年时间，就要洗一次牌。

（五）削价经营，餐饮业举步维艰

残酷的市场竞争给餐饮业发展带来了消极的连锁反应。一些酒店不惜降价来吸引消费者。这一招能为他引来不少客源，于是众多店家也跟着来个“邯郸学步”。这边厢“啤酒全免”；那边厢“菜金七折，啤酒全免”；你“吃100送50”；我就“吃100送100”……这样的不规范经营，无休止的价格竞争，直接导致许多酒店的利润被剥夺，最终降低了餐饮业的总体效益，扰乱餐饮业的竞争秩序。无怪乎，许多曾经在餐饮业掘到“第一桶金”的人都无限留恋的感叹道：“餐饮的暴利时代已经结束了。”

三、餐饮行业如何走出困境

面临出现的全行业衰落，越来越多的餐饮企业无暇估计“成长的烦恼”。如何集中精力挖掘内部的转型驱动力以求在困局中率先突围，这种渴望比什么都要迫切——学会新的生存策略是当下之急。

(一) 转型求存

1. 向大众化转型

大众化是一种次标准文化或剩余文化，即去除了高雅文化之后剩余的那部分文化。或是一种商业消费文化，即那种用于大量消费的、为商业目的“有意迎合大众口味”而大批量生产的消费品，是“商人雇用技术人员创造的”。或是来自普通百姓的一种文化；人民群众积极创造的他们所需要的一种民间文化。

因此，向大众化转型，就需要不断创新菜品，开发地方菜、家常菜和特色小吃，推出平价菜、特价菜，有意迎合大众口味；近40%的企业在进行市场研究，预计未来半年将是关键调整期。

2. 向商务和个人消费主体转型

反对高档宴请或打破高端餐饮业的现有格局。此次高端餐饮业的危机主要是限制三公消费政策所致，所以不同的高端餐饮市场表现也不同，以商务宴请和个人消费为主的高档餐饮在这次危机中受影响较小，行业排名有望靠前。因此，企业想要冲出困境，就需要向商务和个人消费主体转型，将商务、个人消费视作消费主体方能抓住新的市场机遇。

据中国餐饮协会的统计，在我国大中城市当中，主要面向商务宴请的中高端餐饮企业在当地的餐饮业当中，比重不低于30%。因此，其发展空间是有的。

(二) 重新定位目标市场

所谓市场定位，就是指企业在市场细分之后的若干“子市场中，运用企业营销活动之“矢”瞄准目标市场方向之“的”的优选过程。目标市场定位就是确立企业及其产品在目标市场上的位置。具体来说是就企业树立其产品在消费者心目中的形象。未经市场定位的产品，往往很容易被消费者冷落、忽视，因而不能牢固地占领市场。在信息社会中，消费者购买产品已不再是偶然碰巧，而是根据他们对各种商品形象的认识，按照先后顺序来决策。

餐饮市场风向在变，重新定位是不二选择。但是餐饮业中消费的层次很丰富，既有中低端，也有高端，高端餐饮企业转型，应根据自身的硬件、软件和特点，找到新的目标群体定位是积极的尝试。

1. 把握未来目标市场的定位

目标群体的定位转型。中国高端餐饮业主要针对三种目标群体：公务消费型、商务宴请型和个人消费型。公务消费型有高端餐饮的基础和管理模式，可以向另外两种高端类型转型，而向中、低端平民消费转型也是一条发展的道路。

目标群体如果转型，菜品和定价也要跟着变革，不能脱节。比如中低端平民长期以来的生活习惯、消费习惯决定了其菜品设定。如果不转型，原本的菜品与现在的目标群体不符，那么转型就是“换汤不换药，治标不治本”。依据中低端平民的购买能力，制定适合他们的、他们消费得起的菜品价格。

服务理念的创新转型。目标群体转型决定了服务的转型。应该对目标消费群体做信息采集和数据分析，从而对不同的目标群体做个性化的沟通，让顾客有个性化的用餐体验，这样才能发展忠实顾客，让忠实的顾客通过口碑传播带来新顾客。

2. 了解未来目标市场的特征

所谓市场特征主要是按照地理、人口、心理、行为等因素对消费者所处地域、收入、职业、年龄、行为模式等方面进行的描述。

(1) 按照地理因素。地理因素是指消费者生活的地理环境。消费者生活的地理环境包括区域、地形、气候、人口密度、生产力布局、交通运输以及通信等。例如人口密度大的区域，各种消费需求可能会比较旺盛。

(2) 按照人口因素。人口因素是指与消费者的人口统计有关的诸多因素，如年龄、性别、职业、预期寿命、社会阶层、宗教以及种族。人口统计因素直接影响消费者的需求。

(3) 按照心理因素。心理因素是消费者的生活态度、生活方式、个性、消费动机、审美情趣等。根据心理因素不同可以将消费者分为不同的群体，这就可以更准确地定位市场。

(4) 按照行为因素。行为因素是消费者对高端餐饮的了解程度、态度、消费状况、消费频率、品牌忠诚度等因素。例如可以根据消费者的消费频率将消费者分为常客、偶尔消费者、少量消费者。

(三) 有效的成本控制

成本控制，是通过标准和制度的建立，对企业运营中的各环节如采购、仓储、发放及生产进行有效的监督和控制，进而保证企业经营目标的实现。

餐饮的成本结构，可分为直接成本和间接成本两大类。直接成本是指与餐饮产品直接相关的原材料费，包括食材和饮料的成本，它也是餐饮业务中最主要的支出。间接成本，是指经营过程中所产生的其他费用，如人事费用和一些固定开支(又称为经常费)。人事费用包括员工的薪资、奖金、食宿、培训和福利等；经常费用则包括租金、水电费、设备装潢的折旧、利息、税金、保险和其他杂费。

餐饮成本具有可变成本比例高、可控成本比重大、成本泄漏多等特点。酒店餐饮成本控制的原则遵循成本控制的基本原则：及时性原则、节约性原则、责权相结合原则、协调性原则、全员参与的原则。

降低成本、节约成本是成本控制的关键。减少客人浪费是一方面，但同时也不能忽略餐饮企业自己的节约力度。如果餐饮企业营业收入100元，而总成本要99元，那么利润就只有1元。如果在总成本的99元里，其中的固定成本我们是无法改变的，但是剩下的可变成本、可控成本部分，例如在客人离店后，立马改变灯光照明，这样就可节约用电成本，那么节约的电费就是纯利润了。

餐饮成本控制是提升酒店竞争能力的重要途径。餐饮成本控制对酒店的经营成功起着重要的作用。餐饮成本控制体系是衡量酒店管理水平高低的重要标准。餐饮成本控制关系到产品的规格、质量和销售价格。因产品的售价是以饮食成本和规定的毛利率来计算的，成本的高低直接影响其售价，因此搞好成本控制是餐饮工作的必需。

餐饮成本控制有利于满足顾客需要并维护顾客的利益。顾客到餐厅就餐，不仅希望能够享受到精美的菜点和热情的款待，更希望餐饮产品物美价廉，而要做到这一点，酒店就应该做好餐饮成本控制。

（四）营销策略的变动

营销策略是企业以顾客需要为出发点，根据经验获得顾客需求量以及购买力的信息、商业界的期望值，有计划地组织各项经营活动，通过相互协调一致的产品策略、价格策略、渠道策略和促销策略，为顾客提供满意的商品和服务而实现企业目标的过程。

1. 调整客源结构

针对当前的大环境，高端餐饮行业的市场容量有限。整个高端市场的扩容会看到一个天花板，毕竟一个地方的高端客户数量有限。无论是俏江南还是小南国，市场扩容受限，只能在客源结构上做调整。

调整客源结构是餐饮企业营销策略的一大法则，即将原本的主力公务客源调整为主打家庭客、旅游客，尤其是趁着春节旺季可做一笔旅游结合餐饮的生意。例如近期减少了90%订单的上海临港大酒店已经处于业务淡季，为了吸引客源，正在谋划利用周边的旅游资源，通过推出酒店套餐与周边景点的打包产品来吸引春节假期客源。不少上海郊区的饭店以及处于景区附近的杭州、南京地区的一些度假酒店近期都推出了与景区联手的打包产品。

2. 市场结构调整后的“亲民路线”

我国的餐饮业结构不合理，高档餐饮比较多，目前呈现出中间小、两头大的哑铃型。但我国大众化餐饮的潜力很大，调整之后，中端价位的餐饮可能比重会放大。因此向大众化餐饮转型，可能是个新的转机。

中央节俭政策出台后，广州餐饮行业也有所降温，公务宴请和商务宴请的客流明显减少，而且人均消费也有下降，这让以此为主要收入来源的高档餐厅尝到了苦头，只能纷纷转变过去的营销思路，开始多元化发展。在经历了最初的彷徨和犹豫后，不少高档食肆正争相放下“身段”，通过降价、团购、推新品等手段揽客“过冬”。而以往几乎不可能在团购网上现身的五星级酒店也开始进行网络团购营销，有的四五星级酒店则主打婚宴品牌，或者是在美食和服务上下功夫。许多高档酒店、餐厅推出平价菜式，甚至有的五星级酒店套餐不过百元。“现在居然也可以去五星级酒店吃便饭啦!”家住广州市盘福路的李小姐说，她前几天请了个朋友到流花路东方宾馆吃了餐晚饭，花了不到 150 元，环境非常不错，吃得又好，让她既省钱又很有面子。

3. 拼口味改为拼文化

海棠餐厅营销总监杨正午十分赞同“连锁化和规模化经营”将成为破解餐饮业困局的一个手段，但是他同时表示，这并不排斥个性化餐饮占据半壁江山。

赵京桥说，随着餐饮业的日渐发展，市场将会更加细分，不排斥专门的老年餐厅、月子餐厅的出现，“在大型城市中，市场基础足够大的话，这样的细分市场较为容易培养。”

做到个性化，企业文化也十分重要。“餐饮业已经过了单纯拼口味拼装修的时代，现在拼的是文化。”崔洪波举了个例子传统饭店总裁比尔·伯恩斯曾经说过：“我们饭店的总经理、销售部经理和我，每天从 12 点到下午 1 点都站在饭店的大厅和餐厅的门口，问候每一位客人，同他们握手。当然我们希望以此赢得更多的生意。”

4. 根据客人需要，适时实行优惠政策

适时实行优惠政策，拉动个人消费，增加个人平均消费。实行双重策略，灵活处理消费方式。例如一家既经营零点餐、又经营自助餐的酒店，要想抓住客户，就得根据客户需求，灵活变动。比如公司客觉得自助餐太贵了，那就可以小小变动一番，适当地给予折扣。但给予折扣的同时又得考虑成本，这就可以在菜品方面做文章，比如不包含酒水或不包含海鲜。比如一桌吃零点餐的客人，他已经点了 200 多元的菜，再加上 2 杯鲜榨果汁 50 元。这时候如既想要让客人心理上感到很实惠，让其成为忠实顾客，又想尽量提高总体消费，就可以再推一个菜而免费赠送软饮或酒水，比如推一个老虎卷 68 元，然后免费赠送两杯鲜榨果汁成本 10 元。这样，通过有选择性地免费赠送成本较低的食品和酒水来拉拢客户，既让客户心理上感到满意，又节约了成本，就做到了“双赢”。适当的优惠表面上看会提高酒店的成本，因为本该付费的免费赠送。但是从长远来看，商家在乎的是让其客人变为“回头客”，从餐厅的长期总体收入来看，绝对是有利的。

5. 借力信息技术

常去“外婆家”吃饭的食客们对这家餐厅的叫号系统有一种惊异感，“输入手机号码和用餐人数，取号码纸，就可以去闲逛了。在还有两桌就轮到时，短信会发到手机上提醒，然后就可以去等候了。进去之后前一桌的人刚刚走，菜点完 10 分钟后就上齐了。这

是多么可怕的一个效率啊。”有业内人士保守估计，这样的叫号系统一天可以多做两成生意。

赵京桥说，其实这是日后餐饮业信息化的一个开端，“现在一些餐厅开始采用 iPad 来点餐，但不是拿个 iPad 点餐就是信息化，还有多种多样的形式。”在赵京桥看来，信息化还体现在日后门店和中央厨房的配合上，“每天门店的销售额和中央厨房的配送额紧紧挂钩，不会出现成本的浪费。”

田广利甚至设想，以后会有这么一种系统可以采用：“食客在半路上通过无线系统点菜，到了餐厅，立刻就能吃上，据说这种系统已经在一些 KTV 店采用，一旦成熟就可以嫁接到餐饮业上面。”

6. 广告效应不容小觑

很多高端餐饮消费并不在于吃，而是谈事。或许“政府提倡节约的本质是为了杜绝公款消费和浪费，而不是不让消费”。市场经济下，不以公款消费的人群对高端餐饮仍有需求权和获取权。因此，市场依旧存在。

打造新的市场，扩张新的客源，面向更广阔的市场。通过各种方法，比如制作新的应时节的传单、网络宣传、名人效应、客人宣传，提高亮相次数，打起知名度。其中，客人宣传是一个很好的方法。广告效应不容小觑。

四、小结

自“八项规定”、“六项禁令”分布以来，国内的餐饮业，尤其是高端餐饮业确实受到了较大的冲击，但绝不是国内餐饮行业经营曲线下滑的主要原因。党和政府限制“三公消费”只是暴露出隐藏在餐饮背后的社会弊端和行业自身的经营问题。而且这场与反腐倡廉相一致的限制“三公消费”还将持续下去。新的保护消费者权益条例又进一步明文取消了餐饮业原有的“包房最低消费”、“禁止自带酒水”等霸王条款。这就需要餐饮业深化改革，进一步除弊创新。随着国内社会经济的稳步发展和人民生活水平的不断提高，餐饮业在经历了“受限阵痛”之后，经过自身的转型发展和管理规范，必将迎来餐饮行业的又一个春天。

参考文献

[1] 中国青年网. 厉行节约，反对浪费，浪费之风务必狠刹，2013 年 1 月.

[2] 凤凰网. 高端餐饮迈入寒冬，2013 年 3 月.

[3] 中国广播网. 中国高端餐饮业如何走出低谷，2013 年 4 月.

[4] 矜州新闻网. 节俭新风刮进餐饮，高端酒楼努力转型，2013 年 3 月.

[5] 曾繁英. 新时期饭店餐饮成本控制的思考，2001 年.

[6] 万寿义. 成本控制管理，2002 年.

[7] 徐世江.国际市场营销,2010年8月.
[8] 财新网.高端餐饮遭遇天花板,市场扩容受限,2012年7月.
[9] 智研咨询网.2013年中国餐饮业市场结构分析,2013年3月.

食品安全已经成为全社会关注热点

民以食为天，食以安为先。食品安全是关乎民生的重大问题，它直接关系到人民群众的健康和社会稳定。随着经济的发展和人民生活水平的提高，消费者对食品安全的要求也越来越高。然而近年来我国食品安全问题却一直存在，旧的问题尚未解决，新的挑战又不断出现。

一、食品安全事件频现

2013 年，各种食品安全问题不断考验着消费者的承受力。一方面，小作坊小商贩等小规模食品生产加工单位的安全卫生隐患不断给人民群众的健康带来严重威胁。例如，云南、山东等地不少加工米线的黑作坊生产环境恶劣，制作工艺不规范，明显不符合食品生产的相关要求；不少黑心商贩用激素和抗生素培养有毒豆芽，或在豆芽培养过程中使用无根豆芽调节剂、豆芽生长剂等非法添加剂；染色馒头、硫磺馒头、过期馒头等"问题馒头"在一些超市销售；有些不法商贩出售含有大量损伤肾脏、肝脏等器官的有毒物质的明胶合成精仿"鱼翅"；为了使枸杞颜色更加鲜艳，不少不法商贩用硫磺熏制枸杞，食用这种枸杞可能导致肝脏、肾脏受到损害。另一方面，食品安全问题不仅出现在规模小的商贩、作坊的生产和出售过程中，2013 年不少知名品牌产品也频频曝出产品安全问题。例如，大牌巧克力频现质量问题，德芙巧克力、费列罗巧克力吃出活蛆虫；香飘飘奶茶喝出青蛙；农夫山泉一个月内三度陷入"质量门"，先后被曝出瓶装水中有黑色不明物、棕色漂浮物，以及"水源地垃圾围城"、"农夫山泉不如自来水"等消息；沃尔玛被曝以廉价的狐狸肉冒充熟牛肉、驴肉销售；恒天然"毒菌门"事件对洋奶粉造成了沉重的打击等。针对愈演愈烈的食品安全问题，政法系统频出"重拳"，2013 年侦破 3.2 万起此类案件，案件数量达到 2012 年的 2.6 倍。

二、多方努力形成合力，捍卫人民群众"舌尖上的安全"

频频发生的食品安全事件给人民群众的健康带来严重影响，甚至威胁到人们的生命安全，也不利于社会的和谐与稳定。中国社会科学院发布的《中国社会发展年度报告2013》显示，食品安全成为公众最不满意的前三大事项之一。要捍卫"舌尖上的安全"，需要方方面面持续不断的努力。首先，确保食品安全离不开健全的法律体系以及对食品流通过程各环节的大力监管。此外，只有产品有品质、品牌有信誉，才能从根本上解决食品安全问题，消费者的信心才会逐渐提振。在确保食品安全的过程中只有各部门持续不断努力，才能形成维护食品安全的"铜墙铁壁"。

（一）健全食品安全法律保障体系

尽管我国已经颁布了近20部有关食品安全保障的法律以及200部左右的行政法规和地方性法规与部门规章，这些都对保障食品安全发挥了重要作用，然而目前食品安全保障体系仍满足不了形势发展的需要。首先，食品安全事件频发的一个重要原因在于巨大的经济利益驱动和较低的违法成本。对于现行食品安全法律体系中最重要的《食品安全法》，基层执法部门和社会反映比较强烈的是其对食品违法行为的惩处力度不够；其次，近年来网购规模不断增长，而对于网售网购食品等新的流通模式，现行《食品安全法》也存在监管空白；此外，2009年6月颁布实施的我国首部《食品安全法》，确立了食品从农田到餐桌的分段监管模式。然而现实中，"分段监管"演变成在食品许可和标准订立时的"多头管理"，食品安全事件发生时，会出现"谁都不管"的尴尬局面，因此备受公众质疑。2013年，国务院机构改革后，食品安全监管机制有了重大调整，从多部门各管一段，到生产、流通、餐饮环节的监管权责整合。另外，许多食品安全问题发生在源头，但我国食品安全的监管力量主要在食品产业链的下游，即生产和流通环节，而对于食品源头监管还不到位，比如对食用农产品的监管，而食用农产品恰恰是食品安全很重要的一个源头。因此，修订《食品安全法》变得非常紧迫。

针对现存食品安全法律体系中存在的问题，2013年，已实施四年的我国首部《食品安全法》启动修订，被列入国务院法制办2013年的立法计划。针对食品安全问题，国务院总理李克强提出了"重典治乱"的整治思路。2013年5月份的三次国务院常务会议上，李克强总理都提到了食品安全问题，并明确建立最严格的食品药品安全监管制度，加大处罚力度，解决违法成本与通过违法行为获取的利润严重不对等的问题，加大对违法者的惩罚力度，适当增加刑事责任，让生产经营者不敢越雷池一步。相关领域的专家还提出《食品安全法》的修改要更加重视从源头上对食品安全加以规范与有效的把控。此外，《食品安全法》的修订还将增加对食品网络交易监管制度的规定，以适应网络时代食品安全形势的变化。总之，保障食品安全，构建健全的法律、法规、标准体系是一项长期的工作，许多标准都应该随需而变，适应科技和形势发展的变化。

（二）完善食品安全监管体系

保障食品安全，落实各项法律法规和标准，离不开严格的执法监管。只有严格落实各项法律法规，才不会给违法犯罪行为留下余地。2013年以前，我国食品监管体系实行分段管理，每个部门都有不同的职能，既有重复监管，又有监管"盲点"，监管过程中常出现履职不到位、失职错位等现象。2013年3月，十二届全国人大一次会议明确将国务院食品安全办公室、原国家食品药品监管局、质检总局、工商总局的食品药品监管职能进行整合，组建国家食品药品监督管理总局，同时加挂国务院食品安全委员会办公室的牌子。这次改革，改变了过去的分段管理，现在的国家食品药品监管总局承担除农产品外的全程监管责任，将实现食品药品的全程无缝监管。此外，国家食品药品监督管理总局还被赋予新职能，除了对食品生产、销售、餐饮所有这些领域进行监管，还会制定国家食品安全政策、策略，此外还承担全国性的、大的预警和重大事件的信息发布等等。2013 年 3 月 22 日，国家食品药品监管总局正式挂牌成立。随后，各地的食品药品监管机构改革随即展开，并一级一级深入下去。截至 2013 年年底，全国绝大部分省份都已完成省级层面机构改革，市县改革正在稳步推进。《国务院关于地方改革完善食品药品监督管理体制的指导意见》中明确指出，县级食品药品监管机构可在乡镇或区域设立食品药品监管派出机构，截至 2013 年年底，陕西、甘肃、安徽、北京等省、市已在此轮食品药品监管体制改革中，对乡镇、街道的食品安全监管机构设置进行了明确。这表明，一个"横向到边、纵向到底"的全过程、全覆盖的新食品药品监管体系正在逐步形成。

目前，食品药品监管工作已不仅仅是保障和改善民生的重要内容。党的十八届三中全会进一步把食品药品监管领域的改革作为全面深化改革的重点领域，纳入"健全公共安全体系"中来部署，这一定位是食品药品监管工作定位的重大飞跃，说明食品药品监管工作已处在维护公共安全、促进社会和谐的"主干道"上。

（三）加强食品安全全产业链监管

从田间到餐桌，食品安全涉及种植养殖、仓储运输、初级加工、食品加工、分销零售等多个环节，当前食品安全的一个严重问题是不清楚在哪个环节上出问题。因此解决食品安全问题离不开加强对整个产业链和流通体系的管理，控制从农产品原料到终端消费品的多个环节。只有让食品产业规模化、标准化、制度化，才能从源头、从根本上保障食品安全，老百姓才能吃得放心。

现阶段在我国农产品种养、初级加工、仓储运输以及市场供应等环节的集中度与可控性相对较低。由于尚未很好地控制种植养殖环节和下游流通环节，许多农业产业化龙头企业经营过程中经常面临诸多问题。譬如农民种植养殖的品种与企业需求不对接、种植养殖质量企业无法全程把控、仓储流通环节的不完善等，这些问题也都给食品安全带来了风险。

建设食品安全可追溯体系是实现食品安全全产业链监管的重要手段，也是国际上食品安全监管的通行做法。建立完善的可追溯体系，一旦出现问题，企业就能迅速作出反应，查明问题源头，追回涉案产品，既能最大限度降低危害，也能够赢得消费者的谅解和宽容，是对企业自己的产品负责，也是对消费者负责，有利于促成企业增效、农民增收、消费者放心等多方"共赢"的局面。

2012 年，国家发展和改革委员会、工业和信息化部联合发布了《食品工业"十二五"发展规划》，提出在"十二五"时期，我国将推进食品安全可追溯体系建设，推进物联网技术的示范应用，实现原料端、生产端、运输端、流通端等环节无缝衔接，完善食品生产企业的信息化服务体系。通过对全产业链每一个环节进行有效控制，建立食品安全可追溯机制，才能从根本上保障食品安全。党的十八届三中全会在《中共中央关于全面深化改革若干重大问题的决定》中也明确指出，要“完善统一权威的食品药品安全监管机构，建立最严格的覆盖全过程的监管制度，建立食品原产地可追溯制度和质量标识制度，保障食品药品安全”。

目前，我国的食品安全可追溯体系的建设已经逐步展开。2010 年至今，我国商务部开始分 4 批支持全国 50 个城市开展试点，建设肉菜流通追溯体系。开展“餐桌到田间”肉菜产业链追溯，在市场上买的一根葱、一头蒜，都能清楚地查到种植、批发、销售的各个环节。2013 年底，全国范围内肉菜流通追溯体系已悄然布下了 3007 个追溯节点，众多屠宰场、批发市场、菜市场、大型连锁超市被纳入“可追溯”的网络体系中。

而对于企业，目前，中粮、雨润、三全、白象等许多大型食品加工龙头企业开始向上下游拓展，建立覆盖种植养殖、仓储运输、初级加工、食品加工、分销零售等多个环节的全产业链和全流通体系。例如，中粮集团在食品安全原辅料控制上，不断加强原料来源地区农业环境质量调研与监测，不断加强对原辅料供应商的管理，建立食品安全风险评估制度，有效降低食品原料风险；在生产过程控制上，大力推广应用“危害分析与关键控制点”(HACCP)技术，确定关键控制点与关键控制措施，扩大抽样检测的频次和样本数量，严把产品出厂关；在市场流通环节上，与分销商签订合同条款，保证产品在流通过程中的食品安全，按照相关法规设计产品标识，为消费者提供准确信息，确保正确安全使用；在可追溯体系建立上，通过票据、电子监管码、购销台账等外部载体和饲料、添加剂等生产原料成分支持体系等内部载体，实现原料端、生产端、运输端、流动端、监管端等环节无缝衔接，不断完善食品产业链全程可追溯体系。中粮集团实现了从源头开始控制产品安全，打造了原料端、生产端、运输端、流通端等环节的无缝衔接，保证了从田间到餐桌每一个环节的质量安全。此外，雨润也率先在行业内推行了产品可追溯体系，建立健全了全流程的产品追溯体系，以保障产品质量安全。不仅做到了从生猪收购到成品销售全流程均有详尽的记录，每批产品使用的原辅材料均可追溯到具体厂家、生产批次；此外，使用的原料基本都来源于其集团子公司屠宰厂，所有屠宰厂都开展了瘦肉精检测，确保了原料安全；每批成品可追溯到具体工序、班组、责任人；所有产品都可定时召回。这些企业通过广泛建设专门的农副产品种养基地，指导农民种植养殖的品种、数量，以及如何种养，此外，还予以专门储备和初级加工，这些措施有效地保障了企业原材料的供应，帮助实现产品质量的全程可控。

(四) 强化企业社会责任

接连不断出现的食品安全问题也暴露出企业社会责任意识的缺失。很多企业错误地理解了利润最大化，它们不顾消费者的健康与生命安全，不择手段追求利润最大化。

作为从事生产、流通、服务等经济活动的主体，投资者设立企业的主要目的在于盈利，然而如果不加约束，企业单一追逐利润必然带来严重的社会问题。企业既是经济人，也是社会人；企业不仅要以盈利为目的，也要承担社会责任；不单要给股东带来利润，同时也要造福社会。企业的目标应该符合整个社会的目标与价值。

因此，强化企业的社会责任、从源头保障食品安全是解决食品安全问题的根本之一。企业社会责任不是抽象的道义口号，而是具有丰富内容的法定义务。各国为维护经济秩序的稳定和健康发展，都通过立法给企业规定了诸多的义务，我国也是如此。为矫正企业唯利是图的行为，2005 年修订的《公司法》把企业的社会责任作为一般条款，规定“公司从事经营活动，必须遵守法律、行政法规，遵守社会道德、商业道德，诚实守信，接受政府和社会公众的监督，承担社会责任。”而在食品安全领域，《食品安全法》加大了对危害食品安全的违法犯罪行为的处罚力度。法律是对一个企业的基本要求，每个企业都应身体力行，违反了法律规定的任何一项义务，企业就要受到法律的制裁，就需要承担法律责任。

但是，仅仅有立法是不够的。法律的实施付出的成本较高，诉讼过程中会耗费大量的时间、金钱等，还会造成社会关系的紧张、人际关系的破裂等。因此将企业的社会责任转变为企业的自愿行为，使企业的社会责任内化为企业内部的治理结构从而形成激励机制，那么维护企业社会责任的成本自然会有所下降。民以食为天，食品安全关系到每一个消费者的健康，食品生产者必须把食品安全、人民健康摆在首位，担负起社会责任，守住最起码的底线，在法律和道德允许的限度内追求利润，严把产品质量关，只有这样才能得到消费者与社会的认可，才能得到长足的发展。应该让企业意识到履行企业社会责任的重要性，意识到社会责任与其消费者忠诚度、企业声誉、品牌形象、企业长期的可持续竞争力相关，意识到企业的社会责任是企业核心竞争力所在。

不少企业正是没有充分意识到企业社会责任的重要性，未将产品安全问题处理好，才导致自身发展受到极大影响。例如，近年来沃尔玛在大陆地区屡屡曝出食品安全问题：2011 年 9 月，沃尔玛十几家重庆门店全部涉假，近 6 万公斤的普通猪肉被冒充为绿色猪肉卖给消费者；重庆地区门店在 5 年内被处罚了 20 多次，基本都是涉及食品方面的问题，比如过期板鸭、无保质期和生产日期的牛肉干、锅巴等；2012 年 6 月，四川达州沃尔玛超市因出售病害猪排骨而被查处，问题猪肉共售出 405 公斤；2014 年初，其济南泉城分店销售的“五香驴肉”被检出含有狐狸和貉的成分。这些事件的发生，暴露出沃尔玛在采购、质检、收货等环节的监管不力。快餐行业巨头肯德基近年来也不断曝出产品质量问题：速成鸡肉、后厨食品卫生问题、“豆浆门”事件。这一系列的食品安全问题的曝光引起了中国消费者对肯德基的不满和指责，对企业的声誉和品牌形象带来极大影响。有些企业甚至丧失企业的社会责任和道德底线，将有毒有害物质添加进产品中。2008 年的毒奶粉事件曝出三鹿集团将工业用试剂作为食品添加剂使用，在婴幼儿奶粉及奶制品中添加化工原料三聚氰胺，造成一些婴幼儿和老年人患肾结石疾病，极大地侵害了消费者的利益，严重危害了人民的健康，它使我国的乳制品企业在国内外蒙羞。这些都说明当企业无视其承担的社会责任时，不仅消费者的安全得不到保障，企业的长远发展更无从谈起。

不过也有不少食品生产加工企业意识到企业社会责任在自身长期发展中的重要作用，在经营过程中注重产品质量，确保向消费者提供安全的产品。例如益海嘉里作为食用油脂企业，严格遵守ISO9000和HACCP两大质量管理体系，制定了严格的食品安全管理的相关制度，定期对工厂食品安全管理方面进行检查和改进。《食品安全法》明确了建立不安全食品召回制度，这项制度在益海嘉里属下企业已经有近十年的模拟演练经验。为防止产品在出厂后的运输、销售等环节出现由于操作不当引发的问题，他们还制定了产品模拟回收程序，确保一旦出现产品质量和食品安全事故后能够及时对产品进行回收。近年来三全食品也不断践行企业的社会责任，20多年来坚持“以质量求生存，以创新求发展”的发展战略，不断完善质量管理体系，打造了一条“从农田到餐桌”的新型食品安全供应链。不断加大原料基地建设力度，无公害蔬菜基地、优质小麦基地、花生和芝麻基地、家禽养殖基地以及糯米粉加工基地等专业基地迅速形成，对发挥地区农业资源优势、农产品转化增值产生了良好的推动作用。三全食品的发展不仅给消费者提供安全的产品，更是对种植业、养殖业、油脂加工业、肉类加工业、制糖业、包装业等近20个相关产业产生了巨大的带动作用。

所以，从企业自身的发展来看，赢利和承担社会责任并不是对立的。从长期看，一个对社会负责的企业能获得许多利益，譬如扩大品牌的影响力、增加销售额、提高消费者的忠诚度等，因此企业担负起社会责任也是实现可持续发展的明智之举。

（五）构建健康的商业环境

食品安全，是“管”出来的，严厉打击食品安全犯罪，严密监管食品生产流通的各个环节对保障食品安全至关重要。但食品安全，更是“产”出来的。要解决目前我国食品安全领域存在的各种问题，不能单一地依靠行政力量。行政监管是不可缺少的，却不是万能的，毕竟任何法律最终都要由市场主体来遵守和执行，行政执法机构也不可能事无巨细地管到方方面面。

频频发生的食品安全问题反映出市场缺乏一种制衡机制。在发达国家的市场经济运作中，诚信是企业经营之本，一套高效的不良行为记录系统虽然不能使所有市场主体循规蹈矩，但至少可以提醒大家知道要爱惜“羽毛”，自觉诚信经商而不去制假售劣。道德从来都是抽象的，但当商家能体会到守信带来益处而失信只能遭受损失时，就达到了正反馈的效果，而市场主体长期的市场实践会进一步促进其道德提升。因此要在加强立法与严格执法监管的同时，逐步构建健康的商业大环境，通过提高市场主体的内在素质，提升食品生产经营者的商业道德水准，解决一系列深层次问题，以此作为破解食品安全问题的路径。

（六）加强食品安全社会监督

确保食品安全也离不开媒体、社会团体、消费者等各种社会监督力量的积极参与，秉持政府监管和社会监督相结合、专业监管与社会参与相结合的原则理顺社会监督渠道也是对食品安全保障的有益补充。各级食品药品监管部门可考虑逐步建立健全食品安全日常监管信息发布制度，完善食品安全信息发布机制，针对社会舆论普遍关注的食品安全热点问题，按照科学、客观、透明、有序的要求，加强与社会公众和新闻媒体的交流，适时发布食品安全监管信息，主动接受社会监督，增强社会消费信心。保护和执行群众对于食品安全的知情、参与、表达和监督权，为群众监督食品安全和举报投诉违法行为提供便利、通畅、有效的渠道。此外，广播、电视、报纸、网络等各类媒体有关食品安全的报道，各级食品药品监管部门也应高度重视，并加强舆情分析，建立舆情分析和快速反应机制，从媒体报道中及时发现监管线索，及时开展情况核实，依法进行处理，及时将核查和处理情况向社会公开，对不实信息及时予以澄清。

三、奶荒问题被揭开，乳制品不断提价

2008年爆发的三聚氰胺事件给我国消费者带来巨大恐慌，重创了乳制品业，也将人们对食品安全问题的关注度提高到前所未有的高度。继2008年三聚氰胺事件之后，2013年我国乳业市场在一片喊涨声中又经历了不平静的一年。随着乳制品终端市场的不断提价，近年来最大的奶源危机席卷全国，一直困扰我国乳业的奶荒问题暴露出来。

（一）奶源短缺导致乳制品价格连连上涨

2013年牛奶价格一直呈上涨趋势，多个品牌都面临缺货、奶源供应不上的问题。2013年7月，全国多个城市以伊利、蒙牛、三元、光明为代表的国产品牌牛奶价格都出现了不同幅度的上涨。到了9月份，乳品销售旺季开始，袋装纯牛奶价格持续上涨，一些城市的超市卖场或是奶站甚至频频遭遇断货。到了2013年底，继三元宣布12月份部分产品涨价8%后，光明旗下产品也全线涨价，蒙牛、伊利等品牌产品价格也都随之出现上调，与此同时，超市中低端牛奶的供应也出现紧张。

牛奶价格上涨的最大原因在于全国性生鲜乳短缺。2013年春天，我国许多牛奶生产省（区）发生了大范围的奶牛疫情，同年夏季又多地出现连续高温天气。受疫病和育肥出栏的双重影响，奶牛淘汰率增高，导致奶牛存栏量下降，这进而导致了牛奶产量锐减，生鲜牛乳供应量持续走低。特别是到了9月份，乳品销售旺季开始，奶源短缺的矛盾更加突显。一些乳制品企业甚至陷入“奶荒”窘境，日均牛奶收购量不及往年一半。据不完全统计，2013年奶源缺口达430万吨。此外，近两年饲料价格、土地价格、物流成本、人工成本的上涨都在推高生产成本，奶农的比较收益出现下滑，因此中小规模养殖户退出市场的速度很快，也造成了总供给下降。

供给下降使各地各企业之间争抢奶源，生鲜牛乳刮起“涨价风”。河北、内蒙古、山东等10个牛奶主产省(区)都出现了牛奶价格大幅上涨的情况。农业部对上述10个地区的监测数据显示，2013年1月份生鲜乳平均价格为3.4元/公斤，同比上涨4.3%；而截至2013年9月11日，这一数字达到了3.8元/公斤，同比上涨12.2%，生鲜乳的价格涨势增幅明显。

此外，生鲜牛乳价格此番上涨，在一定程度上也受到了国际乳业动荡等因素的影响。美国、欧盟等国家此前因牛奶供应过剩而进行产业结构调整，原奶供应量明显减少，使得我国原奶进口量明显下降。2013年，新西兰遭遇了十年以来最严重的干旱天气，干旱导致牧草减少，奶牛存栏、产奶量下降。由于新西兰生产的牛奶95%都出口国外，全球牛奶价格也打破了历史最高纪录。8月初，新西兰恒天然被曝出“肉毒杆菌事件”后，我国切断了部分来自新西兰的奶源，截至2013年底依旧未恢复，给奶源的供给带来了更大的压力。

(二) 奶源危机暴露乳制品业深层问题

2013年的奶源危机也暴露了我国乳制品业发展过程中的一系列深层问题。

我国原料奶供应格局中，奶农散户养殖仍占较大比重。生鲜牛乳价格大幅波动使养殖户利益受损，破坏了国内生鲜乳的稳定供应。“牛奶降价—杀牛倒奶—奶荒—牛奶涨价—奶农买牛—牛奶过剩降价—再杀牛倒奶”的循环近年来已经发生过多次，每次都给奶农、乳企与消费者带来了伤害。其次，随着城镇化进程的加快，大量农村人口不断向城镇转移，农村剩余劳动力不断向第二产业、第三产业转移，他们在第二、三产业从事劳动所得收入并不低于养牛。此外，目前生鲜乳市场逐渐呈现出规模效益的特征，但规模化养殖对于资金、技术、管理体系都有着较高要求，而散户在这些方面都不具备优势，这进一步影响了奶农养牛的积极性。随着国内对原料奶的质量管控越来越严格，散户奶农的生存空间将越来越小。这些因素都使得散户奶农的数量逐渐减少，从而影响了生鲜乳的供应。

国内生鲜乳供应紧张的同时，由于我国乳制品企业更加依赖进口奶源，国际乳业的动荡也会给我国乳制品的发展带来越来越大的影响。2008年的三聚氰胺事件给我国乳制品业的发展带来重创。1998至2008年，国内奶牛存栏量、总产奶量、国产乳制品人均消费量三大指标大致以平均20%的速度增长。而三聚氰胺事件后，这一速度已经降至2%左右，增速大幅降低，整个乳制品业的发展速度大幅下降。三聚氰胺事件不仅影响了乳制品业的发展速度，更影响着消费者、乳品加工企业对国内奶源的信任。为规避国内消费者对国产奶源质量不放心所带来的风险，国内许多知名大品牌企业纷纷寻求100%国外奶源。2008年从国外进口大包奶粉从12万吨增加到2012年的超过60万吨。

（三）奶源危机的缓解有赖于乳制品业的深层调整

一些专家表示，2014年奶源紧张的状况有望缓解，但整体来看还是会上涨，但上涨不会有2013年那么迅速。这主要是因为：第一，2010年和2011年新建的牧场将在2014年投产，规模奶牛养殖场生产能力将逐步释放；第二，乳制品企业会减少对原奶依赖的产品，在中低端产品上可能会生产复原乳或者混合乳；第三，农业部将出台相关补贴政策，制定收购指导价，使收购价格覆盖养殖成本，能够保障养殖户利益，保护奶农养殖积极性，减少养殖户退出市场的比例；最后，2014年随着国际奶价的下行，后期新西兰奶粉进口的恢复，国外进口量的增加，国内的“奶荒”有望逐步得到缓解。

然而，“冰冻三尺非一日之寒”。目前的奶源危机在一定程度上反映了我国在奶源基地建设方面欠账太多，未来发展壮大奶牛养殖是稳定我国乳业的基础。有专家建议一方面乳制品加工企业应继续加大对规模化养殖的投入力度，另一方面要通过加大对大型挤奶厅、奶牛福利场所等标准化建设的投入，组织奶农积极投入合作社养殖。以大型牧场和中小型合作社为代表的规模化养殖有利于稳定鲜奶供应，避免原料奶产销失衡。此外，提高奶牛规模化养殖程度，上升的成本更容易通过采取精细化管理、通过高效的生产运营等内部措施消化。因此，只有对整个产业进行更深层次的调整和整合，建立破解“奶荒”的长效机制，我国乳业才能得到长期稳定健康的发展，才能为消费者提供安全的产品，使消费者重拾对国产乳制品的信心。

四、结语

食品安全事关人民群众的健康，牵系着千家万户，也事关社会的稳定和谐。随着经济的发展、科技的进步和生活水平的提高，广大消费者对食品的质量和安全也提出了更高的要求。然而2013年频频发生的食品安全事件让食品安全成为民众最不满意的事项之一。

党中央和国务院一直高度重视食品安全工作。十二届全国人大一次会议的《政府工作报告》中明确指出“食品药品安全是人们关注的突出问题，要改革和健全食品药品安全监管体制，加强综合协调联动，落实企 业主体责任，严格从生产源头到消费的全程监管，加快形成符合国情、科学合理的食品药品安全体系，提升食品药品安全保障水平。强化公共安全体系和企业安全生 产基础建设，遏制重特大安全事故。”党的十八届三中全会不仅提出要加强食品药品领域的基层执法力量，更是将食品药品监管领域的改革纳入“健全公共安全体系”中来部署。

只有从全局和战略的高度深刻认识做好新形势下食品安全工作的极端重要性，从市场、政府、社会等方面形成保障食品安全的合力，才能解决食品安全问题，才能保障人民群众安全和社会的和谐稳定。从政府方面来看，确保食品安全需要完善与食品安全相关的法律法规体系，让各类主体有法可依、有章可循；要履行监管责任，创新监管方式，建立覆盖“从农田到餐桌”的全过程最严格的科学监管制度;此外,政府也需要营造环境条件,加强食品安全宣传教育,引导公众积极、理性、合法、有序地参与食品安全社会管理。对于企业,企业要落实社会责任,自觉树立质量意识,健全管理制度。整个产业也需要提升产业的整体素质,加快提高食品产业规模化、集约化、标准化水平。此外,整个社会要强化监督责任,形成人人监督食品安全的天网,让不安全食品没有市场,让生产经营者“一处失信、寸步难行”,让不法分子无处藏身。

参考文献

[1] 国务院国有资产监督管理委员会. 中粮集团:确保食品安全[EB/OL]. http://www.sasac.gov.cn/n1180/n6881559/n10281555/n11132751/n11133606/11580063.html,2010.10.15.

[2] 经济观察网. 中国去年侦破食品安全案件 3.2 万起 为 2012 年 2.6 倍[EB/OL]. http://www.eeo.com.cn/2014/0106/254483.shtml,2014.01.06.

[3] 求是理论网. 企业在维护食品安全中的社会责任[EB/OL]. http://www.qstheory.cn/sh/msjs/201205/t20120515_157713.htm,2012.05.15.

[4] 全景财经. 谁解奶荒困局?[EB/OL]. http://www.p5w.net/news/cjxw/201401/t20140129_469700.htm,2014.01.29.

[5] 商务部生猪等畜禽屠宰统计监测系统. 雨润:建立健全全流程的产品追溯体系[EB/OL]. http://tzrpscyxs.mofcom.gov.cn/_news/2013/4/1366708448878.html,2013.04.23.

[6] 搜狐财经. 中国乳制品行业亟待重建信心[EB/OL]. http://business.sohu.com/20130716/n381688195.shtml,2013.07.16.

[7] 搜狐新闻.(展望)乳业:2014 奶荒望缓解,乳企大兴奶源建设[EB/OL]. http://roll.sohu.com/20140103/n392898672.shtml,2014.01.03.

[8] 新华网. 澳报:新西兰干旱致使全球牛奶价格飙升[EB/OL]. http://news.xinhuanet.com/cankao/2013-03/24/c_132258359.htm,2013.03.24.

[9] 新华网. 食品安全法强化企业的社会责任[EB/OL]. http://news.xinhuanet.com/food/2009-03/07/content_10960314.htm,2009.03.07.

[10] 新华网. 中粮集团:以“全产业链”理念加强企业食品安全风险管控[EB/OL]. http://news.xinhuanet.com/fortune/2013-10/07/c_117605999.htm,2013.10.07.

[11] 证券时报网. 实现食品安全全产业链监管[EB/OL]. http://stock.stcn.com/common/finalpage/edNews/2012/20120625/393939203830.shtml,2012.06.25.

[12] 中国产业经济信息网. 三全食品:践行企业社会责任[EB/OL]. http://www.cinic.org.cn/site951/qiye/shzr/2014-03-03/723326.shtml,2014.03.03.

[13] 中国经济网. 药监局发布《关于加强和创新餐饮服务食品安全社会监督工作的指导意见》[EB/OL]. http://www.ce.cn/cysc/sp/info/201206/19/t20120619_21180534.shtml,2012.06.19.

[14] 中国农业新闻网. 用全产业链破解“奶荒”困局[EB/OL]. http://www.farmer.com.cn/jjpd/xm/ry/201401/t20140108_931280.htm,2014.01.08.

[15] 中国网.《食品安全法》将启动修订 如何重典治乱成焦点[EB/OL]. http://finance.china.com.

cn/consume/scgc/20130617/1555040. shtml，2013. 06. 17.

[16] 中国日报. 2013 年中国食品安全事件汇总[EB/OL]. http://sp. chinadaily. com. cn/fujiansp/pphc/20130801/368158. html，2013. 08. 01.

[17] 中国医药报. 保障食品安全的两大路径：行政监管与企业自律[EB/OL]. http://www. yybnet. com/site1/zgyyb/html/2014-01/06/content_119751. htm，2014. 01. 06.

“钱荒”背后的中国银行业众生相

过去的一年，关于银行，关于“钱”这个字，我们有太多的看不懂，不明白，但这却是和我们息息相关的一个行业，就算是本着看热闹的心态，银行业也着实让我们看了回热闹。那就让我们用几个关键词来梳理2013年关于银行的是是非非，试图从中理出些思绪来。

一、钱荒的疑惑

回顾2013，“钱荒”绝对是妇孺皆知的高频词。头顶百万亿M2，市场却一而再闹“钱荒”。“钱荒”绝非真的流动性供应短缺，而是扭曲的银行资金结构、亟待转型的经济结构使然。也就是，并非经济运行缺少资金，而是经济运行缺乏合理的资金规划。

2013年12月20日，7天回购全天加权平均利率一路飙至8.21%，创下半年来的新高，这不禁令人回想起6月份那场惊心动魄的流动性危机。而与市场资金饥渴形成赫然对比的，则是盘踞高位的货币供应量。截至11月末，广义货币M2余额107.93万亿元，同比增长14.2%。目前看来，全年M2超过年初制订的13%的目标，是大概率事件。可以说，钱，丝毫不缺！两个现象矛盾、背离，令人骤生疑云——所谓“钱荒”到底是真还是假？若“钱荒”为真，高速增长的M2和社会融资总量去了何方？若“钱荒”为假，市场急速飙升的利率又因何而来？

“钱荒”的称呼来源于2013年6月。在持续两周的流动性紧张后，“钱荒”在2013年6月20日深度发酵，银行间隔夜质押式回购最高成交利率在30%，7天质押式回购利率最高成交于28%。6月份后，“钱荒”的影响并没有消停，市场的流动性在这半年内反而变得愈发敏感、脆弱——只要央行公开市场操作暂停逆回购，市场利率便会立刻攀升。12月19日就是一个典型例子。当日市场期盼的14天逆回购依旧缺席，加剧了银行间市场流动性紧张程度，多数期限品种的资金价格继续上扬，7天回购加权平均利率上涨至7.06%。20日这种紧张的情绪继续延续，7天回购全天加权平均利率一路飙至8.21%，而上一次该利率在8%以上，还是在2013年的6月19日。

“钱荒”的影响也不仅仅局限银行间市场，交易所债市、股票市场、黄金市场经常伴随银行间市场资金紧张，出现间歇性暴跌，回购利率、银行理财收益率、民间借贷利率则节节攀高。与市场资金饥渴形成赫然对比的，则是盘踞高位的货币供应量、社会融资总量。可以说，流动性总量丝毫不缺，而且，就连市场争议很大的“央妈不爱”，从数据统计角度看也是完全靠不住的。在2013年6月“钱荒”爆发时，央行净投放资金量为年内单月新高，达3050亿元。2013年4月份至11月，除了10月公开市场净回笼，其余均为净投放。

1. 钱荒是怎样引爆的?

对于这种少见的背离,刨除一些周期性的时点因素外,不少人士认为银行体系结构性失衡是其中不可忽略的原因之一。

目前,银行间市场资金分布格局分为两个层次。第一个层次,央行控制流动性"总阀门",从总量角度供应流动性,其主要群体为银行间市场的大型商业银行;第二个层次,大型商业银行为各类中小银行及金融主体提供资金。银行业存在垄断,不仅仅体现在市场份额上,在某种程度上也表现为,部分大型银行一方面引导资金走向,另一方面控制资金的成本和定价。而6月后,以往作为流动性供给主力的几家大银行,出现了系统性的流动性紧张状况,而以往作为流动性需求方的小行却出现了"相对"宽裕。国信证券指出,这种市场供给需求格局的改变,导致其他市场机构参与者一时难以寻找"流动性源头",形成资金面紧张局面。其次,小行的超储率波动率往往显著地高于大行,其提供稳定流动性的能力相对较差。因此,小行变身为流动性相对充裕方后,难以保障之前大行所具备的市场稳定性。国信证券债券研究员董德志认为,以上两个因素相结合,夹杂恐慌因素,形成了流动性紧张的恶性循环,从而导致了资金紧张局面的不断发生。

因此,与其说是"钱荒",不如说是市场对流动性预期的"心慌"。而放在去年的大背景下看,导致流动性预期谨慎的原因还有很多。"银行间市场拆借资金一般是7天,最长也在30天以内,而买入返售的资产一般都在一年以上。这样就导致每到月末或季末,在资金回表时就会出现资产和负债的期限错配。"一位股份制银行资金部负责人在媒体上表示。据《上海证券报》记者不完全统计,部分上市银行的同业业务已经占到业务总量的20%以上,平均也在12%左右,同业业务已经从流动性管理的工具,变成追求盈利、扩大资产规模的手段。这样的情况不断累积,一旦外部流动性发生变化,便会放大银行资金的紧张效应。6月发生在部分银行身上的违约事件就是一个明证,也堪称可以写进金融市场教材的经典案例。

2. "空转"游戏大行其道

银行体系结构扭曲固然是"钱荒"现象的一个重要原因,但深挖下去可以发现,根源并不限于此,表象"钱荒"与充足的流动性供应之间的矛盾鸿沟远不是梳理银行体系就可以填平的。

目前我国确实存在部分资金在金融体系内循环,玩"空转"游戏,没有真正地进入实体经济,而且不少资金进入房地产、地方政府融资平台等,这类企业中有部分经济效率低下,然而凭借财务软约束,挤占了可观的金融资源。这一现象的存在就会导致即使货币信贷再宽松,金融对实体经济的推动作用也极其有限,而且一方面会引起表面上的"钱荒",另一方面还会助长金融泡沫在某些领域的累积。中金首席经济学家彭文生也认为,银行间市场利率和债券利率的上升是经济深层次矛盾的体现,货币政策为了消化过去累积的问题，尤其是控制金融风险，需要控制总体流动性扩张。目前我国存在地方政府职能转换和国有企业改革不到位，公共部门对利率不敏感，在这种情形下，即便利率市场化导致利率上行，上述部门的资金饥渴仍将存在，对私人部门的挤压也将持续。而近几年理财产品快速扩张，相关的贷款利率也有所上升。彭文生解释，这可能反映了一些体制性的扭曲因素，多数理财产品的资产端是房地产和地方融资平台的负债，而房地产业在泡沫扩张过程中存在高回报预期，以及地方政府融资平台对利率不敏感，可能是理财产品贷款端利率上升的原因之一。在中国社会科学院金融重点实验室主任刘煜辉看来，"如果一个经济体大量的资源错配至不具备经济合理性的项目，大量错配至低效率的部门，以至于许多企业已无法产生足够覆盖利息的资产回报率，而在地方政府竞争体制中，许多僵尸型企业难以灭亡，这些企业占据大量信用资源而得以存活。"这在货币层面的反映就是货币周转速度不断变慢，经济增长越来越依赖于新增货币的推动。在 2007 年，每创造 1 美元的经济增长需要承担 1 美元的债务，然而从那以后，每创造 1 美元的经济增长却要耗费 3 美元的债务，因为更多的债务被用来支撑那些低效的投资和存量资产。这也是他认为的货币增速比名义经济增速高了 5 个百分点，而利率却出现创新高的强劲动能的根本原因。

3. 央行已陷入两难境地

从根基上治理"钱荒"，已经非央行一己之力可及。这从 2013 年 12 月 19 日央行宣布启动 SLO，但是 20 日银行间市场资金价格不为所动继续上涨的情况可窥一二。而且更为糟糕的是，经历了此轮"折腾"后，央行已经不可避免地陷入一个两难境地。不如期展开逆回购，利率就会飙升；而周期规律性展开逆回购，释放流动性，又恐引起新一轮的金融杠杆叠加。因此，在保证一个稳定的货币金融环境的前提下，实体经济结构调整、推进利率市场化改革、推进国企和地方改革等，才是解决深层次"钱荒"的根本举措。

实则，新一届政府的货币政策取向已经明朗，国务院总理李克强数次公开提及"货币政策要保持定力，既不放松也不收紧银根，重点是通过盘活存量、用好增量来支持实体经济发展和结构调整"。央行在《2013 年第三季度中国货币政策执行报告》中指出，经济可能将在较长时期内经历一个降杠杆和去产能的过程，房地产、地方政府性债务等问题比较突出，资源环境约束也明显加大，结构调整和转变发展方式的任务十分艰巨。

从长远看来，真正的利率市场化带来的利率上升，将抑制低效率投资，包括地方融资平台、国企依赖低利率环境所进行的投资，也有助于抑制房地产的投资投机性需求。而对于具有竞争力的新经济领域，包括消费、与城镇化提高公共服务相关的市政建设、环境保护以及服务业等领域和更有活力的民间投资，市场利率水平的上升对其实际面临的资金价格影响不一定大，因为这部分活动本来就很难从银行获得廉价资金。由于高利率挤出了低效或无效的投资需求，反而为这部分高效率活动提供了更多资金，使得这部分投资能够更快增长。这又将进一步促进我国经济结构调整。

二、影子银行

近期，随着对国内银行理财产品的热议，影子银行的概念引发各方关注。影子银行最开始是被视为金融创新闯入人们视线的，正是由于中国利率价格双轨制催生了金融“倒爷”，如今却有可能成为引爆中国金融风险的炸弹。

1. 影子银行规模引发金融风险担忧

越来越多的国内外投行表示了对影子银行的担忧。日前，瑞银集团首席中国投资策略师高挺指出，通胀和影子银行问题是中国经济两大风险。高挺称，中国目前影子银行的规模并不是问题，问题在于影子银行增长很快，而监管跟进则较慢。未来，如果政府监管力度过大，则可能会影响到信贷；而如果力度不到位，则难以解决扩张太快问题，因此面临着不确定性。而野村证券更是警告说，中国经济正在显现出2008年金融危机前的相似迹象。惠誉国际评级则在2013年4月初下调了中国政府债券的一项重要评级，理由是中国国内信贷不断扩张。摩根大通提出更具体的建议，建议客户减持中国股票，同时购买做空中行、农行、工行和建行的金融衍生品。香港联交所数据显示，多家外资机构持中资银行股的仓位较2013年已有下降，高盛1月底逢高减持工行，另外，摩根士丹利、花旗集团、瑞银集团等机构均在1月底以来减持了中资银行股。

2. 什么是“影子银行”

到底影子银行的定义是什么目前并没有达成共识，按照央行统计司的定义，影子银行即包括商业银行表外理财、证券公司集合理财、基金公司专户理财、证券投资基金、投连险中的投资账户、产业投资基金、创业投资基金、私募股权基金、企业年金、住房公积金、小额贷款公司、票据公司、具有储值和预付机制的第三方支付公司和有组织的民间借贷等融资性机构。简而言之，就是正规贷款渠道以外的各种信贷。而在中国金融市场中，存在受管制的贷款利率和完全由市场供求决定的市场化利率，这便是利率双轨制。正规金融市场仍然被国有资本所垄断，其利率仍然受到管制，而且由于几轮降息，利率存在严重的人为压低。而民间金融市场的利率则完全由市场供求决定，中小企业对资金的需求极为旺盛，利率远远高于一级市场。

两个市场之间存在价差，为影子银行创造了存在和发展的空间。在“影子银行”发展中，相当一部分就是因为国有大中型企业利用体制上的优势获得国家正规金融体系资金，然后以更高的价格转贷给民营企业、中小企业，从中赚取“利润”“租金”。这个过程中，还有大部分资金进入了一些暴利行业，例如房地产等。不仅仅造成了产业空心化，还强化了金融风险，尤其是银行的坏账风险。银行理财产品是“影子银行”最重要的资金来源渠道之一。目前银行理财产品的期限普遍较短。2012年发行的银行理财产品中，超过90%的产品期限集中于1年或以下。但另一方面，这些短期资金绝大多数都投向于包括基建及房地产等长期项目中，这就形成了典型的期限错配。资源错配再加上期限错配，影子银行的风险就此不断累积。

3. 中国影子银行与欧美影子银行具有本质上的不同

中国影子银行与欧美影子银行在本质上有三点不同：仍在金融监管的覆盖范围内、不具备明显的高杠杆和大规模期限错配的特征、尚不具备引发系统性风险的可能。以下作进一步论述。

中国影子银行和欧美影子银行的对比

项　目	中国影子银行	欧美影子银行
监管现状	基本在监管范围内	缺乏有效监管
规模大小	约占银行总资产13%	与传统商业银行规模相当
杠杆化程度	基本不存在负债经营	杠杆倍数约40倍
期限错配状况	零售融资为主，与传统商业银行期限错配功能相当	在回购和资产证券化作用下，以短期批发融资为主，期限错配现象较为严重
关联性大小	与传统商业银行业务风险基本隔离	通过股权投资和业务往来与传统商业银行风险高度关联
风险特征	业务定位不清晰、法律风险不明确等刚性兑付下的道德风险	有较高的关联性和传染性，易引发系统性风险
承担功能	提供直接融资、服务实体经济融资需求	与实体经济脱节、以风险分散和杠杆扩张等为重点功能，达到金融工具价格泡沫的自我实现
监管目标	防范系统性风险的同时促进金融结构改善和经济结构转型	吸取金融危机教训，防范系统风险

第一，中国影子银行体系仍在金融监管的覆盖范围内。目前，银行理财产品已在监管部门现有的监管统计口径中，各商业银行发行的理财产品运行情况需定期报送监管部门，理财产品的明细也需报送央行纳入社会融资总量的口径。2005年发布的《商业银行个人理财业务管理暂行办法》和2012年实施的《商业银行理财产品销售管理办法》是银行理财业务的监管框架。监管部门也已参照商业银行的监管要求，对相关非银行业金融机构已经建立了一套完整的审慎监管制度。

第二，中国影子银行体系不具备明显的高杠杆和大规模期限错配的特征。合规的银行理财产品的资金池应做到单独管理和充分的信息披露，使得每笔资金都有对应的资产，每笔收益基本可以覆盖风险（根据Wind的相关数据，当前银行3个月的理财产品预期年收益率约在4.6%左右，低于6个月的短期贷款利率5.6%，同期6个月国债和央票的收益率约为2.7%和2.9%左右；根据美资券商盛博的估算，只有不到10%的理财产品提供高于5%的利率水平），这样理财产品的风险应基本接近于正规监管体系内部公募基金的类似投资产品。从理财资金投向的项目资产来看，超过90%的资产期限都在5年以内，期限错配程度与传统商业银行业务相当。对于信托公司来说，目前中国的信托公司既不得负债经营，也不能向银行贷款，不具备杠杆经营的条件，同时信托业务的资金实施封闭式运行，投资期限与项目期限要求一致，因此不具备高杠杆和期限错配特征。

第三，中国影子银行体系尚不具备引发系统性风险的可能。一是从规模来看，当前中国信托公司的整体规模较小。二是从资金运用来看，理财产品中约有四成投向债券及货币市场工具，两成投向存款，两成投向项目融资类资产，仅有一成投向权益类资产及其他，这些资产的整体信用状况较好。信托资产中有四成用于贷款，长期股权投资、交易性金融资产投资、可供出售及持有至到期投资以及存放同业及其他各占一成。从投向来看，工商企业和基础产业各占1/4，房地产和金融机构各一成，资金运用的安全性具有一定的保障。同时，为了控制房地产信托业务的过快增长，监管部门还出台了一系列房地产信托业务监管规定。三是从风险的传染性来看，针对信托公司与银行之间可能存在的风险传染，监管部门已于2011年初下发《关于进一步规范银信理财合作业务的通知》，明确银信合作业务的风险归属，要求商业银行严格执行将银信合作业务表外资产转入表内的规定，控制银行体系与信托公司之间的风险传染，而其他金融公司通过商业银行借款金额占商业银行总体贷款规模不足1%，发生大规模风险传染的可能性较低。

国研中心金融所副所长巴曙松指出，影子银行缘于市场发出的对利率市场化强烈的需求，因为金融管制导致不同金融市场隔离，产生不同金融产品收益巨大差异这种现实。对此，巴曙松认为，不能重新加强审批让它回到传统的、单一的存贷款业务模式，而是要推进利率市场化，放松金融管制。中国社科院副院长李扬则更直白，“以影子银行为代表的中国的金融创新叹为观止，只不过制度环境不好，就创新出很多妖怪。”影子银行可以视为中国畸形金融市场制度下的创新怪胎，在金融体制改革取得关键进展之前，不会出现重大转折。而从近来监管层的动向来看，已经加强了对影子银行的监管，并将监管触角延伸到整个金融领域。

三、放松利率管制

以往中国金融机构的存款利率上限和贷款利率下限都受到行政管控，去年央行宣布全面放开金融机构贷款利率管制，这意味着利率市场化迈出象征性一步。

1. 贷款利率全面松绑 利率市场化迈出一步

自从1996年建立全国统一的拆借网络形成市场化同业拆借利率开始，中国利率市场化进程由此开启。2012年6月，央行宣布将金融机构存款利率浮动区间的上限调整为基准利率的1.1倍。同时，央行还宣布，将金融机构贷款利率浮动区间的下限调整为基准利率的0.8倍。此后又将金融机构贷款利率浮动区间的下限调整为基准利率的0.7倍。存款利率上限首次上浮，贷款利率下限下浮，标志着中国利率市场化改革迈出象征性步伐。经国务院批准，央行宣布自2013年7月20日起全面放开金融机构贷款利率管制，取消贷款利率七折下限，由金融机构自主确定贷款利率水平。全面放开贷款利率管制后，金融机构与客户协商定价的空间将进一步扩大，有利于促进金融机构采取差异化的定价策略，也有利于金融机构不断提高自主定价能力，转变经营模式，提升服务水平，加大对企业、居民的金融支持力度。

数据显示，去年第一季度只有11%的银行贷款是以低于央行基准利率的水平发放的。这就是说，只有非常少的借款人将从央行取消贷款利率七折下限措施中受益，而这些借款人几乎都是大型国有企业和地方政府。这表明，贷款利率下限的放开实际上短期影响较为有限。

2. 利率完全市场化需要取消存款利率上限

推进利率自由化进程，更为重要的举措是取消对存款利率上限的限制。近年来，银行理财产品发展迅速，可以说一定程度上已经实现了存款利率市场化，但它往往和影子银行搅和到一起，通过规避现有利率管制，给存款人带来一些实惠的同时，也给监管带来困难和新的风险。

目前，存款利率被限定在央行基准利率的110%之内，这是金融系统真正的制约因素，提高存款利率上限符合储户的利益。如果取消存款利率上限真能实现，利率完全市场化将极大地改变中国经济的增长模式，也将有利于有优化金融资源配置，更有力地支持经济结构调整和转型升级。目前，中国家庭储蓄大部分都局限在银行存款。央行数据显示，截至6月末，中国人民币存款余额达100.91万亿元，首次突破百万亿元大关，其中居民存款大约40多万亿元，相当于2012年国内生产总值的80%。民众将约50%的收入存进银行以备不时之需，但存款利率存在上限使得民众对银行或议价能力较高的国企和地方融资平台进行补贴，这意味着储户合理利益的损失。央行行长周小川曾指出，金融市场上的重要价格应主要由市场决定，市场决定价格有助于优化资源配置，也有助于发展金融市场。但利率市场化受多种因素影响，将是一个渐进的过程。利率市场化完成的标志是取消金融机构存款利率限制。利率市场化将利率的决策权交给金融机构，由金融机构自已根据资金状况和对金融市场动向的判断来自主调节利率水平。

央行认为，取消存款利率上限是利率市场化改革进程中最为关键、也是风险最大的步骤。一旦打破存款的垄断定价格局，市场化竞争会导致存款利率快速上行，进而使得银行息差大幅压缩。这将不利于守住系统性、区域性金融风险的底线及稳定市场预期，特别是在刚进行过一轮“钱荒”压力测试且金融机构成绩并不好的情况下。根据国际经验,存款利率放开后,银行间的争夺存款会非常激烈,这会提高银行的融资成本。由于存款利率上升,贷款利率下降,商业银行利润空间必将被挤压。为了防止出现银行不良贷款增多和资产贬值带来的挤兑危机,一般都会建立存款保险制度。

建立存款保险制度也被不少市场人士认为是利率市场化的必备前提,近期央行表态则透露出,中国存款保险制度条件已经具备,可择机出台并组织实施。银行是明显的周期性行业,一旦经济衰退或较大波动,银行必须承受随之而来的不良贷款增多和资产贬值,进而陷入危机。如果为追求高额利润而过度投机,风险在经济下行周期中将会完全暴露,对银行和储户的利益造成损失。建立存款保险制度不仅有助于营造公平公正的竞争环境,促进商业银行经营机制的市场化,增加商业银行在金融业务创新及风险承担机制方面的灵活性,还可以防止出现挤兑风波,保护小储户的利益。除了实施存款保险计划之外,近期内可能推行的下一步利率市场化措施包括:提高存款利率上限至基准利率的120%;扩大长期存款利率(如3年或5年期)的上浮区间,从而限制其对银行利润的影响。随着中国利率市场化改革的推进,存贷款的定价权交给金融机构,银行之间的竞争将会变得更加激烈。这不仅有助于优化资源配置,调整经济结构,也有助于发展现代化的金融市场。

四、民营银行

在民生银行之后,中国已经长达17年没有设立新的民营银行了,但民间资本却在快速增长,设立民营银行的呼声也从未停止。在过去的几年里,不少企业家怀着这个梦想前仆后继,却在相关政策、制度环境的缺失下屡战屡败。

2013年,情况似乎有所不同。6月份银行间市场流动性枯竭达到了调整的高潮。随后,利率市场化更进一步,贷款利率的放开,为未来的改革路径打开了通道。而作为国退民进的重要一步,民营银行进入并加剧竞争,成为政策面可选的改革方向。7月5日,国务院发布《关于金融支持经济结构调整和转型升级的指导意见》,明确提出“尝试由民间资本发起设立自担风险的民营银行”。9月12日,“苏宁银行”和“华瑞银行”通过了工商总局名称预核准,正式拉开了民营银行申报大潮。9月29日,银监会发布通知,支持符合条件的民营资本在上海自贸区内设立自担风险的民营银行。

民企想开银行,绝不是想做“雷锋”,帮助解决小微贷款难问题。目前实体经济复苏态势并不稳固,而中央政府也没有推出大规模刺激政策的意图,民营企业经营举步维艰。在这种情况下民企民营企业扎堆想挤进银行业,主要是看中了其目前较高的净资产收益率。根据A股上市公司2013半年报,16家上市银行2013年上半年共赚6 191.68亿元,相当于日赚34.2亿元,同比增15%。虽然较2012年同期29%的增速几近腰斩,比起其他行业的苦苦支撑,银行业仍然是暴利行业。这很容易让人想起此前众多民营企业进军房地产,格力等家电企业、雅戈尔等服装企业都曾因为房地产行业的火爆而受益匪浅。但随着中央政府不断对房地产调控加码,很多企业都面临着资金链紧张的问题。如今银行业的风险一点不比房地产行业小。由于经济增速下滑，银行资产质量也面临考验。16家银行中，仅农行和中行的不良贷款率较年初小幅下降，建行和北京银行较年初持平，其他银行均有所上升。中报显示，浙江、江苏等地依然是银行不良贷款率高增区域，福建、山东等地也不容忽视。行业方面则主要集中在制造业、批发和零售业等，小微企业贷款不良率有所上升。多家银行在中报中指出，不良贷款率上升，主要受宏观经济持续下行及区域风险形势的影响。也正是由于金融风险积聚，为了稳定金融体系，监管层不太可能允许大批量民资进入银行业。更重要的是，民企能筹集到的自有资本规模也远比不上国有银行。一旦成为银行，就要受到严格的金融监管，受《巴塞尔协议》关于资本充足率不得低于8%的硬指标约束。

未来民营银行的规模不要说挑战国有五大行，就算对全国性股份制银行的冲击也十分有限，这些股份制银行动辄数万亿元的资产总额就足以令预备筹建民营银行的民营资本望而生畏。真正可能受到较大挑战的应该还是各地的城商行、农商行和农信社，其针对“三农”和小微企业的小贷业务很可能被民营银行瓜分。但这项业务对于志在赚钱的民企而言，恐怕难以填满欲壑。毕竟小微企业、“三农”的小贷业务盈利空间有限，而且其不确定性以及违约风险甚至让大行都望而却步。

民营银行改革破冰对于中国金融改革的重要性不言而喻，但也不宜寄予过高的期望，在短期内难以对金融行业产生实质性影响。

五、银行优势遭遇互联网金融挑战

2013年的“双11”狂欢，让高端大气的互联网金融，终于接上了地气。仅仅在一天时间内，淘宝平台上的国华人寿官方销售额就达到5.31亿元，生命人寿卖出1.01亿，易方达基金斩获2.11亿。这一战绩，令线下销售人员艳羡。显然，越来越多的中国人已经开始选择在互联网购买理财产品，“中国大妈”的故事正在被“中国青年”的故事所取代。一直身处发展瓶颈的基金和保险等金融机构，在互联网技术的帮助之下，终于找到了降低银行渠道依赖的生存方式，传统的银行理财渠道正在面临挑战。令银行更为尴尬的是，互联网不但正在改写理财产品的销售格局、分流更年轻的用户，就连支付优势都在慢慢改变。数据显示，“双11”这种极限情况，银行网银的支付失败率要高于部分基金公司的支付系统。

银行的传统优势正在被逐渐蚕食，虽然在金融行业的统治地位仍未动摇，但原本属于银行的奶酪，在互联网金融的觊觎下，已经岌岌可危。

1. 理财产品的互联网生机

在“双11”期间，互联网金融创造了更多让线下销售汗颜的成绩。众所周知，金融危机之后，中国基金与保险行业持续积弱，保险行业保费收入增长速度明显放缓，而基金行业总管理资产更是一度负增长。而在2013年崛起的互联网金融，为基金与保险产品提供了更大的生存空间。其代表是天弘基金与支付宝联合推出的余额宝。余额宝的背后实际上是天弘旗下增利宝货币基金,在基金行业内,一般将货币基金视为现金管理工具,而非传统意义上的理财产品。但由于这一产品契合互联网用户的需求,自6月13日推出后,产品规模和用户一直以惊人的速度增长。三季度末,天弘增利宝的规模已经达到了556.53亿元,成为中国资产规模最大的货币基金。

11月11日当天,余额宝应对了超61亿元的净赎回,创造了中国基金史上单只基金单日赎回纪录。而腾讯财经独家从相关渠道了解到,实际上这只基金当天最终实现了净申购。其中一部分原因在于,余额宝支付的速度和便利性,已经在“双11”的支付大战中获得了认可,且被迅速应用于“实战”。不过,在互联网上,余额宝早已不是一枝独秀。易方达基金对腾讯财经表示,该公司旗下基金聚赢A在“双11”当天,成为淘宝历史上第一个单日销售金额过亿的基金。富国基金称,在“双11”当天,该公司旗下的富国产业债共有3900多人次购买,成为销量最大的基金产品,亦是唯一一款销量超越保险的基金。同时,还有众多基金、保险逃离银行渠道,登录其他网络平台。

2. 银行渠道的“危机”

相比银行对基金公司的“压榨”,互联网平台的利益分成更具可持续性。网络渠道中,分成形式多样,权益类和债券型产品互联网抽佣占管理费的3成到5成,只有货币基金的管理费抽佣9成。如果基金公司与互联网平台就销售规模分区间计价抽佣,部分区间可能会到5成到7成。但相比银行渠道几乎无差别地抽佣9成的情况,基金公司已经知足。

虽然互联网正在分流银行代销收入,在银行渠道面前长期处于弱势的非银金融机构,正在享受“将银行一军”的快感,但是银行似乎没有降低门槛的意图。一位基金公司高管对腾讯财经表示,银行根本不在乎销售基金、保险这点微薄收入。因为银行体量较大,在银行的总收入中,代销基金、包销的收入占比很小,代销行为对银行来说,只是出售银行理财产品时顺便做的事,几乎不占用银行的额外成本,因此银行实际上并无动力销售基金和保险。不过随着利率市场化的推进,息差可能受到影响,在此背景下,银行对中间业务收入变现产生了越来越大的兴趣,同时银行也意识到,自己的未来的潜在客户正在流失,“中国大妈”不会永远是理财客户中的主力军。银行需要自己想办法,挽回青壮年客户。

而残酷的现实告诉银行,如果要得到年轻客户的心,不光要解决服务心态这种陈年痼疾,还得升级硬件,因为互联网金额已经开始向银行的系统性能发起挑战。互联网正在改变金融,但谈不上颠覆传统金融巨头,银行在金融行业的统治地位仍难撼动,不过已有多位银行家提出,银行需要通过与互联网的融合,来应对未来的行业需求,而目前银行的软件和硬件都有更多的提升空间。

3. 互联网如何改变银行

2014年2月中旬，分析师们眼中估值过低的银行股迎来一波小阳春行情。令他们想不到的是，点燃投资者热情的会是传统金融业的挑战者互联网。自2月10日至24日以来的11个交易日里，中信银行A股累计上涨42.03%，同期大盘涨幅1.57%，最初的由头是中信银行与多家互联网公司传出的合作消息。2月19日，北京银行与小米科技签署移动互联网金融全面合作协议，北京银行股票当日以涨停价告收，次日继续领涨板块。

互联网金融正助推存贷两端的传统业务脱媒，这令越来越多商业银行感受到了威胁。毕竟，利率市场化还没有来临，互联网金融的洗牌时刻尚远，客户、存款的竞争则要现实得多。互联网概念的炒作短期拯救了银行股市值；但长远来看，银行能否搭上互联网金融的方舟扭转被动局面，还存在变数。

2014年初，更多关注开始从非金融机构的创新转向被新兴金融模式所挑战的银行。从银行版电子钱包、类余额宝产品、直销银行到大数据信贷，商业银行“触网”布局正在加速。瑞银证券分析，互联网金融对于银行短期最大的影响或体现为第三方在线支付平台对现有的盈利模式的冲击，以及货币市场基金(MMF)带来的净息差缩窄压力。

在负债类业务方面，月末、季末、年末发行理财产品销售是银行以往最常见的揽存手段，但这解决不了平日的存款分流问题。有不少银行放下身段，开始尝试推广旗下类余额宝货币基金，见诸报端的就有工商银行、平安银行、广发银行、交通银行、民生银行等。而在资产端的创新主要体现为以互联网平台，对接个人消费信贷甚至公司信贷业务。例如中信银行2013年年末与银联商务合作推出“天天富”POS贷业务——在得到授权后，银行依据银联商务特约商户的POS交易流水等数据信息进行风险评估和综合信用评估，在线向商户发放用于生产经营的信用贷款。银联商务近期披露，运行3个多月以来，该产品签约近3600多户商户，已完成9800多笔经营性小额贷款，贷款总金额达到22.85亿元。

银行从业者们正积极考虑如何利用网络银行手段改造传统银行。银行需要提升网络银行服务的层级和产品创新，回归实体经济，开发创新产品；互联网、大数据令产品标准化批量化速度加快，也能降低银行的风控和网点、柜台人工等运营成本，这是发展机遇所在。

大象转身，看起来容易，做起来难。银行推广类余额宝货币基金产品“几乎是左右手互搏”——因为货币基金主要投向的协议同业存款不能计入存贷比考核，即使是关联基金公司的货币基金，也会给银行考核指标施压。瑞银证券指出，互联网金融不会破坏传统的银行业系统，而会推动其转型并令金融业生态系统更趋多元化。从长期看，预计传统银行在互联网金融影响下或加快进行创新及提供差异化服务的进程。对庞大的中国银行业，迅速崛起的互联网金融正成为越来越难以忽视的挑战。

六、结语

以服务实体经济转型升级为目标、金融深化和市场化为导向的新一轮金融改革在加速推进。新一轮金融改革正在依据如下不同路径依次展开：一是围绕利率、汇率等金融市场价格要素进行改革。二是围绕金融市场开放推动金融机构的竞合。第一个层次是各金融子行业进入相互业务领域，跨市场、跨行业的金融创新在不断涌现，新三板、资产证券化等融资工具日益丰富；第二个层次是对内对外进一步开放金融业。第三是资本项目的渐进式开放，通过资本项目可兑换顺应中国经济对外开放的新需要新要求，把握全球经济格局调整中的新机遇。

长期以来银行因业务模式、客户定位等经营的同质化而广受诟病。事实上，在利率管制的背景下，稳定的存贷差决定了银行实现利润最大化诉求的最有效手段是做大规模，大型全国性银行基本上成为所有银行规模冲动下的战略定位。随着近年来利率市场化进程的推进，银行差异化竞争的格局开始显现。一是客户结构分化。在利率市场进程中，传统上依赖间接融资的大客户正在加速走向直接融资市场，脱媒步伐进一步加快，促使银行的信贷支持向议价能力不强的中小微客户下沉，并从中选择与银行的风险管理能力相匹配的一类客户。二是收入结构分化。在净利差收窄的压力下，银行将通过综合经营、交叉销售提升银行中间业务收入，致力于提供一站式综合金融服务，增加客户黏性和收入贡献，增强负债的稳定性。未来不同银行的协同效应的发挥，以及投行业务、交易类投资业务等对利润的贡献都会呈现明显的分化格局。三是资产负债结构差异化。在利差收窄的压力下，银行将更加重视通过精益管理创造效益，强化对业务条线、客户、产品等维度的成本和收益分析，提供综合收益。银行将由传统以存贷款为主的管理延伸至涵盖各类非信贷资产和资金来源以及表外业务的综合性管理，动态布局和调整资产负债结构。

2012年之前，中国的资产管理行业总体上是在机构监管格局下，由各自领域的监管机构主导不同领域的分工格局。2012年以来，金融创新活动进入异常活跃的时期，形成了自上而下和自下而上的探索突破相结合的发展态势。原有的分业经营限制被逐步淡化、打破，加快了整个金融行业的综合经营的步伐。在市场竞争和客户多元化金融需求的促发下，银保、证保、银信等不同金融机构间的业务不断加强合作，以理财产品为代表的金融产品快速发展。就银行业而言，开展综合经营在盈利多元化的同时，也增加了新的风险因素和暴露，风险管理的关注点更加复杂。

具体而言，目前银行的跨市场创新依据复杂程度主要有三个层次。一是跨机构销售渠道共享，主要指银行为其他非银行类的金融机构代销金融产品，是一种较低层次的综合经营，应当主要防范刚性兑付导致的信誉风险。二是跨市场业务创新，尤以理财产品为代表。与传统信贷不同，其对应的表外资产价格波动剧烈，对金融市场整体流动性敏感程度较高，加之资产负债错配程度较高，加大了银行资产负债表的复杂程度和脆弱性，特别是流动性风险、利率风险显著上升。三是综合经营。为了应对利率市场化的挑战，近年来银行在金融牌照上积极布局，为未来的综合经营做好准备，一些业务的协同效应初步显现。

总体来看，银行盈利前景已发生变化，各种状况集中发生，最好的日子已经过去，银行的转型升级势在必行，而这一事关国家民生各个角落的行业该如何走，往哪里走，我们也在摸着石头过河，在不断试错的过程中前进，总结经验才能继续向前。

参考文献

[1] 上海证券报. 钱荒背后资金空转游戏大行其道 央行陷两难境[EB/OL]. http://finance.qq.com/a/20131223/000811.htm.

[2] 腾讯财经观察. 影子银行：新金融"倒爷"[EB/OL]. http://finance.qq.com/zt2013/cjgc/yzyh.htm.

[3] 巴曙松. 从金融结构演进角度客观评估当前的"影子银行"[N]. http://www.drc.gov.cn/zjsd/20130329/4-4-2874504.htm. 中国经济时报，国务院发展研究中心，2013年03月29日.

[4] 巴曙松. 银行改革的新起点[N]. http://www.drc.gov.cn/qwfb/20130917/4-459-2876181.htm. 经济日报，国务院发展研究中心，2013年09月17日.

[5] 腾讯财经观察. 民营银行：看起来很美[EB/OL]. http://finance.qq.com/zt2013/cjgc/myyh.htm.

[6] 腾讯财经眼. 民营银行："玻璃门"前还差临门一脚[EB/OL]. http://finance.qq.com/zt2013/focus/minyingyinhang.htm.

[7] 腾讯财经. 互联网如何改变"慢半怕"的银行[EB/OL]. http://finance.qq.com/a/20140225/014912.htm.

[8] 腾讯财经眼. 互联网金融狂欢：银行优势遭遇挑战[EB/OL]. http://finance.qq.com/zt2013/focus/hlwjr.htm.

[9] 盛松成. 关于稳定物价、利率市场化与汇率形成机制改革的建议[N]. 金融时报，2010-12-30.

[10] 国家外汇管理局合肥分局副局长 崔宏书. 利率市场化如何作用证券市场[N]. 国际金融报，2000-09-08.

[11] 李岚. 利率市场化：商业银行准备好了吗[N]. 金融时报，2011-04-25.

[12] 李麟，冯军政，徐宝林. 互联网金融：为商业银行发展带来"鲶鱼效应"[N]. 上海证券报，2013-01-22(A08).

[13] 俞罡. 互联网金融倒逼传统银行加速变革[N]. 上海金融报，2013-06-07(A13).

[14] 车辉. 互联网金融能蚕食银行多大市场？[N]. 工人日报，2013-07-10(006).

[15] 张斌. 互联网金融对传统银行的冲击[N]. 中国邮政报，2013-08-01(005).

[16] 廉薇. 商业银行需应对好经济下行、利率市场化和互联网金融三大挑战[N]. 21世纪经济报道，2013-07-22(023).

[17] 李盼盼，李想. 互联网金融：发展和监管两手抓[N]. 中国经济导报，2013-09-03(A03).

[18] 高亮. 互联网金融有三个身份 传统银行应学习互联网思维[N]. 重庆商报，2013-09-14(A02).

[19] 江晶晶. 商业银行布局互联网金融四部曲[N]. 中国证券报，2013-08-31(013).

潮涨潮落的中国楼市与房地产企业发展

2013年，无论是房地产企业抑或是整个房地产市场，都是面临重大转折的一年。经历了2012年号称“史上最严厉”的一系列房地产调控政策，一方面在2013年年初出台了旨在抑制房价再度过快上涨的“国五条”，但并未取得预计成效；另一方面在宏观政策趋向宽松、经济平稳回升等大环境持续利好的情况下，一、二线城市房地产市场迅速回暖，并有逐渐走高之势，各线城市地王纪录再次被屡屡刷新，房产企业竞相逐鹿资本市场，积极参与到借壳上市或者谋划海外投资。随着整个房产市场成交的量价齐升，“千亿俱乐部”的名单扩充到了七家房产企业。与之相应的是，新一届政府执政、十八届三中全会召开，“新型城镇化”战略的实施，土地改革蓄势待发等。联系近期房价高涨、土地热拍等现象及其与地方财政间的紧密关系未来的房地产调控将面临更加复杂的局面和风险。房地产行业必将面临新的政策挑战，同时也在蓄力未来发展的深度变革。

一、房产市场探底回暖，土地出让量价齐升

2013年全国房产市场有显著的探底回升迹象，房产企业开发投资额、销售面积、新开工面积均呈现不同程度的回暖。根据数据显示，截至2013年11月份，全国房地产开发投资额为7.74万亿元，同比增长19.5%，全年房地产开发投资增速保持在20%左右，与2012年全年16.2%的投资增速相比有明显反弹，但与2011年全年27.9%增速相比仍有不少差距。2013年1-11月的商品房销售面积为11.08亿平方米，同比增长20.8%，同比增速创下近5年新高，市场回暖显著。截至11月底，11个城市市场成交量已超过1000万平方米，按照现有数据推算，全年将有多达13个城市成交破千万平方米，而2012年达到这一成交数据的城市数量仅有2013年的一半。2013年1-11月的房屋新开工面积为18.11亿平方米，同比增长11.5%。房产开发投资额、销售面积、新开工面积的同时增长显示出房企对房产行业的发展正重拾信心。

房产企业对市场热情提升也充分体现在土地市场量价齐升，一线城市土地出让金收入增长显著，地王频出。截至2013年11月份，全国300个城市共推出各类用地15.0亿平方米，同比增长6.3%，增幅较2012年提升了13%；住宅、商办用地增长均超过15%。2013年1-11月，全国300个城市各类土地共成交12.6亿平方米，同比增长13.1%，增速明显高于推出量，其中住宅用地增速高达34.2%，为2010年以来成交增速首次超过商办用地。全国53个主要城市经营性用地前11个月成交建筑面积高达6.6亿平方米，比2012年同期增长了21%。土地成交面积超过2000万平方米的城市从2012年同期的

9个增加至12个，成交建筑面积超过1000万平方米的城市从2012年同期的20个增加至26个。土地出让金方面，主要城市前11个月土地出让金总计1.6万亿元，同比增长大幅提升67%。成交金额过500亿的城市达到10个，其中上海、北京、杭州三地的土地出让金超过1000亿元，而2012年同期成交金额达到500亿的城市仅4个，排名第一的上海只有664亿元。2013年一二线城市高总价地块频出，地王浪潮席卷全国，总价以及单价也不断被刷新。2013年全国出现总价及单价地王共计67个，仅西安、海南没有出现新的地王。融创以每平方米7.3万元的价格竞得北京朝阳区农展馆地块，创下北京甚至全国单价地王；新鸿基以217.7亿元夺得的上海徐汇区"徐家汇中心项目"地块，则成为全国到目前为止的总价地王。

二、房企龙头强者恒强，千亿俱乐部再度扩容

在渡过了2011年以来的若干次政策波动之后，大多数房企在2013年楼市持续回暖情况下纷纷迎来了各自的增长。根据销售数据显示，2013年内销售额突破千亿人民币的房企将从2012年的3家增加至7家。继2011年万科迈过千亿大槛之后，2012年绿地及保利也加入千亿俱乐部的阵营，而2013年万达、中海、碧桂园与恒大4家房企也将为千亿俱乐部再度扩容。在各大龙头房企的城市布局方面，大多数房企将一二线城市作为布局的重点，少量布局三四线城市。近年来，由于三四线城市各种风险叠加，众多开发商逐步重回一二线城市。虽然一二线城市土地价格较高，但其强大的市场需求以及可观的利润空间仍吸引各大龙头房企的进入。

与此同时，在政策调控的背景下，排名靠前的企业，不论是绝对还是相对的市场份额都在增加，房企龙头的不断扩张蚕食着中小企业的市场份额，行业集中度在逐渐提升。相应的，其他中小企业的份额在萎缩。2013年房企销售排名前10的金额占比从12.76%上升至13.27%，增加了0.51个百分点，同时排名前20及前50的企业同比分别增加0.63个百分点及0.79个百分点。

回顾以往房地产企业的发展史，可以直观地感受到近年来房企快速发展的脚步。2007年时，排名前10房企的销售金额门槛刚好卡在100亿元。得益于全国房地产行业的如火如荼，2008年销售金额过百亿的房企数量增加至12家，房企间冲百亿苗头初现。而之后的五年，房地产业发生了天翻地覆的变化，根据《2013年前三季度中国房地产企业销售排行榜》，销售金额达到百亿甚至已经进入不了全国房企的前50。按照今年前11个月的测算，至2013年年底，销售额超过百亿的房企可能达70家左右。

另一方面，房企龙头2013年以来在拿地规模的增长更为引人眼球，排名前50的房企通过招拍拿取新增地块的建筑面积高达1.87亿平方米，同比增长17%，投入金额总计5875亿元，同比增长57%。其中，万科、绿地、保利等企业新增土地储备量领先其他企业。排名前50企业拿地总量占到全国53个重点城市经营性用地成交总量的33%，而2012年这一比例仅为26%，龙头企业在行业中所扮演的重要角色不言自明。

综合来看,2013年可谓企业分化现象加大的一年。大企业领先优势进一步扩大,中型企业不进则退,小企业逐渐边缘化。龙头房企的产业布局基本已覆盖全国各主要城市,依靠自身雄厚实力,风险抵御能力较强,在全国各主要城市房产不断攻城略地,市场占有率持续扩大,市场集中度提高,进一步挤压了各地方性房企地位的生存空间。与此同时,在政策调控的大环境下,龙头房企凭借自身综合实力在融资方面优势突出,往往能以更低成本获取大规模发展资金,在土地竞标中底气十足,而区域性中小房企在这2年中更多地面临资金短缺问题,从而导致待开发土地储备逐年减少等不利局面,未来发展势必将面临更多挑战。

三、房企的多元化与海外化发展

从1998年政府出台“房改”政策至今,国内房地产行业经历了最初十年的高速增长;但自2010年起,受国家政策和宏观经济的调控影响,增幅已大幅放缓。随着国家及地方政策由曾经的鼓励居民购置房产转向控制乃至限制,并且经历这十多年房产市场化的发展,普通居民的人均居住面积显著提高,住房条件对比“房改”前已经有了大幅改善,可以预见未来房产市场将趋向与平稳,过去十多年全行业的高增长时代也将结束。虽然2013年房地产行业出现了一定程度的回暖,但政策环境和经济环境基本面已经改变,曾经支撑市场高速增长的因素已不复存在。在这样的大环境下,房企选择更稳健的经营模式和开拓新的利润增长点已成为当务之急。经营范围多元化,是2013年众多房地产企业除了重新加大住宅开发之外的一个显著发展趋势,各种非住宅类产业地产应运而生,包括商业地产、旅游地产、养老地产、工业地产等。这一趋势,在经历了楼市多次高低起伏后幸存下来的香港开发商身上很容易找到先例。进军内地的香港地产企业除了开发住宅物业以外,也纷纷进驻商业地产,大多持有一定比例的商铺、写字楼等经营型物业。公司营收方面,不单纯依托于物业的一次性销售收入,中长期的租金收入也占到公司收入的相当比例。这样当房产市场一旦进入滞涨期或者低谷期,保持相对稳定的现金收入来源,分摊了企业面对外部环境的风险,有利于房企的长期稳定发展。

2013年8月,碧桂园在马来西亚柔佛州新山市的金海湾项目正式上市开卖,仅仅两个月时间,金海湾成功卖出6 000多套房子,实现近百亿元人民币销售额。这一成绩震撼了整个马来西亚——因为碧桂园用了不足一年的时间就成为马来西亚最大的地产商。绿地在韩国济州岛的健康医疗城项目——汉拿山小镇,也于2013年6月开盘。该项目首期住宅产品销售势头良好,济州岛优越的自然环境、教育配套以及产品的投资前景、移民属性吸引了大批中国客户,一期已销售逾八成,年内将实现销售额超10亿元。

同时,2013年也是中国房企海外发展的收获年。继招商地产、万科、金地于2012年成功赴港借壳上市后,万达和绿地也分别于2013年4月、5月完成赴港借壳上市。除了大型房企海外上市之外,众多成长型房企也纷纷在香港上市。2013年总计已有金轮天地、五洲国际、当代置业、毅德控股、景瑞地产、龙光地产、时代地产7家房企成功赴港上市。2013 年房产行业整体回暖，房企业绩走高是境外资本市场持续看好内地房产企业的主要原因。房企积极打通海外融资渠道，为其扩张及完成下一步的产业战略布局带来了充沛的资金。

除了借助海外融资渠道促使企业发展，受到国内土地出让价格上涨以及政府调控政策收紧的双重压力，企业对资产配置国际化的需求与日俱增，实力雄厚的房产企业开始开拓海外市场。目前所有的大中城市全部被限购政策覆盖，眼光转向海外可看作是规避国内愈发收紧的政策调控，一部分房企由于对未来政策及市场环境的顾虑，在房企追求自身业务多元化发展的诉求下分散市场风险。房企进入的战略大多围绕华人聚集区，从海外置业群体的购房目的来看，大体可以分为移民、留学和投资 3 大类。国内龙头房企开发海外房产，也是看准了日益增多的海外移民、留学、投资和休闲旅游所带来的机会。绿地、富力、碧桂园等大型房企均紧随这一趋势布局海外市场。譬如绿地集团先后进军韩国、美国、泰国、澳大利亚、西班牙以及英国等地寻求项目发展，2013 年绿地以 40 亿美元收购纽约布鲁克林大西广场地产项目 70%股权，在韩国获得了 10 亿元的销售业绩，2014 计划将再进入包括加拿大、法国、新加坡等 3～5 个国家，预计 2014 年将实现海外销售收入 130 亿元人民币，新增投资 50～80 亿美元。富力以人民币 85 亿元收购了马来西亚柔佛州新山地区一块 116 英亩的宗地。比富力更早进入马来西亚市场的碧桂园，2013 年一举成为马来西亚最大的开发商，在今年确定了三个大型项目的发展计划。

欧美等国由于最近几年乏力的经济形势，房地产仍然处于价值低估阶段，被中国房企视为价值洼地，世界经济的周期性特征促使大型房企积极投身海外市场。加之对于中国的富裕阶层来说，海外置业不受中国政府限购令影响，贷款利息相对较低而房产的租售比又相对较高，中国人的海外置业愈演愈烈。率先试水布局海外的企业前期投资获得了初步成功，继续加大海外市场布局的力度。与此同时，市场的潜在需求仍然庞大，尚有很大的发展空间。

四、一二线热点城市相对其他城市发展走向分化

2013 年中国房地产市场虽然整体向好，但房价已由“普涨时代”进入“分化时代”。在供求方面，一线城市及部分热点二线城市供不应求压力持续，而在其他二线以下城市逐步凸现了供应过剩的风险。一线城市及部分热点二线城市供不应求的矛盾逐年彰显，但 2013 年房企投资力度的回暖使得在建和新开工面积相比上年有了不小增长，这在一定程度上或将略微缓解供应不足压力；而部分二线城市及大部分三四线城市的潜在供应量明显超出当地人口、经济和市场规模的承载能力，中长期看来供大于求的风险将会逐渐凸显。

在价格方面，不断走高的拿地成本和供不应求的市场格局进一步加剧重点城市的房价上涨，而部分城市价格下跌的趋势已显露苗头。地价快速上涨、供不应求矛盾严峻仍将推动一线城市住宅价格的全面上涨；除了杭州、南京等热点城市外的二线城市多数市

场供求日趋平衡，房价波动幅度收窄，未来的上涨空间有限；而大多数三四线城市由于供应充足、地价涨幅小，一部分供应过剩严重的城市房价存在下跌。

在政策方面，房价上涨压力大的一二线热点城市政策继续收紧，绝大多数城市政策保持平稳，少数市场低迷城市可能继续微调政策鼓励需求。2013 年 3 月出台的"国五条"细则直接促使一线城市先后加大调控力度，全面收紧政策，而部分二线城市无论是政策调控力度还是执行程度均弱于一线城市。与之相对的是部分城市由于市场持续低迷，开始松绑原有政策以图刺激市场需求，如温州于 2013 年 8 月放宽了限购政策。雷厉风行的房地产调控政策将在短期内影响市场环境与预期，但促使重点城市上涨的供需矛盾短期内难以解决，所以很难从根本上抑制重点城市房价强大的上涨动力。因此，可以预计热点城市的房地产调控政策仍将延续乃至存在加码的可能；而相对的部分市场持续萎靡的城市，一定程度上的政策灵活调整也将是大概率事件。在市场分化进一步明显的情形下，全国政策"一刀切"的局面不复存在。

近两年来，全国一二线主要城市的住宅用房库存持续处于低位，北京的当前新房可售面积徘徊在历史低位，上海、深圳较去年年底的库存数据也呈现下滑。2013 年以来市场的持续回暖，成交量继续走高，而相对应的新增供应却依然不足。以北京为例，前 11 月商品住宅供应面积仅 700 万平方米，市场成交面积却达到了 1 104 万平方米；二线城市中，南京、成都等城市市场目前去库存化特征非常显著，这也预示着这些热点的二线城市未来房价上涨的大趋势不变。而对于大多数二线城市和三四线城市而言，2013 年却是库存积累的一年。上一轮调控中由于热点城市的限购令政策，使得 2010-2011 年大量开发企业涌入非热点二线城市及三四线城市，推动这类城市土地成交大量释放，近两年商品住宅新增面积供应不断释放，进而导致当前库存持续积累的局面，部分三四线城市甚至已出现供应过剩的风险，未来 1～2 年时间内预计市场都将处于高库存压力之下，房价上涨动力也将被阶段性削弱。

人口流入是导致楼市上涨的另一个重要原因，人口流入的地区主要有两个特点：一是主要集中在东部沿海地区；二是人口向省会和特大城市集中。联系到政府提出的控制大城市人口数量，促进人口向三四线城市流动，这一措施其实是和目前实际的人口流动方向截然相反。中央这一政策的出台，能否就此改变人的流向，也是值得关注的事件。以外，一些三四线城市如果有人口大幅流入，其房价涨幅也甚为可观。其中心城区的楼价，也会处于周边地区的高点。另一方面，人口外流严重的城市楼市未必一定萧条，中国人自古以来浓重的乡土意识往往促使着不少外出工作乃至外迁人口纷纷回乡置业。但是这也直接导致了不少三四线城市购房成交量活跃，成交价格逐年走高，但实际居住者却很少，空置率居高不下。

五、房产税试点扩容，不动产登记势在必行

2013 年 5 月 24 日，国务院办公厅发布《关于 2013 年深化经济体制改革重点工作意

见的通知》，明确提出扩大个人住房房产税改革试点范围。在十八届三中全会公布的《中共中央关于全面深化改革若干重大问题的决定》中，加快房地产税立法并适时推进改革作为此改革大纲中唯一提及地产行业的内容，预示着继上海、重庆之后，房产税改革试点范围即将扩大。随后，国务院于11月22日召开常务会议提出启动不动产统一登记制度，为未来房产税试点铺路。房产税的推出主要作用是抑制热点城市多套购房的投资型需求，为这些城市房价持续上涨降温。但与此同时，房产税的全面推行是一项浩大而艰巨的工程，它的施行势必遵循分区域、差别化征收的渐进路径，短期内不可能在全国大范围实施。预计房产税试点扩容有望在2014年取得实质进展，杭州、南京、青岛等地成为热门候选城市。

不动产登记作为房产税施行重要的先决条件也将势在必行。2013年2月2日，住建部下发《关于进一步加强城市个人住房信息系统建设管理的通知》，要求与住建部联网的城市在2013年6月达到500个。其后，十八届三中全会和国务院常务会议都分别重申，要建立覆盖全社会的不动产登记数据平台，实现部门信息共享。可是迄今为止，虽然目前全国40个大中城市及70个二三线城市的房产信息已经收集整理到住建部，但尚未拿出相应的查询管理办法，其年初承诺500城市住房信息联网尚无实质性进展。个人住房信息联网实质上是一种财产登记，媒体曾大肆报道过几起官员拥有大量房产而遭调查的案例证明在尚未实行官员财产公开的情况下，个人住房信息联网的推进在执行层面会遭遇重重阻力。不动产登记的重要内容就是住房财产的登记。不动产统一登记制度的加快建立，有可能促使市场出现二手房抛售潮。一些来路不明、投机色彩浓厚的房产，在曝光的压力下，将加速入市和转让，短期内可能对乍暖还寒的房地产市场形成再度冲击，但长期来看，建立全国范围内的不动产统一登记制度之后，就能专门根据各个城市的不动产信息进行深入挖掘，针对不同区域制定差别性房地产调控政策，从而提高楼市调控的针对性与有效性，房产税的立法进程也将如虎添翼。

六、经济适用房逐步淡出，公租房、廉租房并轨运行

“十二五”期间，中央政府定下3 600万套保障房建设的宏伟目标，但对广大有住房需求的中低收入人群而言，想获得保障房依然困难重重。这很大程度上是由于近两年保障房的主题是棚户区改造和回迁房，对于城市外来务工者、中低收入人群来说基本享受不到此类的政策倾斜，保障房数量仍无法满足中低收入人群需求。

近年来，产权型保障房的兴建比例已逐年下降，尤其是2013年经济适用房即将退出市场的消息已经多次传出。2013年10月30日，习近平主席在中央政治局集体学习上谈及住房保障问题时指出“重点发展公共租赁住房，加快建设廉租住房，加快实施各类棚户区改造”，不再提及经适房。

经济适用房的逐渐淡出根本原因在于保障房本来应该是公共资源，但经济适用房本质上属于商品房，相比其他保障性住房的最大区别是拥有经济适用房相当于拥有了产

权，在满足了一定年限或者其他条件下是可与参与房地产市场的交易，这就占用了部分公共资源，变相造成社会不公，与保障房的初衷矛盾，因此房地产市场成熟的国家一般不提供这种产权型保障房。不再提供产权型保障房，保障房全部改成公租房与廉租房将是大势所趋。

经济适用房逐步淡出中国保障房市场后，以公租房、廉租房为主的租赁型住房已成为保障房主力军。2013 年 12 月 6 日，住房和城乡建设部、财政部、国家发改委公布了《关于公共租赁住房和廉租住房并轨运行的通知》，要求从 2014 年起，各地公共租赁住房和廉租住房并轨运行，并轨后统称为公共租赁住房。结合 2013 年内出现的一系列政策变化看，未来保障房战略重点将着眼于两大方面：

其一，设计全面制度，保障标准统一。“十二五”规划以来，全国保障房市场的建设规模虽然处于高速发展，但始终缺乏统一有效的制度规范和约束。各地政府对于保障房对象的分配主体界定、准入条件、收入划分上的理解各不相同，差异巨大，缺乏全面的统一规划设计。因此，住房保障体系的制度规范与完善，包括针对租赁型保障房及即将“两房并轨”的公租房、廉租房，是未来保障房发展的核心议题。

其二，扩大保障范围，重视“棚改”工程。2013 年 6 月，国务院会议提出“未来 5 年改造各类棚户区 1000 万户”的计划，同时确定了“棚改”工程作为城镇化重要战略部署的地位，将从多渠道筹措资金、确保建设用地供应、落实税费减免政策、完善安置补偿政策等四方面支持“棚改”目标的达成。动迁配套房和棚户区改造，将会是 2013 年至 2014 年保障房体系建设的一大重点。

七、结语

2013 年中国房地产市场整体回升，房企龙头纷纷攻城略地，房价已由“普涨时代”进入“分化时代”，调控政策出现差异化。纵观过去十年中国发展历程，经济增长很大程度是依靠房地产市场快速发展拉动起来的。如果因调控而导致房地产发展速度放缓甚至衰退，就可能再度引发钢铁、水泥、煤炭、石油化工、家电等诸多行业产能过剩等一系列连锁反应，对整体经济造成冲击。但房地产的快速发展导致产业空心化，地方政府视土地出让为重要资金来源，房地产市场也成为少数人暴富的工具，引发了财富分配不公、民众价值观扭曲等一系列社会问题。如何在保证健康增长与避免产生泡沫之间取得有效平衡，将是迫切需要解决的重点。既要警惕房价进一步飙升，房地产行业终将泡沫破灭；也要避免政策调控对国民经济活动产生难以挽回的冲击与影响，帮助实体经济实现软着落。

2014 年将是从政府政策调控逐渐过渡到市场自身调节的转变年，经历了过去 2 年房产市场的大寒大暖，理清外部环境的影响和市场发展的走势，通过有效的手段促使房地产行业稳步发展显得尤为重要。对大多数房企来说，2014 年随着行业整体进入平稳运行期，调控政策预期将稳定，房企的投资开工意愿较强，且 2013 年房企拿地数量增多，2014

年新开工增速回升，对投资增速有一定支撑作用，预计2014年房地产投资将进一步增长。一二线城市由于经济发展程度较高，需求旺盛，而土地供应不足，房价的上涨动力较强；部分三四线城市由于经济发展程度低，前期土地供应不科学，导致库存量过大，市场或将进一步恶化。

在未来的一年中，城市间的市场分化也越来越明显。从房价角度看，一线城市及部分热点二线城市上半年在市场惯性的作用下新盘价格仍将稳定上涨；而下半年之后，政策面的持续收紧包括可能再度启动预售证管理机制和存量房税收，无疑都将对市场交易热情造成压力，从而导致房价持续一定时间的稳定。另一方面，部分三四线城市由于经济发展程度低，前期土地供应不科学，导致库存量过大，主要依靠本地需求来消化库存，未来1～2年内都将进入阶段性盘整状态，甚至存在房价下跌的可能。

房企业绩将会继续稳中有升，2013年房企在建面积投入加大，拿地较多，这些都将会直接影响明后两年房企的销售业绩。2013年房企拿地创历史新高，从企业自身运营角度来看，消化这些土地需要一定的时间，因此明年龙头房企的拿地欲望降低，拿地总量增速和溢价率或将下降，预计明年出现地王和高溢价地块的频率也会有所减少。

同时，2014年土地制度、财税制度将进一步深化改革，房产税等相关长效机制有望逐步确立。长期来看，不动产登记、财产公示等制度出台，房地产税改革试点的进一步扩大，将进一步促进长效机制的建立，完善整个中国房地产市场化运作，从而促使房地产行业乃至中国经济朝着更加健康稳定的方向发展。房地产市场环境正在悄然变化，长期来看市场供需关系将更趋理性，面对行业市场化所带来的机遇和挑战，房地产企业任重道远。

参考文献

[1] 南方网. 2013年中国房地产行业总结与2014年展望[EB/OL]. http://house.southcn.com/d/2014-01/02/content_88948127.htm,2014.01.02.

[2] 财讯网. 2013，中国房地产这一年[EB/OL]. http:// http://economy.caixun.com/rysx/20140205-CX03cdf0-all.html,2014.02.05.

[3] 福布斯中文网. 房价已由“普涨时代”进入“分化时代”[EB/OL]. http://www.forbeschina.com/review/201401/0030737.shtml,2014.01.15.

[4] 和讯网. 中国房地产行业的第一风险来自政策[EB/OL]. http:// http://house.hexun.com/2014-02-12/162073704.html,2014.02.02.

[5] 新华网. 住建部：40个重点城市个人住房信息系统已联网[EB/OL]. http:// http://news.xinhuanet.com/house/2013-03/22/c_124490810.htm,2013.03.22.

[6] 搜房网.

[7] 新浪网·房产频道.

[8] 和讯网·房产频道.

[9] 中国指数研究院.

[10] 易居(中国)研究院.

第三篇

2013 年中国企业新闻摘要

1 月

1月4日

○ 由德勤和中国连锁经营协会联合发布的《2012 中国购物中心与连锁品牌合作发展报告》显示，购物中心在中国将以每年 300 家的速度增长，并在 2015 年时达到 4000 家。

○ 众多开发商曾经因躲避一二线城市限购政策蜂拥至三四线城市，如今恒大地产、保利地产、佳兆业、花样年等开始重返一二线城市，进一步加大一二线城市拿地比重。

○ 持续的房地产调控，让家居建材企业的“寒冬”变得特别漫长。家得宝败走中国、百安居连亏 6 年，曾是中国本土最大建材超市的东方家园建材超市则濒临破产。

○ 国产航空煤油价格已经连续两月下调，累计降幅近 500 元/吨，1 月份的再次下调，令航空公司的运营成本再度下降。

1月5日

○ 受 2013 年开始实施的“最严交规”影响，元旦假期期间，自驾游数量出现约 20%的同比下滑。

○ 中钢协内部统计数据显示，继 2012 年 10 月后，中钢协重点监测的 80 家大中型钢铁企业在 11 月利润总额为 32.81 亿元，不过，前 11 月仍累计亏损 19.7 亿元。

○ 超日太阳从 2012 年 12 月初开始出现经营困难，目前 80%以上的工厂已停产。

○ 全国能源工作会议透出消息称，未来几年，我国分布式光伏发电将迎来大发展的局面。其中，2013 年全年的目标是，新增水电装机 2100 万千瓦、风电装机 1800 万千瓦、光伏发电装机 1000 万千瓦。

1月7日

○ 国家发改委对韩国三星、LG，我国台湾地区奇美、友达、中华映管和瀚宇彩晶等六家国际大型液晶面板企业的价格垄断行为进行处罚，包括责令退还、没收和罚款，总金额达 3.53 亿元。

○ 济南柴油机股份有限公司公告称，其所持有的宝鸡石油钢管有限责任公司和咸阳宝石钢管钢绳有限公司的股权，已正式转让给宝鸡石油钢管厂和宝鸡石油机械有限责任公司。中石油旗下三大装备制造企业的资产重组终于完成交割。

○ 21 世纪不动产上海区域市场研究部统计显示，2012 年上海全市新建商品住宅的成交面积为 939 万平方米，同比增长 28.6%，成交总金额 2108.4 亿元，同比提升 31.2%。与此同时，2012 年全市新建商品住宅成交均价为 2.25 万元/平方米，同比增长 2.3%，房价整体稳中略升。

○ 北京住建委网站统计，2012年，北京市全年新房住宅成交123036套，扣除保障房后，为90687套，为最近三年的最高值，同比2011年上涨64.4%；新建商品住宅（不含别墅）成交均价20541元/平方米。与年初相比，成交均价累计上涨了约10%。

○ 网易房产数据中心监控显示，截至2012年12月27日，2012年广州十区两市一手住宅成交面积为1065.4万平方米，同比上涨32.6%；成交套数92894套，同比上涨34.3%。其中，中心六区成交量同比涨幅达48.4%。

○ 国务院《生物产业"十二五"规划》落地，相关行业迎来重大利好。生物产业之首的生物医药板块行情出现井喷。

1月8日

○ 受铝价持续低位徘徊影响，从2012年11月份开始，在广西、云南等地的部分铝冶炼厂无法继续正常经营，开始实行减产、停产措施。

○ 在传统钢市淡季，国内钢铁巨头宝钢股份连续三个月上调钢价。

○ 一向在资本市场上颇为积极的碧桂园再一次率先举起了海外融资大旗，将发行7.5亿美元的十年期优先票据，票面利率为7.50%。扣除包销折扣及其他开支，预计将募得净款项7.37亿美元。

○ 楼市调控并没有抑制住房企巨头的狂飙，住宅开发龙头万科在2012年以1412亿元销售额再破行业纪录。

○ 美国商务部公布初步裁决，认为从中国等国进口的食品添加剂存在倾销，并初步决定对进口自中国的食品添加剂和增稠剂原料征收最高达154%的关税。

○ 在高端白酒销售遇冷的大形势下，对低价、窜货经销商进行处罚的不仅有茅台，五粮液近期也拿出通报批评、扣除经销商保证金等方式来维护价格体系。

○ 实施了4年的家电下乡政策将于本月底"谢幕"，不少借补贴政策实现高增长的企业或许要摆脱政策依赖后遗症，另寻出路。

1月9日

○ 通过重组旗下资源、并股等措施，华视传媒终于在2013年1月9日最后期限之前解除了退市危机。

○ 由于年底"尾牙"来临，各大酒店、餐厅在本月的订单都早已被订满，有些公司甚至早在半年前就已下单。根据市场不完全统计，2013年的尾牙宴会价格比2012年同期上涨了约20%。

○ 云南白药胶囊的水分项目被曝出不合格后，四川省药械集中采购工作联席会议办公室官网发出通知，云南白药胶囊被取消了四川省基本药物中标资格及集中挂网采购资格。

○ 同方股份以13.68亿元收购北京壹人壹本信息科技有限公司，这意味着同方股份将正式进入"终端+应用+服务"领域。

○ 过去十年我国户外用品市场年增速超过40%，目前已超百亿市场规模。据户外资料网发布的数据，目前在我国市场销售的9个年销售收入过亿元的海内外品牌，就占到了户外用品市场的55.81%，其余600多家户外用品企业竞争余下的市场。

1月10日

○ 多家以天然气为原料的尿素生产企业陷入了停产的寒冬。2012年年底以来，各地天然气供应缺口增大，导致尿素企业被"断气"的情况不断加剧，而随着相关政策对工业天然气用户的限制和天然气价格的不断上涨，"气头"尿素企业未来几年的日子都不会太好过。

○ 在推出搜索引擎业务半年之后，奇虎360开始加快搜索的商业化步伐。当用户在使用360搜索时，360搜索的部分结果页右侧已经开始出现来自谷歌广告系统的广告。

○ 国家商务部和海关总署在公布的《2013年出口许可证管理货物目录》中，将焦炭从"实行出口配额许可证管理的货物"中去除，转而出现在"实行出口许可证管理的货物"中。

○ 中国黄金集团已经终止收购非洲巴里克股份。这意味着中国黄金"走出去"战略的最大收购项目失败。

1月11日

○ 证监会最新公布的800多家申报IPO企业名单中，新华网、中国电影、上海电影等文化传媒企业的出现格外引人注目。继2012年4月人民网成功登陆上海证券交易所后，更多文化企业扎堆上市引发2013年文化投资热潮。

○ 华为一口气推出了号称"性能之最"的四核Ascend D2和"大屏之最"的6.1英寸Ascend Mate，以及一款搭载Windows 8系统的W1，这被外界解读为华为挑战三星和苹果。

○ 重庆市国土资源和房屋管理局宣布，自2013年1月1日起，高档住房应税价格已经开始执行新标准，应税价格起点从2012年的12152元/平方米提高为12779元/平方米，上涨幅度为5.16%。

1月12日

○ 徐工集团重卡生产基地奠基，开工正式启动。项目完成后，将形成年产6万辆重卡及8万台工程机械驾驶室的规模。

○ TCL正式冠名美国好莱坞星光大道地标性建筑"中国大剧院"。这是TCL进军北美市场的重要一步棋。

○ 集团董事长李东生表示，TCL2012年彩电销量进入全球前三，今后的目标就是从"前三大"变为"前三强"。

○ 2013年CES(国际消费电子展)不少展位都在收缩，只有中国品牌在扩张。且TCL、海信、长虹的展位分别紧挨着松下、索尼和英特尔等跨国巨头。

1月14日

○ 双汇发展宣布，受重组完成等因素的推动，双汇发展2012年归属于上市公司股东的净利润预计达到28.5亿～29.6亿元，同比增长一倍以上。市场人士表示，双汇已经走出2011年“瘦肉精事件”的阴影，销售渠道优势明显，行业老大的位置较为稳固。

○ 尽管近年来中国工程机械行业的收入在不断提升，但各家企业的应收账款在不断增大。三一重工在2012年前三季度的应收账款为207亿元，占其前三季度营收(407亿元)的一半。同样是2012年三季度末，中联重科的应收账款和其他应收账款合计也高达207亿元，占营业收入的53%之多

○ 就在东方家园濒临破产之时，国内最大的家居建材装修电商齐家网确认正在与东方家园洽谈合作事宜，拟收购东方家园在12个城市的19家门店。

○ 民和股份发布公告称，受速成鸡事件等因素的影响，预计2012年该公司亏损6800万～7200万元，与早前宣布的数字相比，亏损额增加5000万元以上。

1月15日

○ 华闻传媒公告称，公司拟购买北京国广光荣广告有限公司100%股权，价格合计为6.8亿元。这是华闻传媒初涉广播领域。

○ 一纸涉及贵州茅台营销政策整改的声明，让茅台再度登上舆论的风口浪尖。贵州茅台集团发布声明称，决定取消以前违反《反垄断法》有关的营销政策，严格依据《反垄断法》立即进行彻底整改。

○ 春节临近，节前“用工荒”、节后“招工难”的老问题，再次令快递企业头疼不已，已有部分快递公司因快递员返乡导致企业出现不同程度的用工荒。

○ 阿里巴巴集团董事局主席兼CEO马云向员工发出邮件，宣布于2013年5月10日起不再担任阿里巴巴集团CEO一职，将全力以赴做好阿里巴巴集团董事局主席全职工作，同时5月10日公布新任CEO。

○ 国家质检总局在官网发布《家用汽车产品修理、更换、退货责任规定》(下称“三包”新规)，将于10月1日施行。业界普遍认为，汽车“三包”规定的出台，将提升我国汽车产业的售后服务质量。

1月16日

○ 味千中国关闭湖北宜昌的唯一一家门店。味千相关负责人坦言，公司发展放缓，门店扩张策略也出现调整，将放缓二三线城市扩张速度，重点发展一线城市。

○ 严重的雾霾天气持续多日，让相关市场变得敏感而火爆。仅仅口罩一样，就在全国多地出现脱销现象。

○ 菲亚特-克莱斯勒联盟和广汽集团在底特律宣布签署了框架协议，扩大合作在中国生产和销售乘用车型。双方共同宣布，在国产菲亚特旗下产品之后，JEEP品牌也将在广汽集团生产。

○ 在中国区连续多年亏损后，百安居近期连爆财务纠纷，而门店关停也在进行中，继

2012年南京店关停后，百安居武汉汉口店也将于2013年2月9日停止营业。

○ 当当网前CFO杨嘉宏正式加盟途牛，担任CFO。因已完成3轮融资，此举被业界看做途牛即将上市的信号。

1月17日

○ 继“明庭”、“爱逸特选SE”之后，沃尔玛自有食品品牌——英国ASDA艾思达牛奶也走上1号店货架。1号店副总裁郭冬东称，1号店依托沃尔玛的海外资源，成为国内首家拥有进口商品直采资质的电商。

○ 沸沸扬扬的高州医院“回扣门”丑闻，或将演变为广东药品招标改革的催化剂。广东召开的全省卫生工作会议上传出消息，广东决定改革药品集中招标制度，探索建立第三方医药全流程电子交易公共服务平台。

○ 广汇集团和旗下公司都面临着不小的资金压力。2013年开年至今，集团和旗下公司已密集发行了共计40亿元的2013年第一期短期融资券。

1月20日

○ 中兴昨天发布2012年年度业绩预告，预计全年亏损25亿元至29亿元。过去几年，中兴致力于提升市场地位，聚焦大国大T(运营商)，争取在主流区域、主流客户和主流产品上取得突围，为4G升级打基础。终端领域也正面临转型，行业面临从功能机向智能机的重大转型。

○ 2012年12月25日与2013年1月20日，武汉晨鸣发生两起劳资纠纷，原因为山东晨鸣纸业集团决定关停该厂。武汉晨鸣一厂的关停是晨鸣纸业自2012年以来六起关停(转让)中之一，这凸显了造纸业近两年全行业整体下滑的困境，以及国企改制难题和造纸业长期存在的污染问题。

1月21日

○ 面对原材料成本高企以及下游需求增速放缓带来的双重压力，在钢铁主业领域一直占优的宝钢集团，也在悄然发力非钢板块。宝钢集团旗下宝钢金属有限公司董事长贾砚林近日透露，正在筹划旗下两家公司的上市工作。

○ 自2012年9月份以来，苏宁易购与红孩子已经在供应链、物流仓储配送、售后服务及营销互动上进行了全面协同。苏宁易购相关负责人表示，双方将在母婴市场进行全面拓展，红孩子2013年销售目标将保底实现30亿。

○ 在本地生活消费领域积累近十年后，大众点评网宣布正式开放O2O(Online To Offline)开发者平台。通过大众点评API，开发者的相关应用可以根据用户的实时需求，访问大众点评平台上的本地商户信息、商户点评、优惠及团购等内容。

1月22日

○ 尽管整个电信行业业绩惨淡，但华为仍然交了一份不错的成绩单。未经会计师事务所最终审计的数据显示，2012年华为销售收入同比增长8%，达到2202亿元人民币，净利润达到154亿元人民币，同比增长达到33%，

○ 台湾光纤通讯设备商台通光电近日公告称，鸿海将通过旗下鸿扬公司认购3.4%的台通股权，这意味着鸿海已正式进入台湾电信产业。

○ 东风汽车1月26日将与沃尔沃集团在北京签署合资协议，双方将合资成立商用车合资公司，生产销售中重型卡车。

○ 格兰仕与中粮、三全和上海大塚等食品企业签约合作，联手推出微波食品，打造微波全产业链。

1月23日

○ SOHO中国发布的数据称，公司2012年合约销售总额为94.68亿元，与年初制订的230亿元销售目标相距甚远，也远远不及2011年109亿元、2010年238亿元的销售额。一位的开发商分析称，SOHO中国擅长散售领域，但转型自持后，其在租赁领域却实力很弱，转型能否成功尚且难说。

○ 宝钢股份公布了3月份的钢材调价政策，大部分品种再度上调，而且幅度明显加大。从2012年12月开始，宝钢已连续4次上调出厂价格，累计涨幅最高超过500至570元/吨。

○ 2012年8月北京市教委要求全市取消与奥数有关的培训与考试，由此，学而思、巨人等民营教育公司收到较大影响。

1月24日

○ 全国旅客列车杂志摆放权招标结果近日揭晓。原计划招标8本杂志，最终仅奥神传媒的《旅伴》和沃美传媒的《旅游地理》获摆放权。有业内人士称，动车三年最少7000多万元的摆放权费价位过高，与目前纸质杂志的年盈利环境不相符。

○ 中国生物柴油排头兵——古杉环保能源集团现已陷入停工、变卖工厂的困境。媒体称，缺乏稳定的原料供给是造成其困境的重要原因。

○ 华谊兄弟发布2012年度业绩预告，报告显示公司2012年归属上市公司股东净利润约为2.43亿～2.74亿元，同比上升20%～35%。业绩上升原因主要由于三大主业电影、电视剧以及艺人经纪等核心业务营收保持了稳定增长

1月25日

○ 中国电子信息产业集团有限公司兼并了彩虹集团，至此CEC打通了从玻璃基板、液晶面板、彩电和显示器整条平板产业链，而彩虹也找到了一个富裕的“婆家”。

○ 近日福建大唐国际风电开发有限公司的六鳌海上风电场已完成规划编制，该海上风电项目计划投入60亿元。

○ 小米盒子与CNTV(中国网络电视台)旗下子公司未来电视有限公司宣布达成为期三年的合作，小米盒子将接入未来电视运营的中国互联网电视集成播控平台，并通过后者向用户提供服务。

1月28日

○ 国家发改委网站公布了2012年度天然气行业运行简况，2012年全年国内天然气

产量1077亿立方米，同比增长6.5%，天然气进口量(含液化天然气)425亿立方米，增长31.1%；消费量达1471亿立方米，增长13.0%。由此计算，2012年天然气对外依存度28.9%。

○ 在钢铁行业普遍陷入亏损情况下，重庆钢铁发布2012年度业绩预盈公告，预计公司2012年年度经营业绩与上年同期相比，将扭亏为盈，实现利润1亿元左右。重庆钢铁能够扭亏为盈，主要得益于政府的巨额补贴。

○ 台湾新焦点汽车技术控股有限公司与嘉实多签署战略合作协议，公司计划在未来两年里投资超过2亿元，使在大陆的汽车快保养护连锁门店扩张至300家。目前新焦点建成了约100家连锁门店。

○ 在被科蒂收购一年后，丁家宜原高管团队已大部分离职，公司2012年的销售额也下降了一半。

1月29日

○ 除黑龙江外，其余30个省份的年度经济数据皆已揭晓。2012年，各省份经济总量稳步上升，浙江、江苏、内蒙古三地人均GDP首次突破一万美元大关。广东经济总量连续24年位居全国首位，但和江苏的差距越来越小。

○ 在受限制"三公消费"等政策的影响下，此前数度上调发展规划目标的茅台集团最终下调了2013年的发展目标。分析人士指出，茅台集团应继续扩大消费群体和做强中价位酒，但这些动作无法短期内见效。

○ 根据近期中国证监会披露的IPO申报情况，排队等待IPO的882家企业中，中国电影股份有限公司与上海电影股份有限公司在2012年12月同期进入IPO初审名单，上市地点均为上海证交所。

○ 华为前总工程师、常务副总裁郑宝用回归华为，继华为"公主"、华为CFO孟晚舟闪亮登场后，华为管理层的这一变化再次吸引了外界的关注。

1月30日

○ 全国铁路工作会议确定了2013年的铁路固定资产投资额和基建投资计划，固定资产投资增长3%的规模。2013年的铁路固定资产投资总规模确定为6500亿，基建投资计划5200亿元，因此铁路车辆购置和更新改造合计投资额为1300亿元，这较2012年的1140亿元增长高达14.0%。

○ 中化集团和美国先锋自然资源公司(Pioneer Natural Resources Company)签署了油气资产收购协议，将向其购买位于美国得克萨斯州Permian盆地Midland次盆南部地区的一个页岩油气区块40%的权益。

○ 由于稀土价格下跌影响上市公司业绩。包钢稀土称预计公司2012年度归属于上市公司股东的净利润同比下降50%～60%。而2011年，包钢稀土净利为34.78亿元，同比呈现363.33%的惊人增长。

1月31日

○ 全球压缩机巨头海立集团正在加速拓展海外市场的步伐。海立电器(印度)有限公司注册完成,海立印度即将在印度批量制造空调压缩机。

○ 在大规模的扩张之后,京东商城开始从业绩指标转向内部管理,公司宣布了首批内部高管轮岗计划。

○ 北京等部分地区多次出现持续大范围雾霾天气和空气污染,引发公众对空气质量尤其是PM2.5的关注,相关环保上市公司受到资金爆炒。

2 月

2月1日

○ 长航系下的上市公司长航凤凰,由于连亏两年被戴上ST的帽子已成定局,而连续三年业绩亏损的*ST长油,即将暂停上市。

○ 德国第一烘焙品牌、双立人同胞兄弟原味坊持续亏损1500万美元,已经被克莉丝汀全面接盘。

○ 江淮汽车拟设立一家控股子公司,将与SNS AUTOMOVEIS LTDA共同向后者的全资子公司JAC巴西汽车有限责任公司增资,使其成为江淮汽车在巴西从事汽车制造和销售的合资公司。

○ 王老吉大健康有限公司起诉广东加多宝涉嫌虚假宣传一案,广州市中级人民法院日前签署了"诉中禁令"强制执行令,裁定广东加多宝饮料食品有限公司立即停止使用"王老吉改名为加多宝"、"全国销量领先的红罐凉茶改名加多宝"或与王老吉相同、相近的广告语。

○ 每到春节,很多电商陷入了销量大、运力小的困境,尤其是长期合作的一些快递公司可能提前停止取件,商家非常无奈。

2月4日

○ 国家电网公司正在将所持有的南方电网公司股份划转到国务院国有资产监督管理委员会。这意味着国家电网将结束对南方电网近十年的股权持有,两家电网公司自此在股权上彻底分家。

○ 继2011年亏损11.1亿元后,韶钢松山在2012年又亏损了19.5亿元。韶钢松山表示,国内钢材市场总体表现为低需求、低供给、低价位、低效益和去库存,也导致了史上少有的行业性亏损。

○ 全峰快递与三家PE公司签署协议,力鼎资本、鹏康投资、凤凰资本三家机构将投资2亿元人民币入股全峰。

○ 搜狐财报显示,2012年搜狐集团总收入达到10.67亿美元,较2011年度增长25%。这是搜狐总收入首次突破10亿美元。

○ 受益于智能手机LED背光需求的激增，聚飞光电在2012年中国LED行业竞争加剧、不少企业业绩下滑的情况下实现量利双增。据聚飞公司年报，2012年其营业总收入同比增长42.74%至4.95亿元，净利润同比增长14.15%至9153万元。

2月5日

○ 继上月中国南车股份有限公司公告获签多份合计约100.1亿元人民币合同后，公司今日再次获签多份重大合同，合计金额约46.3亿元人民币。

○ 北京王府井国际商业发展有限公拟收购春天百货39.53%股权，涉及金额约合16.03亿元人民币。据媒体报道，王府井方面人士称此收购是公司希望向更高端零售领域进军。

○ 超日太阳的控股股东倪开禄及其女儿与青海国资签署协议，后者将收购倪氏家族35%的股权。此前，新余、无锡两地的国资已先后接盘了同样深陷困境的赛维LDK和尚德电力。

○ 海尔联手英国零售商Argos在中国市场“试水”多渠道销售。双方合资的“爱顾(网上)商城”已取代了海尔“日日顺乐家”的网页。而“爱顾”的实体门店首先在上海“落地”，目前已有2家。

○ 新东方2013财年第二季报显示，新东方在过去一年的快速扩张下成本费用激增而出现净利润亏损，因此未来新东方将考虑启动裁员计划，并且未来3～5年内将严格控制新增学校和教学中心。

○ 理顺三大轿车品牌业务后，吉利集团发布公告，由于英伦帝华出租车产销业务自经营以来持续经营亏损，附属公司帝福与吉利汽车关联公司上海华普订立协议，帝福将以1.73亿元出售其持有的上海英伦帝华。

○ 百度董事长兼CEO李彦宏坦言未来增长空间在移动端。据媒体报道，在由PC互联网向移动互联网的转型期，2012全年百度在技术研发方面的投入达23.05亿元，比2011年增长72.7%，创历史新高。

2月6日

○ 国家发改委、能源局发布了共同编制的《煤炭产业政策》(修订稿)，并公开征求意见。其中，首次划定煤矿企业最低规模标准，鼓励通过兼并重组等方式，提高煤炭产业集中度。

○ 华润雪花已与金威啤酒达成协议，以53.84亿元的代价收购金威啤酒的啤酒生产、分销和销售业务，包括7家啤酒酿造厂资产及债务。

○ 继《中国好声音》以后，湖南卫视《我是歌手》荣登娱乐节目吸金王宝座。随着节目关注度迅速升温，原本一条15秒左右8.6万元的广告位价格也迅速涨价到13万元一条，涨幅高达近50%。

○ 全球智能手机和平板电脑的大爆发，引爆了上游触摸屏行业，也直接带动触屏企业的业绩暴涨。信利国际2013年1月份未经审核综合营业净额约为12.3亿港元，按年增加约101%。

○ 珠海市纪委、市监察部门公布的核查结果显示，格力集团总裁周少强参与的工作晚餐严重超标，严重违规并造成极坏的社会影响，因此停止周少强履行职务、检查反省问题；并责令餐费超标部分由参与者自付。

2月7日

○ 财政部日前对神州数码作出行政处罚，认定该公司在政府采购中存在违规行为，禁止其3年内参加政府采购活动。

○ 网络招聘公司爱尔兰尚龙集团宣布，已与美国在线招聘巨头Monster公司签订收购协议，将后者在中国的子公司业务中华英才网纳入旗下。在合并后的公司里Monster保留了10%的股权。

○ 恒隆地产以33亿元的价格竞得武汉一幅土地，首度进入华中市场，这也是除上海外，恒隆地产进入的第七个内地城市。

2月19日

○ 茅台和五粮液因实施价格垄断被发改委罚款4.49亿元，所罚金额是上年度两家酒企销售额的1%。

○ 已研发4年的阿里云搜索浮出水面。阿里巴巴称，阿里云搜索与中国雅虎搜索使用的是同一套搜索服务，由阿里云团队自主研发。

○ 苏宁电器公告称，拟将公司名称更名为“苏宁云商集团股份有限公司”，以转型云服务模式。

2月20日

○ 东华能源称收到江苏省张家港保税区管理委员会拨付的2000万元利息支出补助，这占到东华能源前三季度3066万元净利润的三分之二。同时，东华能源还宣布收到了张家港市人民政府拨付的再融资奖励资金80万元。

○ 联想集团发布公告称，将聘请雅虎公司创始人杨致远担任董事会观察员。

○ 浙江吉利控股集团宣布在瑞典哥德堡设立欧洲研发中心，公司称整合旗下沃尔沃汽车和吉利汽车的优势资源，全力打造新一代中级车模块化架构及相关部件，以满足沃尔沃汽车和吉利汽车未来的市场需求。

2月21日

○ 浙江省商务厅提供的消息表明，截至2012年底，浙江在世界上141个国家累计投资149亿美元。其中民营企业海外并购项目63个，并购额7.1亿美元。多家大型民企负责人表示，选择此时并购综合成本相对较低，且海外投资是增加出口的最佳渠道之一。

○ 国家发改委近日发布的《半导体照明节能产业规划》中，将2015年LED照明的产值目标由“十二五”规划的5000亿元调低至4500亿元。除了仰赖政府订单外，业内的企业也正在探索商用市场。

○ 维维股份公告称，旗下全资子公司维维印象城和徐州中财拟共同出资设立合资公司徐州维维中财置业有限公司，进军房地产。该公司注册资本为1亿元，其中维维印象城拟以现金出资8000万元。

2月22日

○ DisplaySearch的数据显示，到2012年第四季，中国彩电品牌在全球的份额首次与日本彩电品牌持平，原因是日本、欧洲、美国的彩电市场都有所萎缩，而中国本土彩电市场保持稳定。

○ 租金上涨，电商挤压，以及体育用品生产商纷纷涉足零售领域，较普通体育用品市场更窄的户外用品专业店正遭遇冲击，转型迫在眉睫。

○ TCL多媒体公告称，拟分拆音视频产品(AV)的OEM和ODM业务在香港联交所单独上市。TCL多媒体旗下有彩电(TV)和AV两大业务。

2月25日

○ 国家统计局公布的2012年统计公报显示，经初步核算，中国2012年全年能源消费总量为36.2亿吨标准煤，比上年增长3.9%。

○ 2012年年底参与竞得上海"地王"的绿地集团又参与竞得总价超过22亿元的北京地块。

○ 中石化集团旗下的国际石油勘探开发公司美国切萨皮克(Chesapeake)能源公司签署协议，收购其位于美国俄克拉荷马州北部的部分密西西比灰岩油藏油气资产50%的权益，总交易对价10.2亿美元。

2月26日

○ 360与即刻搜索宣布合作引入药监局药品数据不到一周，百度也宣布与药监局达成战略合作。此次药监局向百度开放的三大数据库包括：药品数据库；药品说明书范本数据库；经过认证的可向个人售药的网站的数据库信息。

○ 日腾电脑配件(上海)电子有限公司因废液污染上海松江区的一条河道，遭到上海环保部门20万元的罚款。上海日腾为台湾代工企业和硕集团的子公司，也是苹果公司的供应商之一。

○ 闽东电力公告称，旗下控股子公司航天闽箭拟以不高于8500万元投资收购白城富裕风电100%股权。此时的售价仅为最初挂牌价的两折左右。

○ 海航集团与乌鲁木齐市人民政府签署战略合作协议，双方将组建乌鲁木齐航空有限责任公司，并将在旅游业、物流业、商贸服务业、金融业、基础设施建设业、酒店业、房地产业等九大领域开展合作。海航已在北京、重庆、云南、天津、海南等地引进地方资本成立航空公司。

○ 阿里巴巴将支付宝组织架构划分为四大事业群，分别是共享平台事业群、国内事业群、国际事业群和阿里金融事业群。

2月28日

○ TCL集团2012年实现营业收入近700亿元、净利润近8亿元。华星光电2012年投产即盈利，但手机业务却从 2011 年盈利 6 亿多变为 2012 年亏损 1.69 亿元。

○ 美邦服饰上市五年来的业绩首度下滑，2012 年实现营业收入约 95.10 亿元，同比下降 4.38%；归属于上市公司股东的净利润 8.50 亿元，同比下降 29.55%。不过，库存问题已稍有改善，其存货金额同比下降 20%。

○ 国家能源局指出 2012 年全国弃风电量约 200 亿度，较 2011 年的规模翻倍。据介绍，如果按照目前国家火电一度电煤耗 226 克计算，200 亿度电损失的标煤就超过 678 万吨，而直接造成的经济损失也超过 100 亿元。

○ 受资产减值准备计提的拖累，中钢天源 2012 年业绩出现变脸。中钢天源称，该公司 2012 年度实现营业收入 3.68 亿元，同比下降 40.09%；净利润方面，在 2011 年还能获益 1063.59 万元，但到了 2012 年，亏损额度达 3451.56 万元。

○ 上海海立(集团)股份有限公司在中部地区投资的第二家生产型企业安徽海立精密铸造有限公司举行了开业典礼，这是海立股份进军中部的又一里程碑。

○ 继 2 月 5 日被停职之后，格力集团原总裁、党委书记周少强于 2 月 28 日被正式撤职。尽管接任者目前尚未公布，但一位业内资深人士认为，由格力电器董事长董明珠兼任的可能性不大。

3 月

3 月 1 日

○ 2011 年以来，中国棉花价格比国际市场最多每吨高出约 6000 元，这让在越南建厂的天虹纺织获得了令人羡慕的成本优势。

○ 中海油最近将其在中联煤层气有限责任公司中的持股比例提高至 70%，但其接手的是一家纠纷不断的公司，控股地位意味着中海油需要承担更大的责任。

○ 美国商务部对进口自中国的硬木和装饰用胶合板做出了反补贴税率的初步裁定，除了 3 家强制应诉企业的反补贴税率为 0，15 家未回应调查的企业被征收 27.16%的税外，其余几百家胶合板生产企业或将被征收 22.63%的反补贴税。

○ 国泰航空旗下负责飞机采购业务的全资子公司 CPAS(Cathay Pacific Aircraft Services Limited)，与波音公司签订补充协议，同意向波音公司购买三架 747-8 型货机，并预计于 2013 年全部接收。

3 月 2 日

○ 国务院办公厅发布《国务院办公厅关于继续做好房地产市场调控工作的通知》规定，指出税务、住房城乡建设部门要密切配合，对出售自有住房按规定应征收的个人所得税，通过税收征管、房屋登记等历史信息能核实房屋原值的，应依法严格按转让所得的 20%计征。

○ 长沙市住房公积金新规定 1 日起正式施行，职工购买第三套及以上住房不能使用住房公积金贷款。

○ TCL集团董事长李东生在业绩说明会上提及深圳市华星光电技术有限公司投产5年内将由TCL回购政府股份，今日，深圳联合产权交易所就挂出华星光电30%股权转让的公告，转让价约为31.8亿元。

○ 全国人大代表、中航工业通飞董事长孟祥凯建议，希望进一步加快通用航空产业的快速发展，制定能够支持通用航空产业发展的扶持政策。孟祥凯指出，相对于我国的航空运输业，通用航空领域仍处于弱势，现行的政策及制度仍然不能满足通用航空发展的需要。

○ 全国政协委员、复星集团董事长郭广昌在刚刚召开的全国两会上递交提案，建议加快专利到期、临床费用高的专利药的仿制药注册审评审批速度。

3月4日

○ 在2月国产航空煤油价格上调137元/吨基础上，航空公司在3月的燃油成本将继续增加。相关航空企业已收到中国民航局通知，自3月1日起，国产航空煤油的出厂价从2月的7526元/吨上调至7885元/吨，上调幅度为359元/吨。由于此次航油价格上调幅度超过了250元/吨，因此预计国内航段的燃油附加费也将上调。

○ 7天连锁酒店集团日前宣布其与凯雷控股等买方集团达成私有化协议，将以ADS每股13.8美元收购公司股票。这比此前提出的私有化报价高出30.6%，估计涉及资金约6.88亿美元，预计2013年下半年完成交割。

○ 有法国媒体报道称，近期一些法国干邑白兰地酒被装箱滞留在深圳码头，至少有卡慕、法拉宾、人头马三个法国干邑白兰地酒品牌产品，原因是酒中邻苯二甲酸酯含量超过了中国新出炉的塑化剂残留值方面的要求。

○ 继上月票房破十亿的影片《西游·降魔篇》被曝投资方与发行方掐架事件后，国产片最高票房影片《泰囧》也陷入纠纷，其主要投资方光线传媒也于昨日停牌。

○ 维维股份称，子公司西安维维资源有限公司已与鄂托克旗新亚煤焦有限责任公司签署了《股权转让框架协议》。根据该协议书，西安维维资源有限公司拟以不低于7亿元的价格向鄂托克旗新亚煤焦公司转让内蒙古维维能源有限公司100%的股权。

○ 因无法承担地铁1号线的高昂租金，合约到期的季风书园陕西南路店这棵独苗宣布经营权易主，"70后"民营企业家于淼接盘，清偿债务并将组建新的经营团队。

3月5日

○ 因为VIE模式存在争议，又受迫于红孩子创始人的股权纠纷，苏宁对红孩子的收购或将流产。近日，红孩子创始人之一王爽的丈夫李阳已将红孩子另两位创始人蒋凤云、杨涛告上法庭。

○ 香港特区于1日对婴儿奶粉出境实施了最严厉的限购措施。措施实行两天内，共拘捕45人，包括26名香港居民及19名内地人。国产"放心奶"和食品安全问题在两会期间再度成为舆论焦点。

○ 近期华人在全球奶粉市场扫货引发的矛盾爆发，新西兰、中国香港、德国等地都开始采取措施限购。香港等地的限购带来内地奶粉代购价格的上涨，而一些电商则趁机“抢食”空出来的市场。

○ 武钢集团的资源资产整合上市正在推进中。武钢股份连发15份公告，详细披露其最新进展。

○ 乐视网与富士康宣布成立合资公司，该公司主要面向中国影视文化的海外传播。

3月6日

○ 金龙铜管集团在美国建设第一家工厂，这是全球最大的精密铜管制造商金龙铜管的生产厂区。河南新乡的金龙铜管总部生产的空调与制冷用精密铜管，已经占据了世界总量的五分之一。

○ 全国政协委员、西藏奇正藏药董事长雷菊芳建议，国家应将民族药专项纳入国家“中药大品种二次开发”计划。

○ 周中枢拟提交“两会”的提案显示，钢铁流通行业发展方式落后的矛盾日益突出，企业普遍亏损，虚假仓单质押融资等信用事件频发，难以有效发挥服务钢铁上下游、协调平衡供求关系的基本功能，一定程度上制约了钢铁产业的整体转型升级。

○ 中兴通讯终端市场战略主管吕钱浩表示，目前全球有27家手机芯片厂商，推出四核的只有三分之一，从上游来看，这个市场还没有热起来。

○ 中成股份与埃塞俄比亚糖业公司签订了《埃塞俄比亚OMO-Kuraz2糖厂EPC建设项目合同》以及《埃塞俄比亚OMO-Kuraz3糖厂EPC建设项目合同》，两个项目合同的金额、建设规模、条件等内容基本相同，单个合同固定总价34117.64万美元。

3月7日

○ 日前，国家核安全局发布了整改通知，指出由沈阳鼓风机集团核电泵业有限公司承制的核2、3级泵近期连续出现质量问题，尤其是在核电厂调试阶段暴露出来的产品性能不符合以及紧固件断裂致使部分泵返厂维修等情况。

○ 全球最大免税品公司DFS集团的进入海南，海南离岛免税的市场争夺渐趋明朗。

○ 盛大文学旗下的起点中文网突发人事震荡，盛大文学CEO侯小强因此直接接管起点中文网。此次起点中文网管理层及核心团队的集体离职，是由于起点管理层与资方盛大之间矛盾的集中爆发。

○ ST厦华向上海证券交易所申请摘掉“ST”的帽子、将公司简称恢复为“厦华电子”。从3月10日起，ST厦华将停牌，并及时披露“摘帽”进展情况。

3月8日

○ 天方药业公告称，公司收到河南证监局行政监管措施决定书，公司在通用技术集团财务有限责任公司开立账户进行存款、结算构成关联交易。因此昨日公司股价大跌4.80%。

○ 中信泰富董事长常振明关于旗下澳大利亚矿山作出如下表述：澳大利亚铁矿项目

未来还要再投资10亿～20亿美元，估计整个项目加周边配套的投资额将超过100亿美元。

○ 2012年全年，三一重工来自海外的营业收入有望同比上升100%以上。6年多前，梁稳根曾与多位高管在欧洲各地选址建厂，最后敲定的地区则是位于德国的北威州贝德堡市。

○ 在高端白酒因为政策原因受到限制的大背景下，贵州茅台、五粮液等一线白酒企业多处于业务上的调整期，一些二线白酒企业则加大了“大众酒”的拓展力度，力争占领更多市场份额。

○ 施正荣已用自己在尚德的股权向银行担保并获取贷款，但这部分的贷款未必可以解决尚德大量欠款的根本问题。

3月11日

○ 中国服装通过资产重组的方式将主业改为磷复肥的产销。

○ 腾讯董事局主席马化腾在媒体上透露，公司将腾讯的国际化押宝在微信上。

○ 深圳华侨城发布年报称，2012年，该公司净利润38.50亿元，同比增加21.17%，营业收入222.84亿元，同比增加28.63%。

○ 北京赛迪传媒投资股份有限公司发布公告，对铁道部杂志摆放权提出公开质疑，并发布了2013年一季度盈利预警，称可能因此预亏700万元～1000万元。该公司2012年同期亏损6.97万元。

○ 近日，全国政协委员、苏宁云商董事长张近东以及全国人大代表、湖南商超连锁企业步步高集团董事长王填提出的网店征税建议引发广泛热议。

○ 华锐风电称，韩俊良因个人原因辞去公司董事长职务，同时辞去除公司董事以外的兼任的公司及公司各子公司的其他职务。

3月12日

○ 日前，环保部官网发布《关于2013年3月拟对建设项目环境影响评价文件作出审批意见的公示》。其中，开曼铝业(三门峡)有限公司年产110万吨氧化铝扩建项目被暂缓审批。根据公示，环保部认定这一扩建项目属于违法开工建设，且这个项目已经在2011年建成投产。

○ 中国华信能源有限公司日前与加拿大布菲尔德公司在渥太华签约，这标志着两家企业强强联手，正式进军加拿大自然资源领域市场。

○ 针对近日裁员20%的消息，中兴通讯品牌部副部长戴澍表示，公司每年的自然流动率在5%到10%左右，20%的数字过于夸张。目前结构性调整确实还在继续，但具体人员的调整数字将会在本月月底发布的年报中公布，和往年的数字差不多。

○ 紫光古汉因连续多年虚构业绩，遭到中国证监会处罚。分析公司历年业绩发现，造假的主要动因可能是避免被ST以及随之而来的退市风险。公告显示，中国证监会对此一系列造假行为给予紫光古汉50万元罚款，并对相关人员处以共计39万元罚款。

3月13日

○ A股市场的大幅震荡仍难挡QFII入市步伐。根据中登公司最新公布的统计数据,2月份里,QFII在沪深两市新开18个账户,新增账户数创下7个月来新高。

○ 上市4年后,央企中国中冶终于要为旗下的烂摊子埋单。中国中冶预计2012年将亏损72亿元。而一年前,这家企业还能获得42.43亿元的纯利润。

○ 曾获得美国梅西百货入股的佳品网日前发生高层变动,佳品网创始人、CEO杨培锋正式辞职。而佳品网也将从原本以限时特卖为主的线上销售模式,转型为梅西百货在华销售的正价线上商城。

○ 无线淘宝发布的《2012年度电子商务数据报告》显示,到2012年底手机淘宝的累计访问用户已经突破3亿,成交额增长600%,为历史最高增幅。

3月14日

○ 山东能源集团旗下最大的子公司新汶矿业集团在2013年开始涉足页岩气资源开发,着手开采及装备制造技术调研、研发和装备基地建设等项目运作。新矿集团近日还与泛太平洋管理研究中心签订了境外页岩气并购委托服务协议,全面委托泛太平洋为该集团在北美、欧洲提供页岩气资源和页岩气技术装备公司的并购服务。

○ 有消息称,发改委已向各地方政府、发电企业等下发了《关于完善光伏发电价格政策通知》的意见稿。从意见稿的内容中可以看出,光伏上网电价将从"一刀切"的1元/千瓦时,改为分四大资源区来定价,最低的地区电价为0.75元,降幅达25%。该变化在行业内引起了一些争议。

○ 国泰君安正挂牌出售其所持有的三亚亚龙湾开发股份有限公司2.76%股权,挂牌价格约为1.0468亿元。

○ 深圳部分建筑工程因涉嫌使用不合格海砂被媒体曝光后,当地政府和相关企业已紧急展开调查,多家房企或被牵扯其中。

○ 涉及4.77亿元诉讼的中材国际钢贸纠纷案有了新进展。中材国际公告,其全资子公司中国中材东方国际贸易有限公司已和被告方达成调解协议,东方贸易将拿回总计4.22亿元的货款。

3月15日

○ 国资委近日公告,宣告中国华粮物流集团公司投入中粮集团有限公司的怀抱。

○ 中石油与意大利埃尼公司在北京签订协议后,公司进军东非的愿望终于实现。中石油将收购埃尼集团全资子公司埃尼东非公司28.57%的股权,从而间接获得莫桑比克4区块项目20%的权益,交易对价为42.1亿美元。

○ 受益于电价上调,以及2012年市场煤价格高位回落,火电企业的业绩向好,建投能源2012年年报显示,该公司实现营业收入64.20亿元,同比增长6.43%;归属于母公司股东的净利润9961.48万元,同比增长591.93%。

○ 国家物资储备局完成又一次铝锭收储,以15137元/吨的中标均价向国内部分铝厂收储铝锭 30 万吨。受援的企业主要包括中国铝业、中电投等 6 家企业，央企分得最大一块蛋糕。

3 月 16 日

○ 国务院机构改革方案提出，将实现国家海洋局及其中国海监、公安部边防海警、农业部中国渔政、海关总署海上缉私警察的队伍和职责整合。但相关概念股的表现却是涨跌互现：从事海事电子的海兰信和石油钻头制造商江钻股份一度涨停，而特种舰制造商太阳鸟等则小幅下跌。

○ 触摸屏行业龙头欧菲光近期公布了一份亮丽的 2012 年年报：公司营业收入同比增长 215.75%，归属于上市公司股东的净利润同比增长 1459.82%。

○ 报喜鸟近期公布回购方案，回购价格上限大幅高于现价，不过市场似乎并不买账，股价下跌之势难以逆转。一些市场人士认为市场对于服装行业高库存和消费下滑的担忧已经由运动服装和休闲服装扩展到了男装领域。

○ 江淮汽车发布情况通报称，该公司 2011 年 12 月 31 日前生产的同悦轿车存在车身锈蚀的风险，已向国家质检总局申报召回。在此期间，江淮汽车累计生产了 119271 辆同悦轿车，但该公司未公布召回车辆总数。

3 月 18 日

○ 深圳海砂楼事件对当地建筑行业的冲击不断升级，数十家违规企业遭遇政府严惩，多个大型在建项目被迫停工。

○ 受到美国丰富而廉价的天然气资源诱惑，新奥能源母公司新奥集团已悄然在美国开始布局建设天然气运营网络。

○ 在经历了连续三个月的淡季亏损之后，国内的航空公司终于借助春运的刺激，在 2 月扭亏为盈。记者获得的民航局内部统计数据显示，2013 年 2 月航空公司盈利 12 亿元，而 1 月份则亏损 10 亿元，2012 年 11 月和 12 月连续两月亏损。

○ 时隔一年多之后，美锦能源再次推出重大资产重组暨关联交易预案。不过，因环评等因素影响，本次交易方案比 2012 年披露的预案减少了两项标的资产，相应收购价格亦大幅缩减 66 亿元。

○ 行业内数据显示，我国进口奶粉中，近八成来自新西兰。日前，海关数据显示，我国进口企业已将新西兰相关奶农产品 2013 年的进口配额用光，接下来将按照最惠国税率征收关税。

○ 日前，卫生部从 2012 年下半年即开始着手修订的《2012 版国家基本药物目录》终于揭开面纱，该目录共收录 520 个国家基药品种，从 5 月 1 日起正式施行。

○ 广汽集团公告称，该公司将于 3 月 20 日发行总额 40 亿元的公司债券，用于广汽乘用车、广汽丰田新产品投入和改善财务状况。

○ 中海地产 2012 年继续超过万科，连续多年蝉联房地产行业净利润额冠军。中海地产发布年报显示，该公司 2012 年营业额达到 645.8 亿港元，同比增长 25.8%；实现净利润为187.22亿港元,同比增长21.07%。

3月19日

○ 国家统计局公布的最新数据显示,与上月相比,70个大中城市中,2月价格下降的城市仅有温州1个,持平的城市有3个,上涨的城市有66个,上涨城市占比超过九成。值得注意的是,北上广深等一线城市继续领涨,且涨幅均在2.2%以上。

○ 复地集团将2013年的销售目标定在了200亿,较2012年166亿元的销售额提升约两成。公司2013年为此将对发展战略作出调整:一方面不再以单纯的住宅开发为主,而是会越来越多进入商业领域,提高商办类项目的比重;另一方面,项目布局的重心也会重新放在上海等一线城市。

○ 美国纽约东区法院陪审团近日做出裁决,认定中国华北制药下属河北维尔康制药有限公司等四家中国维生素C生产企业联合抬升价格,垄断操控美国维生素C市场,该法院最终裁定,四家中国企业被判支付高达1.6亿美元赔偿金。

○ 1月底宣布子公司将进入破产清算的江苏阳光发布公告,称石嘴山市中级法院已作出裁定,其控股子公司宁夏阳光硅业有限公司破产。江苏阳光将为此失血近15亿元。

○ 因制动系统存在安全隐患,东风商用车在媒体曝光后选择低调召回。从2013年3月7日起,东风商用车召回2006年6月12日至2010年5月5日期间生产的部分东风天龙牵引车,涉及数量7882辆。

○ 屈臣氏投资自建的屈臣氏官网商城正式上线,其拟在中国内地门店及官网商城推出产品双线攻略,旨在借力网购覆盖实体店未涉足区域,全覆盖内地市场。

○ 银泰百货宣布,将集团名称由原本的“银泰百货(集团)有限公司”更改为“银泰商业(集团)有限公司”,更名后的银泰商业集团将形成百货、购物中心和电商三大主业。

3月20日

○ 尚德电力公告称,其5.41亿美元的可转债已经违约,而国际金融企业及国内一些银行也因该违约而出现了交叉违约。

○ 日前,全球最大医疗器械公司之一美敦力先后以大约8.16亿美元的现金收购了中国医疗器械企业康辉控股,并以每股3.8港元的代价,向先健科技股东兰馨亚洲投资集团买入先健科技19%的股权。由此美敦力借以快速布局中国中低端医疗器械市场。

○ 又一家TD-SCDMA芯片企业离去。近日,爱立信与意法半导体分别表示,其于2008年成立的合资公司意法-爱立信将被关闭。

○ 吉利汽车发布2012年业绩,2012年实现总收入246.3亿元人民币,同比增长17%,净利润20.4亿元,比2011年的15.4亿元增长32%。

○ 多晶硅巨头保利协鑫能源控股有限公司与英利绿色能源控股有限公司在北京签署了深度战略多边合作协议。

○ 博世汽车部件(南京)有限公司新工厂正式宣布建成投产,该工厂具备年产超过1亿只火花塞的生产能力,成为博世集团最大的火花塞制造基地。此外,新工厂每年将制造8000万件制动片和2.5万套检测设备，成为博世汽车售后市场制动组件和检测设备的新研发基地。

○ 乐高集团将在中国嘉兴建设乐高工厂，该工厂将于2014年开始建设，预计2017年全面运营，届时将拥有约2000名员工，该工厂未来将为乐高亚洲区域市场供应产品。

○ 腾讯主要创始人之一陈一丹将卸任首席行政官，担任公司终身荣誉顾问。

○ 尚德电力控股有限公司发布公告称，经江苏省无锡市中级人民法院裁定，尚德电力在国内的子公司、全球四大光伏企业之一的无锡尚德太阳能电力有限公司将实施破产重整。

3月21日

○ 近日，全球最大的包裹运送服务公司UPS瞄准中国网购市场的消息流传坊间。2012年9月份，UPS在中国首批获得5个城市快递业务经营权，之后关于其国内业务的发展猜测不断。

○ 中石油发布2012年业绩报告，公司2012年营业额为21952.96亿元，同比增长9.6%；但其归属于公司股东的净利润同比下降13.3%，为1153.23亿元，基本每股盈利0.63元，同比下降0.1元。

○ 淘宝旅行透露，去哪儿因不满部分机票代理商在淘宝上的价格比去哪儿网上的低而对这些代理商发出"关于价格歧视的强制执行方案"，拟对相关代理商做出限量销售甚至下线"封杀"之举。

○ 碧水源发布2012年年报，营收大增七成，归属于上市公司股东的净利润约5.6亿元，同比增63.27%。媒体称，由于未来国家对水资源合理使用要求提高，特别是水污染治理以及水资源短缺等问题亟待解决，公司未来前景乐观。

3月22日

○ 日前，在北京、广州、上海、杭州等多地先后迎来杜康、宋河、黄山头、诗仙太白等多场区域白酒品牌投资渠道证券化路演，他们拟作为理财产品在上海国际酒业交易中心快速挂牌销售。据悉，随后将跟着挂牌的还有今世缘、衡水老白干、四特、宝丰、河套、高炉家等多家区域白酒品牌。

○ 西凤酒2013年开始与最大的经销商王延安合作成立合资公司，谋求解决销售过度依赖包销商这一顽疾。陕西西凤六年、十五年陈酿营销有限公司在成都成立，培养省外市场。

○ 近日，随着一则环球影城项目上报国家发改委的消息流传，相关概念股又进入了活跃期。其中，概念股龙头中国武夷在环球影城和其他因素的影响下，一个月内停牌3次，引发多方关注。

3月23日

○ 新版《国家基本药物目录》(2012年版)日前发布，并将于5月1日正式施行。本版目录的亮点首先在于基药品种的大幅扩容，其次是对中药品种的倾斜力度。相比于2009年版基药目录，新版基药目录增加了101个中药品种，其中中药独家品种或者独家剂型超过40种。

○ 中兴通讯2012年极度糟糕的业绩和股价表现，重创了不少投资人。

○ 李如成父女曲线大幅增持雅戈尔股权至34.7%，吸引了投资者的视线。不过，在雅戈尔的资产中有一块容易被投资者忽略：隐形资产增值。

○ 外运发展与友和道通航空有限公司签订了《股权转让意向书》，拟向友和道通转让银河航空51%的股权。

3月25日

○ 近日，中集集团发布的2012年年度报告显示，中集来福士及其下属子公司为巴西Schahin集团子公司建造的深水半潜式石油钻井平台SS Pantanal以及SS Amazonia，分别于2010年11月和2011年4月交付。

○ 受累百胜“速成鸡”大成食品净利大跌六成。肯德基主要供应商大成食品近日发布的2012年度业绩公告显示，该公司2012年股东应占溢利仅为7204万元，与2011年相比下跌了63.3%。

○ 腾讯电商旗下电商网站“QQ网购”、“QQ商城”将于本月26日合二为一，正式完成品牌升级，新平台将统一以“QQ网购”的品牌出现。

○ 国美电器2012年财报显示，2012年销售收入约人民币478.67亿元，同比下降20.0%。同时，受销售下滑、运营成本上升以及电子商务投入影响，整体亏损5.97亿元。

○ “国五条”末班车效应正在爆发。最新的统计数字显示，在中国人口最集中的两个城市北京和上海，3月份商品住宅成交量均有望创下数年来的新高。但分析人士认为，一旦“国五条”新政细则落地，房地产市场成交量可能面临断崖式下跌。

○ 北京通州再现“日光盘”。北京通州一楼盘开盘约4小时即售罄。

3月26日

○ 2013年3月25日，由美国铝业公司(ALCOA)和中国电力投资集团公司(CPI)共同投资成立的美铝中电投铝业投资有限公司在上海成立，注册地位于上海浦东新区世博园区。

○ 宗庆后首挫商业地产，娃欧商场“正处调整期”。据媒体报道，受商业经营经验欠缺以及商场所处地段等多方面因素影响，开业已近四个月的娃欧商场内仍比较冷清。

○ 国家发改委印发了进一步完善国内成品油价格形成机制的通知，主要内容包括：一是将成品油调价周期由22个工作日缩短至10个工作日；二是取消挂靠国际市场油种平均价格波动4%的调价幅度限制；三是适当调整国内成品油价格挂靠的国际市场原油品种。

○ 在大宗纸业景气度不佳的2012年，国内生活用纸行业的巨头收获颇丰。恒安国际和维达国际相继公布的年报迥异于造纸行业的整体业绩下滑，收入和净利润双增。

○ 中国船舶发布 2012 年年度报告称，2012 年，全年完成营业收入 242.76 亿元，比 2011 年下滑 15.41%；归属上市公司股东的净利润则从 2011 年的 22.52 亿元下降到 2687 万元，骤降 98.81%，而扣除非经常性损益，归属上市公司股东净利润为-1.59 亿元。

○ 奇瑞汽车总经理、奇瑞国际公司总经理周必仁接替奇瑞汽车董事长尹同跃分管奇瑞汽车销售公司，这也是 2008 年以来奇瑞汽车销售公司管理架构的第六次调整。

3 月 27 日

○ 中石油、中石化和中海油三大油企旗下上市公司年报均已悉数发布，其海外油气权益产量都有不同程度的增长。

○ 国有三大航空企业中国国航、东方航空和南方航空同时发布 2012 年年报，净利润均同比下降 20%到 40%以上。

○ 时隔两年，香港迪士尼门票再度提价。从今天开始，成人一日门票价格由 399 港元增至 450 港元，涨幅 12.8%，儿童票价由 285 港元增至 320 港元，涨幅 12.3%。

○ 李宁公布的 2012 年年度报告显示，主要指标一片惨淡。集团收入为 67.39 亿元，同比减少 24.5%；毛利 25.50 亿元，同比减少 36.9%；权益持有人应占溢利为亏损 19.79 亿元。这也是李宁公司上市 8 年以来遭遇的首次亏损。

○ 近日，京东商城 CEO 刘强东在清华大学经管学院做演讲时透露，京东将涉足 B2B 业务，但前提是进入的 B 端业务是以面向终端消费者为目的的企业。

○ 中国铝业在实现两年的短暂盈利后，再次陷入亏损。2012 年报显示，2012 年实现营业收入 1494.79 亿元，较上一年的 1458.74 亿元微增了 2.47%；净利润方面，全年亏损 82.34 亿元，而上年同期还能盈利 2.38 亿元。

○ 复星国际公布了 2012 年年报，实现归属于母公司股东净利润为人民币 37.07 亿元，较上年同期增长 8.9%，其中，该公司传统的产业运营板块以及投资和资产管理业务均实现盈利，不过刚刚起步的保险业务仍处于亏损。

3 月 28 日

○ 尽管尚未公布 2012 年的年报，但中国中冶已经披露了由于三项计提的拖累，预计全年亏损约 72 亿元的消息。而在 2011 年，这家企业还能获得 42.43 亿元的净利润。

○ 由于李宁、安踏等体育用品品牌业绩疲软，2012 财年，为上述公司提供 OEM/ODM 生产的宝胜国际营业收入和体现利润的分部业绩方面出现明显下滑。

○ 从本月上旬开始的杭州沙钢经销商轰轰烈烈抵制沙钢销售、停止合同执行的行动，随着沙钢中下旬出厂价格的陆续下调，开始逐渐告一段落。

○ 2012 年下半年开始，“塑化剂”、“三公瘦身”、“禁酒令”等事件和政策频出，贵州茅台高端酒 53 度飞天茅台价格也坐上了过山车，从终端零售价最高 2000 多元/瓶且一瓶难求，一路跌至千元/瓶左右。

○ 根据最新公布的财报，蒙牛乳业 2012 年全年营业收入 360.804 亿元，同比下降 3.5%；全年归属上市公司股东的净利润 12.571 亿元，较上一年的 15.89 亿元下滑了

20.9%;每股收益0.711元。而光明乳业公告则显示,2012年公司实现销售收入138亿元,同比增长17%;归属于母公司的净利润为3.1亿元,同比增长31%;每股收益0.25元。

○ 作为港中旅麾下芒果网的子品牌,在获得A轮近千万美元融资后,青芒果即将分拆出来独立运作。

○ 北京奇虎科技有限公司诉被告腾讯科技(深圳)公司、深圳市腾讯计算机系统有限公司滥用市场支配地位纠纷一案在广东省高级人民法院作出一审判决,驳回奇虎公司全部诉讼请求,并被判承担79.6万全部诉讼费用。

○ 盛传了大半年的"TNT出售天地华宇事件"终于尘埃落定。TNT在其官方网站发布通知:TNT快递宣布向中信产业基金出售其中国国内公路快运业务天地华宇。

3月29日

○ 继"优卡丹"、"闪亮滴眼液"之后,仁和药业又一款核心产品"妇炎洁"再掀风波:被质疑并非药品而是消毒水。昨日,仁和药业因此紧急停牌。

○ 中联重科发布2012年的年报。受欧洲债务危机及全球经济增速降低影响,其营收增速也在下降。2012年实现营收480.71亿元,上涨3.8%;净利润73.30亿元,下滑9.12%。值得注意的是,其融资租赁业务毛利率提升至90%,而应收融资租赁款则从前年的80亿元升至100亿元。

○ 2012年车市微增长给汽车企业经营带来压力,本周国内主要汽车上市公司2012年年报相继出炉,除了长城汽车、吉利汽车等少数几家公司获得高增长之外,东风集团、比亚迪等多家公司均出现净利大幅下滑。龙头股上汽集团2012年净利微增2.62%,但依靠207.52亿元的净利,上海汽车依然当选2012年国内汽车上市公司的"吸金王"。

○ 瞄准Google退出中国后留下的市场空白,晶赞科技宣布获得2000万美元A轮投资。据悉:这次A轮投资为北极光创投领投,这也是目前中国DSP(数据服务提供商)业内A轮融资的最高纪录。

○ 松下关闭在华展厅连续两年亏损超7000亿日元。松下与新光天地的租约到期,并做出了不再续约的决定。

4 月

4月1日

○ 停牌7个月之后,美的电器公布整体上市方案:以换股吸收合并的方式,整合小家电、电机、物流等年收入约320亿元的资产,实现美的集团整体上市。完成后,美的集团将成为继格力电器之后,国内又一家年收入过千亿元的家电上市公司。

○ 三大中高端时装品牌朗姿股份、凯撒股份以及宝姿陆续发布2012年成绩单,除了朗姿股份略有上涨外,其他两家的业绩均不尽如人意。

○ 得益于IPTV业务的高速增长，百视通公布的2012年年报显示：公司2012年实现营业收入20.28亿元，同比增长51.8%。

○ 停牌一年多的通宝能源复牌。超百亿煤炭资产的注入，为通宝能源发展煤电一体化和煤炭铁路贸易运输带来优势，山西煤销集团借此对旗下煤、电、运资源进行整合，实现煤炭开采和贸易业务的逐步上市。

○ 盛大旗下酷6传媒宣布，任命盛大云计算CEO刘文博为酷6网总裁，盛大多媒体创新院院长陆坚任酷6网CTO。

4月2日

○ 东南（福建）汽车工业有限公司向国家质检总局备案了召回计划，决定从2013年5月10日起，召回2008年8月12日至2011年6月20日期间生产的部分V3菱悦汽车，涉及数量78594辆。东南汽车将为召回范围内的车辆更换改进后的发动机进气摇臂，以消除安全隐患。

○ 仁和药业近来不断陷入产品风波，旗下核心产品"优卡丹"、"闪亮滴眼液"、"妇炎洁"先后因产品质量与安全等问题引发质疑，其广告代理费用远高于技术研发费用，被指重营销轻研发。

○ 高库存阴云不散，李宁正面临8年来的首度亏损；安踏体育继2012年店铺数减少590家后，2013年还将削减475～575家门店；匹克2012年净利暴跌六成，平均每天关店3家。在本土体育用品品牌集体陷入困境之时，经营各类体育健身用品的法国零售商迪卡侬选择在中国加速扩张，到2015年，迪卡侬在中国开店总数将达到150家。

4月3日

○ 美素丽儿（现称"天赋美素"）奶粉掺假事件在持续发酵。作为天赋美素品牌所有方瑞士玺乐集团（Hero AG）被指对经销商疏于管控，存在纵容经销商造假的嫌疑。

○ 继联发科发布首个四核芯片处理器MT6589之后，联芯科技有限公司（下称"联芯科技"）宣布推出四核智能终端SOC芯片LC1813。联芯科技总裁孙玉望表示，联芯科技此次推出的LC1813，将推动千元智能机进入四核时代，预计基于该芯片的智能终端将于2013年三季度规模上市。

○ 在一系列减法之后，凡客开始将战略方向朝向重点类目的布局，整方向是为凸显移动、海外、衬衫等三大业务板块，并对其他部分业务部门进行了一些优化，拟为IPO架构调整。

○ 荣事达品牌"外借"十年，2013年4月正式回归合肥，并花落合肥三洋。合肥三洋宣布，"荣事达"被重新定位为中高端品牌，与三洋、帝度形成"组合拳"。

4月8日

○ 在华住酒店集团推出中高端品牌"禧玥"后，锦江酒店也创立"锦江都城"新中端品牌并划归锦江之星管理。

○ 家乐福在原有五大区基础上新增中部大区，之前的中西区将分拆为中区和西区，华东区域范围减少到江浙沪。公司表示，尽管目前家乐福中国区200多家门店中有60多家集中在长三角地区，但中部地区是增速最快的，因此新设中部大区就是为了未来在中部地区提速发展。

○ 自从3月31日官方公布发现感染H7N9禽流感病例以来，整个禽类上下游均遭受不同程度影响，部分肉禽交易市场被关闭外，上市餐饮企业湘鄂情也于近日停售所有禽类菜品。

○ 上海3月二手房成交量达到创纪录7万套，这一数据也创下2005年以来单月最高成交纪录。

4月9日

○ 伊利股份在新西兰投资建设的年产4.7万吨婴幼儿配方奶粉项目获国家发改委批准。该项目的建成投产将弥补伊利在海外产能方面的短板，帮助伊利发力高端奶粉市场，与光明乳业新西兰投资项目形成抗衡。

○ 华为正式公布了经过审计之后的2012年年报，首次公布了华为创始人任正非在华为的全部股权接近1.4%。

○ 巨人网络CEO史玉柱宣布，因个人原因辞去CEO一职，于2013年4月19日生效。

4月10日

○ 证监会4月3日公布的拟IPO企业名单显示，在最近的一周内，"中止审查"的企业由前一周的6家猛增103家。中国建材A股IPO中止审查，原因是有400家附属企业，来不及提交自查报告。

○ 在世界三大制冷展之一的中国制冷展上，海立股份推出最新技术空调变频压缩机，为火热的中国变频空调市场再助一把力。

○ 众多酒业上市公司都交出了漂亮的2012年成绩单，财报中基本都实现了营收、净利双增长。但这并不能掩盖白酒行业拐点的隐忧。数据显示，山西汾酒2012年第四季度净利环比下滑81.61%，酒鬼酒2013年第一季度业绩预亏。

○ 2011年艰难扭亏后，华菱钢铁2012年重陷巨亏泥沼。华菱钢铁年报显示，该公司2012年实现营业收入约593.21亿元，同比下降19.68%；归属于母公司净利润亏损32.54亿元，同比下降4740.21%。其中，政府补助骤降、财务费激增、子公司亏损等成为其主要出血点。

4月11日

○ 上海浦东发展置业有限公司以37.75亿元竞得浦东唐镇新市镇D-05-01住宅地块，折合楼板价18199元/平方米，溢价率高达65.43%。这成就了年内上海宅地单价、总价"双料地王"。

○ 继新任CEO人选公布后，阿里巴巴集团的高管团队再度调整。其此前担任的首席财务官(CFO)职务将由武卫接任,武卫于2007年7月加入阿里巴巴集团,曾帮助Alibaba.com于当年11月在香港成功上市。此次CFO换帅或为阿里集团IPO铺路。

○ 为了弥补上游的亏损,中石油集团将进一步发展天然气业务的上下游一体化战略。其下属的两家天然气中下游公司近两年发展迅速。

○ 美的冰箱事业部总经理王建国表示,2013年美的冰箱将出现恢复性增长,计划产量为900万台,毛利率提高3个百分点。

○ 产能过剩的背景下,印刷行业利润率下跌,增产不增收成为很多企业真实写照,印刷业巨头急谋转型。

○ 华菱钢铁"勒紧腰带"降成本,预计亏损比2012年同期大幅减少,而全年扭亏仍有希望。

○ 国际石油巨头——道达尔集团在华炼厂2012年亏损4亿美元,由于上游原油采购价格过高,下游的成品油销售价格又未理顺,作为中间角色的炼油公司需要承担这部分的损失,因而道达尔短期内扭亏无望。

○ 历时近一年的中国医药、天方药业合并案,进入最后冲刺阶段。天方药业公告称,证监会相关机构已审核了两家公司换股吸收合并的重大资产重组事项,审核结果将在近日对外公布。

4月12日

○ 2013年第一季度,iPhone 5销售热潮已逐渐退烧,苹果进入了新旧机交替的空窗期。不同于2012年第一季有苹果新iPad支持,没有新的主力商品带动,导致2013年鸿海第一季度合并营收同比下跌19.21%。

○ 全球化工业在过去的2012年经历了一场寒冬,作为全球第二大化工企业的陶氏化学寄望中西部市场开拓带领其走出困顿。

○ 被创博亚太科技(山东)有限公司控诉侵权,腾讯微信陷"专利"纠纷。

4月13日

○ H7N9的暴发让家禽养殖等行业深陷泥淖,而医药公司等则显出免疫功力,不少个股在禽流感后单周涨幅超过20%。

○ 受禽流感疫情影响,广东鸡肉市场量价齐跌,价格大幅跳水,成交量下跌,对肉禽市场产生巨大冲击。

○ 商务部表示将符合条件的对台小额贸易点列入第二批扩大开放试点。

○ 国内铝企困顿不堪,大面积亏损令企业谋求联合减产。

○ 去哪儿网获百度等三大投资方3.5亿元"注血"。去哪儿网在移动端的乐观表现,是百度对其感兴趣的原因之一。

○ 优酷土豆宣布大规模调整架构:将进行"集团BU化"(BU:Business Unit)运营。据优酷土豆内部人士向记者透露,此番架构调整,主要是强化了"集团概念",由集团统一领导,各自进行差异化定位发展。

4月15日

○ 腾讯已经连续5个交易日执行股票回购行动，五日总计回购297.57万股，涉资约5.9亿元人民币。投资分析人士称，腾讯选择在当前股价被低估的情况下回购股票，一方面可以通过较低的成本提振市场信心；另一方面待未来股价回升有望获取更高的收益；同时，回购股票有利于优化股权结构，以进一步提升投资者信心。

○ 国开行放贷，部分光伏企业略缓资金饥渴。但国开行近期对光伏公司的信贷之举，或许只能看作是"特例"。多数大型银行早在2012年上半年就限制对光伏公司的贷款，且目前并未有松动迹象。

○ 国家海洋局公告，在河北乐亭、昌黎岸滩采集的油污样品有来自中海油的外输原油，对此，中海油对媒体表示表示正在了解相关情况。

○ 亚太酿酒集团与亚太投资私人有限公司共同宣布，于4月12日已将所持有的全部喜力亚太酿酒(中国)私人有限公司股份出售给Step Best投资有限公司。

○ 中国船舶工业协会数据显示，船舶企业的新订单在首季出现近七成暴增，但不意味着行业已经明显好转。

4月17日

○ 神州泰岳的一则涉及中国移动招标的公告，引起了业内的关注。该公告显示，中移动广东公司已经对外发起了飞信业务的四个子项目招标，在中标后的一年中，中移动将向这些项目投资6.38亿元。这意味着，中国移动开始启动新的飞信服务商的招标工作，以往由神州泰岳独家提供服务的局面或将成历史。

○ 奇瑞汽车董事长尹同跃表示，奇瑞汽车未来着力打造"一个奇瑞品牌"的品牌战略，奇瑞汽车将通过对现有产品的梳理，逐步确立新的产品架构，由目前20余款产品逐步精简并形成由11～12款产品组成的产品谱系。

○ 温州海鹤药业和温州市兴瓯医药重整计划已获得温州市中级人民法院批准，多家知名药业公司介入谈判。

4月18日

○ 搜房网被指隐匿关联交易，创始人酒店版图浮出水面。格劳克斯指控搜房网大股东通过关联交易非关联化的手段，将一座位于三亚的度假酒店以8250万元的价格卖给上市公司。

○ 全球租车巨头美国赫兹公司(The Hertz Corporation)与神州租车(中国)有限公司签署合作协议并启动全面战略合作。赫兹将战略投资神州租车，获得神州租车近20%的股权及一名董事会席位，同时，神州租车将收购并整合赫兹在中国的所有租车业务。

○ 微软宣布已经与富士康母公司鸿海科技集团签署一份全球专利授权协议，范围涵盖微软专利组合中可供用于执行安卓和Chrome OS作业系统的广泛内容，包括智能型手机、平板电脑和电视等。该协议将避免鸿海因为制造Android或Chrome设备遭到微软的起诉。

4 月 19 日

○ 腾讯开始把占据其营收半壁江山的腾讯游戏从单纯的网游业务平台，转变为覆盖游戏、动漫、文学、影视制作等多种关联业务的互动娱乐实体，打造“泛娱乐”战略。

○ 据中国雅虎官方邮件称，雅虎邮箱将于 8 月 19 日停止服务，用户需注册阿里云邮箱来保存中国雅虎邮箱中的历史邮件，直到 2014 年 12 月 31 日为止。有业内分析认为阿里方面急于转移的背后逻辑或许是搭建数据平台。

○ 恒天集团出售渭南恒天地产有限公司 40% 股权、佛山市汇金恒天房地产开发有限公司 33% 股权，进一步“退房”。

○ 巨人网络集团有限公司宣布任命原总裁刘伟女士为 CEO，原常务副总裁纪学锋先生为总裁，进入“后史玉柱时代”。

4 月 20 日

○ 本周包括长方照明、勤上光电等在内的 LED 照明板块公司的股价表现活跃。国家发改委、科技部等五部委近期联合发布了《半导体照明节能产业规划》，进一步明确阐述了“十二五”期间中国 LED 产业的发展目标、主要任务及扶持措施，LED 照明有望加速渗透。

○ 此前颇受争议的南方开元沪深 300ETF 接受永泰能源事件有了最终定论。证监会决定对南方基金责令整改三个月，暂停审核所有新产品和新业务的申请，对相关基金经理等人进行处罚，并责成南方基金公司运用自有资金 4799 万元对相关基金份额持有人进行赔偿。

○ 钢贸危机拖累多家公司增加坏账计提。中钢天源近日发布的 2012 年年报中，年末资产减值准备余额较 2012 年年初增加了 2087 万元。

4 月 22 日

○ 进入 2013 年，煤炭市场并没有如先前预期般变好，价格反而不断下跌。在此情况下，煤炭企业也采取各种方式来渡难关，其中兖矿集团采取了降薪的措施。兖矿集团宣布自 5 月份开始实行减薪计划，其中高管降薪 50%，中层降低 20%，一线工人也会降低生产奖金。

○ 房地产上市公司一季报开始进入密集披露期。截至昨晚已经披露一季报的 23 家地产类上市公司中，净利润同比增长的已有 16 家，占比约为 69.57%。

○ 2013 年电商第一波“价格战”已经拉开帷幕。国美在线、苏宁易购、易迅在“五一”前“默契”地掀起了一轮促销的小热潮。不过，京东平和应对，多个家电厂家认为此轮“价格战”虚实结合，持谨慎观望态度。

○ 梁海山正式当选青岛海尔的新一届董事长，谭丽霞当选青岛海尔副董事长。与此同时，中国最年长的上市公司董事长 72 岁的杨绵绵卸下了青岛海尔董事长一职。这意味着，青岛海尔完成了管理层的新老交替。

4 月 23 日

○ 美的集团吸收合并美的电器的整体上市方案在美的电器股东大会上高票获得通

过。目前兼任美的集团和美的电器董事长的方洪波透露，美的集团未来三五年年收入增幅目标为15%，即将纳入上市公司的小家电业务对美的集团的利润贡献将逐步提高。

○ 在接连发生多起由于出租车头枕显示屏导致的车祸伤亡事故后，上海拆除了2000个出租车显示屏，触动传媒面临业务危机。

○ 业界所担忧的楼市调控导致新房市场供应短缺现象暂未出现，一季度盈利16亿，万科称新房供应未现短缺。

○ 绿地集团发起对盛高置地的收购攻势，绿地集团计划在2013年上半年完成酒店集团以及海外业务的分拆，实现在香港借壳上市。

4月24日

○ 围绕外滩8-1地王50%权益出让的"争战"有了初步结果。上海市第一中级人民法院做出一审判决，原告浙江复星商业发展有限公司胜诉，被告方上海证大、绿城中国和SOHO中国下属公司之间的股权转让协议无效，并要求将项目股权在十五日内恢复至转让前。

○ 煤炭交易普遍从卖方市场转为买方市场，煤炭企业不仅遭遇消费、煤价、投资、盈利等"四降"，也经历了产量、进口、库存、成本以及货款拖欠等"五增"。多数煤炭企业不仅在2012年业绩大幅下滑，而且发货之后账款回收越发困难，坏账计提大幅增加。

4月25日

○ 宝钢未来六年规划出炉，宝钢股份总经理马国强表示，宝钢将压缩湛江项目投资额，立足调整区域结构和产品结构，加大对高端产品的研发投入力度，并希望通过拓展上下游产业链和新材料等业务，为公司寻求新的盈利增长点。

○ 广东省高级人民法院对腾讯科技（深圳）有限公司、深圳市腾讯计算机系统有限公司诉北京奇虎科技有限公司、奇智软件（北京）有限公司不正当竞争纠纷一案作出一审判决，奇虎再度败诉。广东高院判定奇虎构成不正当竞争，并赔偿腾讯经济损失及合理维权费用人民币500万元，并在有关网站和报刊上向腾讯赔礼道歉。这是2010年底硝烟升起以来，"3Q"大战的第三回合，而奇虎360三度落败。

○ 阿迪达斯宣布在天津投资兴建新的配送中心，预计未来中国市场上40%的配送服务将由天津配送中心来完成。

4月26日

○ 继2012年2月中国移动副总裁鲁向东被调查之后，中国移动再次涉案的最高级别管理人员，从2009年12月中国移动原党组书记张春江涉及第一次腐败案开始，到如今上述天津移动高层涉案，中国移动"落马"的管理层已经多达12人。

○ 河北最大的白酒企业老白干酒公布2012年年报，明显低于行业水平的净利润背后是公司近3亿广告费。此外，老白干酒备受关注的管理层换届问题也一直拖而未决。

○ OTA（在线旅游商）战火频频升级，携程董事局主席兼CEO梁建章示接下来其将力拓移动客户端业务，希望手机业务占比可升至三分之一。这与之前的开启门票预订业务一同被业界看作是携程进一步扩大市场份额，争夺流量之举。

4月27日

○ SUV逆势高增长，龙头长城汽车面临竞争者。

○ 洋河股份发布10亿元的回购计划拟提振市场的信心，但近期股价表现偏弱，管理层认为目前股票的市场价格与公司的长期内在价值并不相符，公司投资价值存在一定程度的低估。

○ 正欲借壳ST澄海上市的上海中技桩业股份有限公司遭遇一大波折。国家知识产权局专利复审委员会决定，宣告中技桩业的一项U形混凝土板桩的专利权全部无效。

4月28日

○ 中石油华北天然气销售公司召开会议称，由于上游气源紧张，下游用气量大幅超过原计划指标，故决定自5月2日起减少各下游用户25%～27%的供气量。

5 月

5月5日

○ 国美和海航间发生一起涉及数十亿的项目纠纷。海航置业称，国美伪造了项目消防验收文件，因此拒付国美商都尾款。国美方面发声，指海航所言的伪造消防文书为"捏造事实"。

○ 为了避免荣威品牌和MG名爵品牌内耗，上汽乘用车公司从2013年上半年开始，再次启动了两个品牌运营和营销方式的调整，决定在明年年底前彻底分开两个汽车品牌。

○ 已经将祥鹏航空和首都航空注入海南航空的海航集团，正在继续推进将旗下其他航空资产注入海南航空的工作。

○ 在高库存的压力下，本土运动品牌匹克体育自2012年起就开始主动采用收缩策略，关店便是举措之一。2013年一季度，匹克在中国的授权经营零售网点数目继续减少125个。

○ 上海工商部门以及食安办在现场发现的出货单显示，可能掺假的羊肉产品流入了小肥羊、傣妹、谭火锅、品尚豆捞、澳门豆捞等知名火锅店。

5月6日

○ 上海合筑房地产有限公司开发的滴水湖项目将与中投财富资本管理有限公司进行合作。中投资本表示，公司此次只是为该项目提供财务顾问服务。

○ 继库巴网CEO王治全后，国美电商又一高管离职。国美旗下电商网站国美在线宣布原CEO韩德鹏已提出辞职，目前正进行工作交接，其职能将由国美集团高级副总裁、国美在线董事长牟贵先暂管。

○ 康佳宣布,5 月 17 日至 21 日将拿出 3.3 亿元促销资源,希望五天内实现 10 亿元、20 万台大尺寸平板电视的销售。康佳表示,此举是抢搭节能补贴政策的末班车。

○ 中海油宣布,与 BG 集团签约协议,进一步明确了有关昆士兰柯蒂斯 LNG 项目权益购买及 LNG 资源采购条款,将向 BG 集团采购 500 万吨/年、为期 20 年的液化天然气(LNG)资源。

○ 华润集团也正在着手将旗下的能源业务重组为一家综合性的能源集团。华润电力控股有限公司和华润燃气控股有限公司联合发布公告称,二者正在谈判,将可能合并以便在华润集团旗下建立一个统一的能源集团并在香港联交所上市。

5 月 7 日

○ 广州浪奇公告称,在谋求不控股但可以获得较高投资效益的安排下,与江苏琦衡农化科技有限公司签订了《投资江苏琦衡农化科技有限公司的意向书》。琦衡农化是一家生产农药中间体及化工原料的企业。广州浪奇表示,希望通过投资琦衡农化,拟在化工等快速发展行业中寻求投资发展机会,进行有效率的投资,提高公司的盈利水平。

○ 民康生物宣布正式完成 A 轮融资,独家投资方为天津泰达科技控股旗下的天津海达创业投资有限公司,而这一投资也成为天津泰达方面在迅速增长的国内血糖监测领域的首单投资。

○ 缅甸政府决定对外开放电信市场的消息吸引了诸多电信运营商以及手机厂商的注意。中国移动有限公司和沃达丰集团公司 4 月共同宣布,双方已签署合作协议组成联合体,参与缅甸电信牌照竞标。而在此之前,HTC 已宣布开拓缅甸等新兴市场,华为等中国手机厂商也开始觊觎这片尚未开发的市场。

○ 百度爱奇艺 3.7 亿美元收购 PPS 视频业务终于尘埃落定。合并完成后,PPS 将作为爱奇艺的子品牌,PPS 创始人张洪禹和徐伟峰任爱奇艺联席总裁,继续负责 PPS 相关业务及新公司的业务拓展。

5 月 8 日

○ 开元酒店集团正拟从原本赴香港 IPO(首次公开募股)转型为以部分酒店资产打包 REITs(房地产信托投资基金)方式进行资本运作。业界指出,由于港股市场 2012 年走低,导致开元酒店在上市"临门一脚"时止步。而此次拟用 REITs 方式相当于变相实现证券化交易,并以此融资扩张新酒店。

○ 中粮集团在北京房山区域启动一项上百亿元投资的农业生态项目,并与以色列私募基金 Infinity(英飞尼迪集团)签署框架协议,双方拟共同开发。该项目开发面积将达到 11.2 万平方米。前期英飞尼迪集团和 LR 集团将会向生态谷和相关农业项目投资超过 10 亿元,并计划在未来追加投资至 100 亿元。

○ 中石化集团旗下的控股企业——中石化炼化工程(集团)股份有限公司将在 5 月 23 日于港交所挂牌交易。这也是傅成玉到任中石化集团并出任董事长后,第一家在香港上市的中石化集团下属子公司。

○ 中电光伏宣布，由于其股东权益不足1000万美元，不满足纳斯达克交易所的相关条例，已触发退市条件。目前在美国上市的多家光伏企业来衡量，中电光伏的股价并不是表现最差的。在不久前，尚德电力、大全新能源都被纽交所警告，因股价低于1美元，面临退市风险。

○ 广东汕头超声电子股份有限公司公告透露，拟非公开增发融资8.5亿元，其中6亿元用于上马潜力巨大的电容式触摸屏项目，投产后可年产25万平方米电容式触摸屏。

5月9日

○ 在中国电力投资集团华东分公司力压长江三峡集团、中国人保财险公司，以10.1亿元的价格拿下浦东新区上海世博会地区A09A-01商办地块。

○ 蒙牛乳业发布公告称，增加对中国最大的奶牛养殖企业现代牧业的股份，增持后从原有的1%增至28%，成为现代牧业最大单一股东。蒙牛乳业将以每股2.45港元的价格收购总计12.96亿股现代牧业股票。

○ 雅虎公司发布的最新季度财报显示，截至2012年12月的三个月间，阿里巴巴集团实现营收18.4亿美元，同比增长80.4%。净利润为6.42亿美元，远高于上年同期的2.3691亿美元，同比增长超过170%。阿里巴巴以净利润6.4亿美元赶超腾讯和百度，成为中国目前最赚钱的互联网公司。

○ 扬子饭店，4年前与朗廷酒店集团正式挂牌"朗廷扬子精品酒店"合作，然而近期终止管理合作，酒店撤牌"朗廷"，改名为"扬子精品酒店"，由衡山方面自行管理。据媒体报道，业绩未达预期、理念不合以及国有企业老员工管理等问题，是造成双方矛盾的关键。

○ 涉足现代农业已三年的联想控股正式推出了自己的品牌——"佳沃"，该公司在过去一年已经投资超过10亿元。

5月10日

○ 最近被火热炒作的OTT(互联网电视)领域竞争者不断。在线视频网站PPTV联合华数传媒发布其互联网电视机顶盒PPBOX。无独有偶，前几天，乐视网发布乐视TV后，乐视网股价连续两日涨停。

○ 美国移动运营商AT&T宣布将这部首搭Facebook Home界面的手机HTC First合约价格从99美元降到0.99美元。业界人士表示，实施降价策略也是一步稳棋，在过去错误判断了移动互联网的趋势和错失中低端市场的情况下，HTC2013年首先应该提升品牌，把市场稳住。

○ 全球IMAX影厅首周末票房纪录又被刷新，最新数据显示，在592个影院收获2860万美元的票房。与此同时，根据艺恩咨询最新报告，在全球IMAX的影院增长中，中国市场逐渐发力，成增长最快地区。

○ 马云卸任CEO前最后一夜，阿里巴巴以2.94亿美元购买高德软件公司28%股份。投资完成后，阿里巴巴将成为高德第一大股东，阿里巴巴董事局执行副主席蔡崇信和无线事业部总裁吴泳铭将担任高德公司董事。

5月11日

○ 上海家化集团召开临时董事会议，决议由家化集团董事、平安信托副总经理张礼庆出任家化集团董事长，免去葛文耀上海家化集团董事长和总经理职务。2011年11月平安集团以51.09亿元成功竞购上海家化集团100%股权，此后各种迹象显示，平安与家化集团管理层之间矛盾与分歧日益扩散。

○ 能源局下发《〈商品煤质量管理暂行办法〉征求意见稿》，对炼焦煤、动力煤等商品煤质量、远距离运输和进口动力用商品煤，以及煤炭进口企业资格等提出了更为明确的标准。自2012年以来，进口煤对国内煤炭市场的冲击不断加大，这也成为中国煤炭价格不断下跌的重要原因之一。

○ 农夫山泉“标准门”闹得沸沸扬扬，有媒体认为其标准“不如自来水”，但农夫山泉自称不仅执行国标甚至严于国标，并举出诸多的检测指标。

5月13日

○ 华润医药集团的整合又进了一步。近日，华润医药集团旗下上市公司华润双鹤同意向华润医药商业集团有限公司转让所持长沙双鹤医药有限责任公司全部66.954%的股权，转让价格为3.78亿元。转让完成后，华润双鹤将不再拥有商业类子公司。

○ 在一场亚洲光伏会议的全球光伏领袖对话中，国内多家光伏公司高层都在反思：光伏行业的低价倾销及研发速度不够快、研究产品同质化严重等问题，是造成目前光伏行业陷入困境的主要原因。

○ 研究养老产业多时的复星集团，正式迈出了实质性的第一步，其在上海投资的首个综合养老社区正式开业。这家名为星堡中环养老社区，位于上海市宝山区，总面积约18000平方米，由复星集团与美国运营养老社区产业经验丰富的峰堡投资集团(Fortress Investment Group)合资合作。

○ 财政部网站发布消息称，在各地出台扶持生产措施的基础上，中央财政将进一步采取稳定发展家禽业的政策措施，安排资金6亿元，对祖代种鸡饲养户给予补助，并对家禽加工重点龙头企业流动资金贷款给予短期贴息。

5月14日

○ 2012年以来，受到“塑化剂”风波及“禁酒令”等政策影响，各商家特别是高端白酒厂家及时调整价格策略，以降低售价来换取更多市场认可。

○ 根据审计署对中国出版集团公司2011年度财务收支审计结果公告，中国最大的国有出版集团——中国出版集团改制虚增资产超过4亿。

○ 审计署最近公布的10家国企财政收支审计结果显示，中国五矿集团公司因财务管理和内部控制等方面存在不够严格、不够规范的问题被点名整改。

○ 于1992年即进入中国内地市场的香港服装企业佐丹奴不仅彻底退出在广东东莞的制衣业务，还将销售市场大力向东南亚及中东、北非等市场转移。

○ 继北京、上海2013年1月1日获批开始实施72小时过境免签政策后，广州72小时过境免签政策也获国务院批准，将于6月份正式落地。

5月15日

○ 国家统计局日前公布的数据显示，2013年1月至4月，全国房地产开发投资19180亿元，同比名义增长21.1%，增速比1月至3月份提高0.9个百分点。而从待售面积数据上看，商业营业用房待售面积的增长幅度正在扩大。

○ 中国羽绒协会最近公布的数据显示，3月份国家标准90%白鸭绒价格为35万元～36万元/吨，至4月27日，已经涨至55万元～56万元/吨，涨幅超过50%。在禽流感影响下，原材料涨价加压服装企业。

○ 中钢协在最新一份分析报告中称，目前国内重点钢企的总资产负债率接近70%，已进入高风险区域。

○ 据艺恩咨询数据统计，2012年中国影视公司电影营销费用总投入达到24亿元，同比增长20%，预计2013年电影营销市场规模将达到28亿元。

○ 高端酒店在收益走低之下，出售部分亏损酒店资产成为大型企业的选择。中青旅集团正挂牌出售麾下苏州静思园国际酒店有限公司和上海金宇豪国际酒店有限公司100%股权，该两家酒店公司麾下都经营高端酒店，且都处于亏损状态。

5月16日

○ 首批45辆比亚迪e6纯电动出租车将陆续在香港投入运营。同时，比亚迪e6 Premier私家车版本也于15日开始在香港上市销售。作为首阶段部署，比亚迪将在香港主要停车场设立9个充电站，配备47台充电设施。

○ 北京市工商局发布流通领域电动自行车质量检测结果，2012年，北京市工商局检测发现上海永久股份有限公司等企业生产的13款电动自行车不合格或不达标。中国自行车协会理事长马中超认为，此类问题主要原因是标准滞后，或对标准存在误读。

○ 在最近中通速递召开的一次董事会上，红杉资本已经作为股东之一参加，目前中通速递也在为红杉资本的进入办理工商登记股权变更手续。

○ 由于未能与甘肃大唐燃料公司、国电甘肃等大客户就煤炭价格下调达成一致，广汇能源煤炭供应数量遭到削减，其疆煤外运运力不得不被动压缩，由此引起与煤炭运输公司纠纷，后者指责广汇能源违反运输合同，单方面下调运价和运量。

○ 东风汽车与福建省政府在福州签署《福建省人民政府与东风汽车战略合作框架协议》，东风汽车以增资方式受让福建省国资委持有的福汽集团45%股权。这是2009年国家主管部门公开鼓励汽车行业并购重组以来，行业内第二起大规模重组并购案例。

5月17日

○ 据外媒消息，欧盟官员上周五晚首次就“华为和中兴违反反倾销和反补贴规定”做出表态，称准备对两家中国移动电信设备制造商展开正式调查。

○ 2013年3月底，鸿海入股夏普9.9%的合约到期，夏普没收到鸿海注资。鸿海当时表示，双方的谈判再延期三个月。

○ 优酷土豆集团公布未经审计的2013年第一季度财务报告显示，该公司综合净收入5.16亿元，同比增长21%。综合毛利润由负转正，为1420万元。集团称，优酷土豆的合并进入收官阶段，特别是销售团队架构重组直接推动了业绩的增长。

○ 随着近年来中美贸易的升温以及美国对华签证政策的逐步放宽，中国已经成为美国入境游市场中增长最快之一。国内外的各大航空公司争相加快布局市场。东方航空、海南航空以及美国联合航空公司纷纷宣布加大中美航线拓展。

○ 2012年身陷资金链紧张的雅戈尔置业控股有限公司再次选择合作开发，继此前牵手维科后，雅戈尔置业此次选择金地集团联合开发宁波地块。

5月20日

○ 中华企业近日公告称，公司拟以12.76亿元收购控股股东上海地产(集团)有限公司持有的上海房地(集团)有限公司60%股权。

○ 广汽集团日前发布公告称，公司董事会审议通过了广汽乘用车产能扩建项目，该项目总投资17亿元。广汽集团董事会同时审议通过了多个自主品牌车型项目建设的议案，项目总投资11.48亿元；加上产能扩建项目，广汽集团近期在自主品牌乘用车项目建设总投资将达28.48亿元。

○ 河北钢铁日前发布2012年公司债券受托管理人报告(2012年度)，称3月27日至3月29日，已成功发行50亿元公司债券。近年来，多家钢企曾发起债券募集。

○ 国家电网公司宣布已与新加坡能源公司正式签署协议，收购其澳大利亚子公司新加坡能源国际澳洲资产公司60%的股权和新加坡能源澳网公司19.9%的股权。据澳大利亚当地媒体报道称，本次收购高达60亿美元。

○ 从未有过页岩气开发经验的华能集团日前实地考察了一些页岩气开发相关的项目，正在积极学习页岩气开发的技术，为其正式开发页岩气做好铺垫。

○ 中国社会科学院旅游研究中心、劲旅咨询日前共同编制发布的《2013年中国4A、5A级旅游景区门票价格分析报告》显示，在所有5A级景区中，票价在100～200元之间的共有81家，占52.94%；五年内32家5A级景区门票调价，绝大部分为涨价，这是由于中国景区收益过于单一化造成。

5月21日

○ 煤炭市场不断下行的趋势并没有挡住大型煤炭企业扩张的步伐。大同煤矿集团有限责任公司发行不超过54亿元的公司债券，以及山西潞安矿业(集团)有限责任公司发行不超过40亿元的公司债券已于近日获得山西省发改委核准。两煤炭企业近百亿元的公司债将用于煤矿、氧化铝以及风电等项目的建设。

○ 360搜索上线了一款新服务——购物搜索频道，主页上“360搜索”的旁边紧跟着一淘，连域名都直白地显示为“360.etao.com”。阿里巴巴方面表示360只是产品的合作方之一，并表示360只是阿里妈妈“丝绸之路”项目的成员之一。

○ 中粮集团已与法国达能签署协议，将成立一家合资公司，中粮集团向该合资公司转让蒙牛约8.3%股份，达能通过合资公司在蒙牛乳业的首期持股约为4%。同时，蒙牛乳业将与达能中国合并现有酸奶业务，双方将组建新的合资公司专项从事酸奶生产及销售业务。

○ 继分众传媒之后，另一家中概股文思海辉(PACT-US)也宣布私有化。

5月22日

○ 新希望集团旗下上市公司新希望六和股份有限公司召开的年度股东大会上，现年62岁的刘永好称将不再担任新希望六和公司董事长，但仍保留上市公司董事和新希望集团董事长职位。其女儿刘畅当选为董事长，陈春花为联席董事长兼CEO。

5月23日

○ 新天地产集团与买方金盈沣股权投资基金(深圳)股份公司订立买卖协议，将以预期约10.15亿元出售广州天河新天希尔顿酒店。出售后，新天地产将不再拥有上述酒店任何权益。

5月24日

○ 经过多轮竞价，租赁经营多年的宝丰酒业有限公司如愿以偿竞得宝酒集团资产，竞拍价4.5亿元。而宝丰酒业大股东洁石建材也将完控“宝丰”这家河南当地的白酒品牌。

5月26日

○ 主营信息产品分销的方正数码在2013年1月完成地产资产注入后，于近日正式开始在房地产业务上发力。方正数码公告称，近日公司间接非全资附属公司鄂州金丰房地产开发有限公司和成都恒隆鑫置业有限公司组成的联合体，以4.53亿元的价格竞得长沙一商住地块。

5月27日

○ 汇源果汁宣布拟以39.35亿元，从大股东朱新礼手中收购上游资产果浆生产加工业务中国汇源产业控股有限公司。

○ 北京邮政商务投递局近日挂牌，北京邮政覆盖首都六区的商务投递网络也正式搭建完成，并开始投入运营。这一新成立的商投局，一开始就打出了每斤包裹5元起价的“低价政策”，意图满足普通包裹与特快专递之间的用户需求。

5月28日

○ 爱奇艺宣布与PPS团队的整合工作全部完成，原PPS团队中大约5%的职能重叠人员已经妥善安排。

○ 中国导演张艺谋公布自己的新身份：乐视影业签约导演以及该公司艺术总监。乐视影业和乐视网系同一股东控制的兄弟公司。

○ 曾被喻为“中国灯王”的佛山照明创始人钟信才，在70岁之年如愿卸任。曾任美国通用电气(GE)高管的潘杰正式接替钟信才出任佛山照明董事长，他将肩负佛山照明向 LED 转型的重任。

5 月 29 日

○ 中国本土企业复星医药宣布以 22163 万美元收购以色列医疗美容器械生产企业 Alam Lasers Ltd. 95.2%的股权，截至以色列当地时间 5 月 27 日此次交易完成。

○ 华锐风电发布公告称，收到中国证监会《立案调查通知书》。因涉嫌违反证券法律法规，证监会决定对华锐风电进行立案调查。

○ 中视传媒突发重大资产重组停牌公告，由于背靠国内最大的传媒机构中央电视台，此次资产重组被相关分析师解读为可能是为央视旗下相关资产注入做准备。

5 月 30 日

○ 据媒体报道，江西铜业、金川集团等国内多家主要铜企纷纷减产。其中，仅江西铜业一家的产能影响达 50 多万吨。

○ 汽车零部件上市公司宁波华翔发布公告称，该公司出资 3420 万欧元收购德国 HIB Trim Part Group 全部股权，已于德国时间 5 月 28 日完成股权交割工作。

○ 过去四年开出 17 家新店的金鹰商贸 2013 年将首度放缓扩张步伐。经济增速放缓、商业环境不确定因素增加，以及竞争对手涌现，正在给近年高速扩张的金鹰商贸带来前所未有的压力。金鹰商贸方面称，调整开店计划是希望能够将更多精力用于提高现有门店的表现。

5 月 31 日

○ 起点离职的骨干团队与腾讯合作的创世中文网正式上线还差几分钟，一封盛大文学方面发表的《致关心起点中文网的朋友们的一封信》被公开，披露前起点创始人罗立被捕事件详情和细节。这也被看作是盛大文学和吴文辉团队之间的再度交锋。

6 月

6 月 1 日

○ 在汽车经销商的新车销售业务所贡献利润逐年下滑的情况下，挖潜汽车产业价值链以及寻找新的利润增长点已成为汽车经销商的共识。亚夏汽车表示，拟投资设立全资子公司安徽亚夏融资租赁有限公司(暂定名)，注册资本为不超过 2 亿元，公司以自有资金出资，开拓汽车融资租赁业务。

○ 巴西近年来被全球各大车企视为需求巨大的潜力市场。2011 年，巴西的汽车销量为 360 万辆，在全球排名第五。福田汽车将与巴西政府正式签订合作协议，计划在巴西投放 5 万台福田康明斯发动机产品，通过当地经销商在当地投建两个 KD(散件组装)工厂(非产权工厂)以投产两款商用车。

○ 随着三大运营商宣布招募移动通信转售业务合作伙伴，首批虚拟运营商牌照的竞争将进入冲刺阶段。业内预计，最早 6 月初、最晚 10 月底，全国至少有 6 家民企将获首批虚拟运营商牌照。

6月2日

○ 南方航空迎来了它的首架波音787“梦想飞机”，这也是中国民航引进的首架787。据媒体报道，正在研制国产单通道飞机的中国商飞公司，也在对宽体客机的国产可能性进行调研。

○ 在光伏产业仍未复苏、公司业绩大幅下滑，又面临退市危机的时刻，中电光伏为减轻财务压力，开始让300余名员工“放假”至2013年年底。“被放假”的员工表示，公司还表示，“放假”期间，员工可以寻找合适的工作并办理离职手续，其间，五险一金仍由中电光伏负责。

○ 浙江卫视原副总监杜昉将担任酷6网CEO。杜昉曾在浙江卫视策划过《中国好声音》、《我爱记歌词》、《中国梦想秀》等电视节目。

○ 继近日被卷入胶原蛋白“无效”风波后，东宝生物的胶原蛋白产品“圆素”又因未获得“保健食品”批号而卷入涉嫌虚假宣传漩涡。

6月3日

○ 人人网宣布和优酷土豆集团达成战略合作伙伴关系，双方将充分共享各自优势的平台和资源，在流量、用户、内容等领域进行深度合作。

○ 在“三网融合”加速的背景下，华数传媒拟定向增发融资7.2亿元，收购华数网通信息港有限公司旗下的宽带业务资产，正式从广电业务向宽带业务拓展。

○ 中芯国际宣布，与中芯北京、北京工业发展投资管理及中关村发展集团成立合资公司，主要从事测试、开发、设计、制造、封装及销售集成电路，将专注45纳米及更先进的晶圆技术，目标是产能达到每月35000片晶圆。

○ 张欣、潘石屹家族以及一家由巴西银行业巨头Safra控制的公司以7亿美元的价格购得通用汽车大厦40%股权，其余60%股权仍由Boston Properties（波士顿置地）持有。

○ 中石油大连石化公司一联合车间三苯罐区发生的储罐闪爆着火事故，已造成两人死亡、两人失踪。

6月4日

○ 广州市政府常务会议审议通过了《关于进一步鼓励和引导民间投资加快发展的意见》，鼓励和引导民间投资重点投向战略性基础设施、主导产业和发展平台。

○ 联想集团发布公告称，已聘请瑞士信贷、高盛、法国巴黎银行、中国银行、汇丰、三菱日联证券、瑞穗证券、苏格兰皇家银行和渣打银行帮助进行票据融资。联想表示，此次融资的用途将用于运营资金以及未来可能发生的收购活动。

○ IPO自查大限的最后一周，福建归真堂药业股份有限公司申请撤回申报材料，正式终止其长达三年的创业板IPO计划。

○ 继2013年年初钟春彬当选两面针董事长后，两面针在产品领域开始了一系列的升级换代。目前，两面针以最高零售价达59.9元的全新两面针中药消痛系列牙膏，高调杀入中高端牙膏市场。

○ 中粮集团旗下上市公司中国食品发布公告称，预计上半年净利润同比将大幅下滑。中国食品表示，业绩如此不济的原因是旗下长城葡萄酒在内的酒类业务以及小包装食用油业务利润下滑所致。

6月5日

○ 雷士照明公告称，公司创始人吴长江将重返雷士照明董事会，成为执行董事。2012年，雷士照明经历内斗风波。2012年12月，吴长江将所持部分股份转让给德豪润达，助力德豪润达成为雷士照明新的大股东，结束了雷士照明几大股东之间势均力敌的格局。作为回报，吴长江将通过认购德豪润达非公开增发的股份，有望成为德豪润达的第二大股东。

○ 由于以酒店为依托的高端水产品消费走弱，目前国内龙头水产养殖企业正遭遇利润大挫的尴尬。数字显示，2013年一季度以来水产行业整体净利润同比下滑超两成。

○ 中化集团下属中化石油美国有限公司与美国先锋自然资源公司(Pioneer Natural Resources Co.)完成Wolfcamp页岩油气项目交割。中化石油美国公司以17亿美元取得先锋自然资源公司Wolfcamp页岩油气资产40%权益。

○ 中国铝业公告称，根据目前市场情况，本着效益最大化原则，即日起，该公司部分电解铝生产线实行弹性生产，涉及暂时关停电解铝产能约38万吨。目前中铝的电解铝产能在420万吨左右，因此，此次关停的产能约占整体产能的10%。

○ 联想集团推出32英寸A21系列智能电视，售价1999元，并宣布与京东商城进行渠道合作。此外，联想方面透露，A21智能电视在音质、画质技术以及液晶面板方面的制作由夏普合作完成。

○ 上海医药召开董事会会议，选举上药集团董事长楼定波为公司董事长，并委任其为董事会战略委员会主席，左敏则被聘为公司总裁。楼定波与左敏皆非上届董事会成员。

6月6日

○ 根据公告，三安光电拟通过在美全资子公司Lightera Corporation，以2200万美元收购美国流明(Luminus Devices, Inc.)100%股权，以跨越LED产品出口的专利壁垒，并打通出口通路。

○ 房地产开发企业的融资结构正悄然变化，直接融资已成为房地产开发企业重要的资金来源之一。住建部政策研究中心与高和资本联合发布的报告称，房地产企业直接融资占比由2004年的30%上升至2012年的40.5%，资金总额在8年间增长高达6.5倍。

○ 万达集团表示，万达目前已经和梦工厂达成初步合作协议，梦工厂将通过万达的零售渠道为中国消费者提供娱乐产品。

○ 今日本土日化品牌动作频频，拉芳成为巴斯夫在中国洗发行业的首家战略伙伴；

沉寂多年的索芙特重打功能牌，杀入“防脱”洗发市场；两面针推出高端牙膏。

○ 中铁建投资发布消息，支付宝预中标铁路客票电子支付第三方支付合作伙伴，公示日期为6月6日～6月8日。如果公示通过，今后消费者将可以通过支付宝在12306铁路客票系统购买火车票。

○ 云南城投公告称，拟对外转让所持有的云南天祐房地产有限公司51%股权和云南城投昆明置地有限公司25%股权。云南城投称，本次股权转让可避免公司后续经营风险，缓解偿债压力，在及时回收资金的同时，实现一定的收益。

6月7日

○ 继2013年1月出资1.2亿元收购四川红十字肿瘤医院85%经营收益权后，独一味再次收购四川3家医院各100%股权。

○ 天猫宣布与国美在线达成战略合作。据悉，此次合作，天猫共有5家国美在线官方旗舰店，以及4家品牌授权专卖店，商品涉及家电、3C数码等多个品牌。

○ 国家发改委网站消息称，近日已下发通知，决定逐步调整销售电价分类结构，规范各类销售电价的适用范围。业内人士认为，这不仅是对新能源电价补贴做重新审视，同时也可能用电价调整推动僵化的电力体制改革。

6月8日

○ 外电报道，中国海洋石油有限公司正与冰岛的Eykon Energy合作申请在冰岛北极海域进行石油和天然气开发和生产的许可。若成功申请到许可证，中海油将首次尝试在北极展开海上石油钻探。

○ 苏宁云商将正式实施线上线下同价策略，强调两个渠道在商品、服务、价格方面的融合，形成O2O零售闭环。

○ 海航集团旗下基地位于重庆的西部航空，向低成本航空运营模式转型，不仅机队已经统一更换为空客320系列飞机，飞机上也变为了全经济舱布局。

6月13日

○ 电视剧第一股华策影视总经理赵依芳在媒体上坦言，鉴于影院市场饱和度原因，公司将适当放缓影院建设节奏。

○ 因价格战业绩大降的艺龙旅行网意欲重整旗鼓，希望在2013年改善财务业绩。近期艺龙任命罗戎为新任首席财务官。

○ 百度宣布对组织架构进行调整，组建“前向收费业务群组”，成立“搜索业务群组”，分别由百度副总裁王湛和副总裁向海龙负责。二者与百度移动云、LBS、国际化等事业部组成五大独立运营的机构。

6月14日

○ PVC行业连续五年产能过剩，在大量产能闲置的情况下，新疆天业、中泰化学、宁波台塑、山东信发等均有扩张计划；而从整体来看，全国的PVC产量却并没有相应提高。

○ 由山东当地民企、青岛市政府以及国航旗下山东航空共同投资设立的青岛航空股份有限公司正式揭牌，意味着山东省也诞生了首家以城市命名的本土航空公司。

○ 过去两年一直未能接到新动车组订单的中国南车、中国北车等铁路车辆制造商，正在通过拓展地铁、维修、救援领域。由中国北车北京二七装备公司研制、拥有“高铁救护车”之称的时速160公里接触网多功能综合作业车获得了首批订单。此前，中国并没有针对高铁的专用救援车辆。

6月17日

○ 据DisplaySearch最新的研究报告，2013年第一季，TCL首次超越夏普、索尼，跻身全球彩电业前三，仅排在三星、LGE（LG电子）后面，从而成为首个营收和销量均进入全球前三的中国彩电品牌商。2012年第四季，TCL跃升全球彩电前五。

○ 继西气东输三线工程引入社会资本后，中石油再次在管道业务板块引入社会资本。日前，中石油发布公告称，已与泰康资产、国联基金签订合同，三方将设立一家名为“中石油管道联合有限公司”的合资公司。

○ 据新华社报道，根据国家农业转基因生物安全委员会评审结果，农业部日前批准发放了三种转基因大豆可用作加工原料的进口安全证书。至此，我国批准进口的转基因大豆品种已达11种。

6月18日

○ 在全国食品安全宣传周工信部主题日上，工信部发布“双提”行动方案，要求对婴幼儿奶粉参照药品管理，并鼓励乳粉企业兼并重组，整体提升婴幼儿乳粉质量、提振消费者信心。

○ 继2012年引入丹麦乳企阿拉，2013年5月牵手达能并入股现代牧业后，蒙牛再度挥洒大手笔：斥资逾百亿并购雅士利。蒙牛乳业向雅士利所有股东发出要约收购，并获得控股股东张氏国际投资有限公司和第二大股东凯雷亚洲基金全资子公司CA Dairy Holdings接受要约的不可撤销承诺，承诺出售合计约75.3%的股权。

○ 广州备受关注的白云区沙太南路623号白云配件厂地块，被恒大地产集团有限公司以总价23亿获得。这是恒大地产确立二三线城市目标以来，首次重新回到一线大城市拍得住宅地块。

○ BP公司和珠海港各自发布消息称，珠海碧辟化工有限公司的广东珠海精对苯二甲酸（PTA）三期工程项目已获得中国政府审批，该项目的设计年产能力为125万吨。

○ 中联重科4位独董联合发布报告，并呼吁各方努力共建合法、有序、共赢的市场。三一和中联重科此前商业恶战不断。2013年的5月25日，三一重工新品上市推介会上，双方员工激烈冲突，发生了斗殴受伤和车辆被砸等严重情况。

6月19日

○ 国家质检总局在官网发布信息称，2014年7月20日，《欧盟新玩具安全指令》将正式实施，新指令在物理和机械性能、化学性能、电气性能等方面都做出了严格要求，将对玩具出口企业带来更大挑战。

○ 森马方面称，未来3～10年的目标是打造多品牌多渠道综合服饰集团。2013年9月，森马将和意大利知名童装公司Miniconf合作，以合资的方式引入意大利入门级奢侈童装品牌Sarabanda，2014年3月计划引入欧洲（丹麦、德国）和韩国中高端男女装品牌，目前已进入筹备期。

6月20日

○ 青海省有色地质勘查局与中国神华能源股份有限公司签订合约，计划投资6600万元用于木里煤田聚乎更矿区三露天可燃冰项目的勘探。

○ 星创宝岛眼科在京宣布，正式开设大陆首家眼科医院，主要定位中高端市场，提供高端眼部健康体检和激光准分子近视手术等服务。

○ 香港一辆比亚迪纯电动E6出租车在充电时，充电装置发生轻微起火，此过程中没有人员受伤。受此事件影响，今日比亚迪股价大跌8.22%。

6月21日

○ 南方电网综合能源有限公司与全球最大光伏组件制造商英利集团在广州签署战略合作协议，双方将在光伏发电、智能电网、新兴储能等领域开展深入合作，并共同开发、投资建设、运营光伏项目。

○ 雅戈尔在杭州的两幅天价“地王”正被迫退地，公司已缴付土地款中作为履行合同定金的4.8亿元将不予返还。关于退地的原因，雅戈尔称，2011年1月以来，房地产市场的政策环境、市场形势和供需关系发生了较大变化，综合权衡后，决定终止开发申花地块。

○ 近日江西省赣州市矿管局组织开展大检查工作，对当地稀土私矿进行了全面打击。

在第十七届圣彼得堡国际经济论坛全体会议上，俄罗斯总统普京表示，俄罗斯未来25年每年将向中国供应4600万吨石油。俄罗斯石油公司总裁伊戈尔·谢钦与中石油董事长周吉平在会上签署了对华长期供应原油协议。

6月22日

○ 根据《2013中国饭店业发展报告》的信息，受“三公消费”受限、消费市场整体走低等因素影响，2013年1～4月，中国饭店业营收、出租率和房价等指数均出现明显同比下滑，其中政府会议同比大幅下滑37.94%，领衔跌幅榜。

○ 神州租车与国际球星大卫·贝克汉姆共同宣布了神州租车正式开启“云战略”。“云战略”核心是以“云概念”和“云技术”为基础，通过规模化采购车辆和铺设密集的服务网点，建立丰富的资源池，利用高科技手段充分共享车辆资源，从而向客户提供“随时随地、应有尽有、按需付费、简单便捷”的用车体验。

○ 九部委联合发布的婴幼儿配方奶粉新政（《关于进一步加强婴幼儿配方乳粉质量安全工作的意见》）正在引起行业震动。

6月24日

○ 上海微创医疗器械（集团）有限公司用2.9亿美元将美国Wright医疗骨科业务正

式收入旗下，这笔交易也成为迄今为止中国医疗行业最大的跨国收购案例。

○ 国家审计署日前发布公告称，在国家推行的节能汽车推广补贴政策上，企业存在的骗补现象严重，除了上海大众通过申报5570辆不符合节能汽车申报条件的车辆，违规获得中央财政节能汽车推广补助资金1671万元之外，上海通用的182辆汽车也涉嫌违规获得政府补贴54.6万元。

○ 国家审计署日前发布的审计结果显示，近两年国家推行的支持光伏发电的金太阳示范项目成为骗补的"重灾区"，最高骗取额近6000万。其中，汉能光伏及东营太阳能等两家公司位列黑名单。

○ 国家审计署日前公布的审计公告显示，在2012年6月起实施的节能惠民政策中，有八家知名企业骗取节能家电补贴近9062万元。

○ 广船公告透露，该公司董事会已通过非公开发行H股股票的议案，计划融资25亿元，其中10亿元将用于收购广州中船龙穴造船有限公司。

6月25日

○ 有不少手机厂商对媒体表示，受到运营商集采要求变化影响，目前3.5英寸屏幕手机市场已经进入了百元机的状态，不少厂商开始向非洲、南美和南亚等新兴市场进行库存的清理。

○ 中国神华能源股份有限公司近期正在重整其旗下的铁路资产，涉及中国神华控股铁路资产的50%以上。据悉，此次调整是由集团公司统筹，一方面是为了后期的铁路整合，做"大物流"，另一方面也是为降低运营成本，提高运力。他表示，全部调整将于7月底完成。

○ 鞍钢股份现货公司发布《非计划现货销售公告》，当日起，对非计划现货冷轧产品进行分包网上销售。鞍钢此次网上卖钢材，用的是中国联合钢铁网为其定制的电子商务平台。

6月26日

○ 自6年前就已经遭遇产能过剩的造纸行业，投资一直未能得到有效控制，各造纸企业开始谋求业绩突围。太阳纸业选择了涉足木糖醇领域，更多的企业则开始进入原本利润丰厚的生活用纸细分领域。

○ 中联重科公告称，就三一集团及相关企业持有中联重科A股一事，做了确认，截至2012年的年度股东大会股权登记日(2013年6月7日)，三一集团持有中联重科A股387.4万股，三一电气持有中联重科A股274万股。

○ 历时半年之久，在继阿里巴巴、盛大网络、分众传媒等之后，在摩根士丹利的帮助下，飞鹤国际以每普通股7.4美元的价格，总计1.46亿美元，向外界回购了20%流通股股份，成为另一家在美股主动退市的中国概念股公司。

6月27日

○ 绿地集团与福建泰坤贸易有限公司组成的联合体以47.21亿元拿下青浦区徐泾

镇会展中心3地块(02-01)，这也打破了5月底新华路街道地块刚创造的46亿元总价地王纪录。

○ 据媒体从萍乡市安源区政府获得的消息，萍乡萍特钢铁有限公司出现资金链断裂现象，其董事长董建乐和总经理董建武已经携资“跑路”。目前，当地政府和公安部门已经介入调查。

6月28日

○ 在创始人黄宏生回归之后的第一年，创维数交出了亮丽的年报业绩。截至2013年3月31日的2012财年，创维的营业收入同比增34.4%，至378.24亿港元。

○ 人人公司宣布董事会已经授权了一项价值1亿美元的新股票回购计划。这是继2011年9月人人宣布总额不超过1.5亿美元的股票回购计划后，又一次大规模的股票回购计划。

6月30日

○ 百视通新媒体股份有限公司正在加快争夺优质内容资源，称其已获得今后六年英超在国内的新媒体播映权，并投资185万美元获得相关公司14%的股权。

○ 中国移动宣布，根据与境外运营商的最新谈判成果，即日起将面向62个国家和地区推出国际及港澳台漫游1元/2元/3元区资费，至此中国移动开通国际及港澳台漫游服务的所有242个国家和地区已全部纳入1元/2元/3元区。

7　月

7月1日

○ 曾被检出“南山倍慧”婴幼儿配方奶粉含致癌物黄曲霉素M1的湖南亚华乳业有限公司再次陷入舆论漩涡，旗下南山金装倍慧婴儿配方奶粉(1段)被指配料表上维生素K1标注含量超过国家标准900多倍。

○唯品会表示，下半年将开始对配送商实行涨价，每单保底价格约为6元，为此每月会增加100万以上的成本支出。

○ 中远集团的干部大会上，魏家福正式卸去了中远集团董事长头衔，中远集团原总经理马泽华担任中远集团新任董事长。

○ 华锐风电7位董事会成员全票通过了注销部分国际子公司的议案。华锐风电美国、比利时及意大利、加拿大等四家公司遭到裁撤。

○ 克而瑞与中国房地产测评中心联合发布了《2013上半年房企销售TOP50排行榜》，万科以830亿元的销售额排名第一，绿地集团、中海地产、保利地产、恒大地产分别以653亿元、645亿元、635亿元、482亿元的成绩排名二到五位。

7月2日

○ 合生元近日发布公告称，公司目前正在接受发改委的反垄断调查，调查缘于其对经销商及终端零售商销售产品的市场销售价格管理，可能涉嫌违反《反垄断法》第14条规定。据悉，调查核心在于合生元的超高定价体系。

○ 花样年与高盈集团在深圳就酒店房产信托基金（REITs）项目缔结合作联盟，正式宣告双方在酒店项目并购、品牌运营、委托管理等领域展开合作。

○ 限制“三公消费”及反对铺张浪费的这股“从简风”，在持续影响酒店餐饮等产业的同时，对民航的影响也不容小觑。

○ 中环股份公告称，全资子公司环欧国际与尚德电力近日就拖欠公司货款的合同纠纷诉讼案达成了调解协议。

○ 随着铁路投资的降速，地铁等城轨市场逐渐成为铁路车辆制造商南北车争抢的重要领域。西安地铁3号线车辆招标近日开标，中国北车旗下的大连机车公司从竞标中胜出，获得价值约14亿元的地铁车辆合同。

7月3日

○ 五粮液主要经销商之一、国内的白酒大商之一——银基2013财年销售额比2012财年大降86.9%，仅有3.9亿港元，净利润从6.98亿港元转为亏损11.34亿港元。

○ 熔盛重工一位高层在媒体上称，目前南通工厂拥有1.15万人左右，而按照计划可能要将总员工数裁减至8000余人。

○ 由7天董事会联席主席兼创始人何伯权、郑南雁，以及私募股权投资公司凯雷投资集团和红杉资本中国基金等联合组成的买方集团，已获得1.2亿美元的境外融资。7天方面预计，融资完成后，7天在未来一个月内可能将完成私有化退市流程。

○ 随着国家电网四川攀枝花供电公司工作人员下达合闸指令，西南最大的光伏发电项目——攀枝花学院2.1兆瓦太阳能屋顶光伏发电项目正式投运。

7月4日

○ 伊利集团已与美国第一大乳企DFA达成战略合作意向。

○ 隆平高科拟购买公司控股子公司湖南隆平种业有限公司45%、安徽隆平高科种业有限公司34.5%、湖南亚华种子有限公司20%的少数股东股权，由此上述标的将成为隆平高科全资子公司。公司称通过产业内部的整合，让几家核心子公司变成了全资子公司，公司整体化运作的能力将得到加强。

7月5日

○ 央行发放了新一批支付牌照，包括百度旗下百付宝、新浪旗下新浪支付等在内的27家企业获牌。

○ 在发改委反垄断调查的压力下，继惠氏、美素佳儿先后降价后，多美滋、明治、贝因美和雅培分别发布降价举措。

○ 截至2013年6月，苏宁快递业务经营地域已增加至34个，实现全国性覆盖。作为苏宁云商集团与苏宁易购并列的业务体系，2013年年内苏宁或将开放物流体系，有望为苏宁带来新的盈利点，并支撑苏宁易购电商平台的开放。

7月6日

○ 海南航空订购的首架波音787-8梦想客机抵达海口。公司表示，未来海航还会加大宽体飞机的引进力度，以拓展国际战略，此外，海航集团旗下相关航空资产注入海南航空的工作也在继续推进。

○ 中国船舶重工股份有限公司发布公告称，公司下属子公司与新加坡一公司签订了8.72亿美元的大额自升式钻井平台建造合同。

○ 在反垄断重压之下，上市5年价格坚挺的合生元服软"降价"。至此，几乎所有被调查的婴幼儿奶粉企业均出台降价措施，仅剩下美赞臣一家。

7月8日

○ 由北京市交通委发布的《北京市出租汽车手机电召服务管理实施细则》已开始试行。手机电召服务运营商应用软件须经北京市出租汽车行业主管部门备案，获得授权许可后，才可接入统一电召服务平台。

○ 华侨城A正在巨资打造独立运作的新连锁品牌玛雅海滩水公园。目前，华侨城旗下全国连锁主题公园欢乐谷已在北京、上海、深圳、武汉等地区拥有5个，本月，欢乐谷第六个主题公园天津欢乐谷也将正式开业。

○ 在九部委联合发文加强婴幼儿乳品质量管理后不到两周的时间里，发改委又对惠氏等奶粉巨头进行反垄断调查。这些整肃我国奶业市场的出手，旨在重塑消费者对国产品牌的信心。

○ 七喜控股修正了2013年半年度业绩预告，预计2013年1～6月净利润亏损1800万～2200万元，这比此前预计亏损800万～1300万元几乎翻了一倍，曾经叫板外资品牌电脑的七喜如今已经和主流渐行渐远。

○ 综艺股份下属子公司综艺(开曼)太阳能电力有限公司的债务人Aion Renewables S. p. A.被最终裁定整体破产。该公司是综艺开曼在意大利开展新能源业务时的业务伙伴。

7月9日

○ 原本为区域型零售上市公司的永辉超市加快转型全国型零售企业，其与将上海上蔬有限责任公司共同出资人民币1亿元在上海成立一家合资的有限责任公司，经营生鲜菜市场即生鲜超市自营业务。

○ 小米正在从一个手机单点，扩展一个更大的配件市场。在推出小米盒子、蓝牙音箱之后，小米近日又推出其自有品牌小米活塞耳机。

○ TCL集团、创维数码发布的6月销量公告显示，受节能惠民政策结束影响，这两大彩电巨头在2013年6月的国内彩电销量均出现明显下跌。

○ 贝因美北京生活馆关闭，贝因美创始人谢宏曾经寄予厚望的"婴童全产业链"梦想受挫。

○ 盛大文学宣布已通过私募融资总计1.1亿美元，投资方包括高盛的关系企业

Goldman Sachs Investments Holdings (Asia) Limited,及新加坡投资机构淡马锡。融资完成后,两家投资方将占据接近20%的股权。

7月10日

○ 小灵通曾经辉煌一时,2006年10月中国小灵通用户达到历史顶峰9341万户,但随着3G牌照的发放,运营商失去了继续发展小灵通的积极性,其随后进入衰落期。3月底,我国小灵通用户数仅剩1000万户左右。

○ 在《财富》最新发布的2013年世界500强排行榜中,中国上榜企业数量较2012年增加16家(不包括港台企业),达到95家。其中,在新增的16家上榜企业中,山西焦煤集团有限责任公司等五家山西煤炭企业赫然在列。

○ 中国联通宣布,从7月10日起下调美国、英国、法国以及港澳台等39个国家和地区的国际漫游资费,平均降幅47%,调整后,用户在美国、韩国和港台漫游拨打当地、拨打中国大陆和漫游地接听资费均为0.96元/分钟。

○ 继上海、北京、广州和贵阳之后,天津、深圳等8城市或加入汽车限购行列。

○ 龙湖地产发布公告称,公司已与13家本地及国际银行签订一项港币76.72亿等值的四年期俱乐部式筹组贷款,该融资规模也刷新了内地房企单笔贷款新纪录。

○ 特变电工公告称,公司控股孙公司特变电工新疆新能源股份有限公司拟投资建设8个总装机容量为149MW的光伏电站,以及1个装机容量为49.5MW风电场项目,预计总投资达20.08亿元。特变电工称,项目实施有利于扩大新能源公司光伏系统集成业务、风电业务的市场占有率和科技进步。

○ 7月10日晚间,"钉子户"美赞臣终于宣布降价。至此,所有接受价格反垄断调查的婴幼儿奶粉品牌均降价,降价幅度为3%~20%。

7月11日

○ 在之前进入机票预订、成立淘宝旅行,并将淘宝旅行及支付宝航旅统称为阿里巴巴航旅之后,阿里巴巴又开始进入在线旅游搜索领域,启动酒店搜索比价服务,还投入千万元建立用户成长计划。目前,一淘已与携程、艺龙、同程、住哪儿、芒果等数家大型在线旅游代理商(OTA)达成战略合作,收录超过30万家酒店和客栈信息搜索。

○ 收购中国护肤品公司丁家宜2年后,全球香水巨头法国科蒂集团(Coty Inc)并未交出满意的答卷,2012年丁家宜的销售额下降了50%,由于业绩不达预期,据科蒂此前披露的招股说明书,已对这笔24亿元的收购做了减值处理。

○ 随着海外市场略有回暖,以及国内外棉花差价幅度收窄,中国纺织服装出口在上半年平稳增长12%,达到1272.05亿美元。

○ 市场研究机构IDC的数据显示,联想集团在2013年第二季度全球市场份额达16.7%,较上季度增长1.4个百分点,超过惠普成为全球PC市场出货量第一。

○ 从开元酒店获悉,其开元酒店REIT正式在香港交易所主板上市,这是全球第一个中国的酒店REIT。

7 月 15 日

○ 国务院近日提出实施“宽带中国”战略。这次国务院常务会议表示，鼓励民间资本以参股方式进入基础电信运营市场，鼓励智能终端产品研发，通过创新供给引导消费。

○ 在遭遇塑化剂风波、限制“三公消费”及一线名酒挤压、费用居高不下的形势下，此前极力走高端路线的多家二线白酒企业面临业绩压力，2013 年上半年业绩或出现负增长。

○ 台积电(TSMC)的苹果战略迈出实质性步伐。台积电已在近期与苹果部分芯片的代工签约，供货协议从 2014 年开始执行，这不仅给台积电带来巨大的利润空间，更加速了苹果“去三星化”。

○ 银泰集团创始人、董事长兼总裁沈国军宣布不再兼任总裁一职，而专职担任公司董事长，未来将更专注集团战略规划思考与决策，银泰商业 CEO 兼总裁陈晓东获任银泰集团首席执行官。与此同时，银泰集团宣布未来 10 年的六大产业发展计划——商业零售、商业地产、矿产资源、投资业务、金融业务、智能物流。

7 月 16 日

○ 中联重科透露，未来公司将加快环卫机械、农用机械、重卡及金融产业的发展速度，其中环卫机械将扩容并在 2013 年 8 月会迁至新生产基地。

○ 葛兰素史克商业贿赂案，让上海临江国际旅行社“一夜成名”。据新华社消息，临江旅行社被指成为 GSK 行贿案走账平台，截至 2013 年，报账金额共计约 3000 万元。

○ 成商集团表示，为了维护公司全体股东的利益，成商集团决定于 2013 年 7 月 15 日正式收回成都商业大厦物业，并表示待物业收回后，公司计划自主经营茂业百货春熙店。

○ 因为预期收益难以达到，万业企业不得不选择退出谋划三年之久的印尼铁矿项目。

○ 已转型为黑色金属采选企业的攀钢钒钛，主要利润增长点是矿石产业和钒钛产业。但其主营业务均受到低迷经济波及，铁精矿、钛产品等主要产品价格同比下降，2013 年上半年业绩预计同比下降 46%～55%。

7 月 18 日

○ 小米科技 CEO 雷军在内部员工大会上交出了上半年的成绩单：累计售出 703 万部小米手机，实现营收达 132.7 亿元人民币，这超过 2012 年全年营收的 126 亿元。

○ 广东联通与微信宣布将于 8 月 8 日推出名为“微信沃卡”的 SIM 卡产品。除了肯定“微信沃”是“一张电话卡”外，“微信沃”用户可获得“更多微信功能、更多流量优惠和无限靓号”。

○ 继小米、乐视、PPTV 等杀入互联网机顶盒市场后，阿里巴巴将与华数传媒合作发布阿里盒子。从2012年下半年起,阿里为研发阿里盒子组建了近百人的研发团队。

7月19日

○ 百度19亿美元收购91无线,这超过2005年雅虎10亿美金并购阿里巴巴,成为中国互联网有史以来最大的并购案。业界人士称,在BAT(百度、阿里巴巴和腾讯)三巨头中,阿里巴巴借一系列收购完成移动布局,腾讯已拿到"船票"的微信,只有百度急需在移动互联网领域找到一款真正平台级的产品。

○ 北控水务拟以13.5亿元人民币收购标准水务有限公司的两个全资子公司及其36个以污水处理为主的水务项目,合计新增设计规模达202.6万吨/日。

○ 五粮液的新品"特曲、头曲"将于下周在成都锦江宾馆举办上市会,上述两款产品分为39度、42度、45度、52度几个度数,价格区间均在200～400元之间。

○ 月初,一场"外包工讨薪门"事件将熔盛重工业绩下滑、资金紧张等现状展露在了公众的面前。

7月20日

○ 北京确诊一例H7N9禽流感病例。中国畜牧业协会畜业分会副秘书长仇宝琴表示,根据中国畜牧业协会统计,截至6月底,4月份暴发的禽流感已经给行业造成超过600亿元损失,大量企业亏损。

○ 搜狐宣布对旗下搜狐视频管理架构作出调整:搜狐CEO张朝阳将亲自出任搜狐视频代理CEO。张朝阳称视频已经是当前互联网行业竞争的主要战场之一,他将把主要的精力投入到视频相关的工作中。

7月22日

○ 有外媒援引知情人士说法称,香港首富李嘉诚旗下的和记黄埔正计划出售旗舰资产百佳超市连锁,交易叫价在10亿美元到20亿美元。

○ 航天机电公告称,该公司将在宁夏建设总计500兆瓦的光伏电站项目,投资额约50亿元人民币。这一项目将是其近两年来最大的投资项目。

○ 经历了上市以来首次年度亏损之后,中兴通讯希望发挥员工"二次创业"的激情,正式公布了《股票期权激励计划》,将一次性向1523名激励对象授予10320万份股票期权,授予数量占中兴通讯股本总额的3%。这是中兴通讯继2007年实施第一期股权激励计划后再次推行新股权激励措施。

7月23日

○ 随着环保标准不断提高,火电企业不仅面临脱硫脱硝的压力,而且长三角、珠三角、京津冀等重点区域的常规火电机组及热电联产机组建设也逐渐受到限制。因此,火电企业不得不寻找新的发展出路。如国电集团在上述地区除继续建设海上风电、涉足核电外,还将大力发展天然气发电。

○ 2013年上半年,零售行业时不时地传出出售与并购的消息。近日,李嘉诚在资本市场放盘旗下百佳业务。

○ 光明乳业公告称，其投资的新西兰公司新莱特于昨日在新西兰证券交易所主板挂牌上市，发行价2.2新西兰元，募资7500万新西兰元（折合人民币约3.87亿元），光明乳业仍是新莱特的最大股东。

7月24日

○ 据香港媒体透露，阿里集团已向港交所递交上市申请，正式启动在港上市程序，预期10月份挂牌，估值最高达1000亿美元，集资额最高200亿美元，有机会荣膺香港历来新股集资王。

○ 凌钢股份发布公告称，拟自筹资金投资2亿元设立朝阳新城镇建设发展有限公司。

○ 工信部正式发布《铝行业规范条件》，主要是在对《铝行业准入条件（2007年）》进行修订的基础上，进一步提高行业准入标准，包括在提高新建项目规模、提高项目建设最低资本金的比例、增加产品质量、限制能耗和环境保护等方面有了更进一步的要求。

7月26日

○ 深圳龙华富士康消费电子产品事业群近日集体停工，主要是因为员工的职位升了一级，但工资并未增加，加上以前每年7、8月份要发的绩效奖没有发放，引起了小范围的薪资风波。

○ 万达将对万达广场业态分布做重大调整——减少服饰而增加体验式业态，2013年第四季度以后开业的万达广场二楼全面取消服饰业态，拟不招零售业态，2015年前把已开业的72个广场二楼业态调整完成。

7月27日

○ 机电商会等宣布，中国光伏产业与欧委会在中国输欧光伏产品贸易争端方面，达成了价格承诺安排，意味着中方将以一个最低限价（即底价）对欧出口光伏组件，且可能出台的这一价格也是彼此基本认可的，各自利益都有所保障。

○ 在智能电视领域，传统彩电厂与新进入的IT互联网企业之间，“拉锯战”再度上演。继上周创维否定加入阿里巴巴智能TV生态联盟后，昨天长虹也正式否认加入该联盟。

7月28日

○ 中船股份发布半年报，营业收入3.19亿元，同比下降39.49%；归属于上市公司股东的净利润比2012年同期下滑2645.41%，直接由241.71万元的盈利变成多达6152.43万元的亏损。

○ 中国外运正式推出国内首个跨境物流电子商务平台。这个平台整合了中国外运在全球超过200多个网点的数据信息，打通了包括海关在内的上下游数据通路，是对我国传统跨境物流业一次电商式改造。

7月29日

○ 知名游戏开发商动视暴雪斥资58.3亿美元，回购了其母公司法国维旺迪

(Vivendi)持有的部分股权，此外，由动视暴雪 CEO 鲍比·科迪克(Bobby Kotick)引领的投资财团也参与了此次交易，斥资 23.4 亿美元从维旺迪收购约 24.9%股权，腾讯也参与到了此次交易中，并以唯一产业投资者的身份，加入上述财团中。通过战略入股，腾讯拥有动视暴雪约 6%的股份。

○ 力拓公司获悉，公司与洛阳钼业已就 Northparkes 项目达成具有约束力的协议，后者将以 8.2 亿美元的价格收购这一铜金矿项目 80%的股权。而对目前主营资产为钼的洛阳钼业来说，此次也是公司首次涉足铜业资源领域。

7 月 30 日

○ 为了扶植省内煤炭企业，近期山西利好政策频出。继 7 月 25 日，下发《关于印发进一步促进全省煤炭经济转变发展方式实现可持续增长措施的通知》后，近日山西省召开专题会议，协调启动将北部电煤通过铁路进行南运。

○ 巨人网络将推出与“余额宝”名称相似的“全额宝”业务。2013 年 4 月，51 岁的史玉柱宣布退休，但一直没有卸除“投资者”的身份。此前，他一直对投资金融领域有着极大兴趣，曾经多次对多家银行进行大手笔投资。

○ 在将百联股份退市、合并入友谊股份后，百联系开始将奥特莱斯、购物中心等大型业态以友谊股份为平台大举扩张，如今还发展到资本运作层面。武汉市百联奥特莱斯购物广场有限公司以 1019.3 万元价格出售 51%股权。

○ 华策影视拟以现金和发行股份相结合的方式购买克顿传媒 100%的股权，交易对价为 16.52 亿元，并募集配套资金 5.5 亿元。

7 月 31 日

○ 微信与运营商的首次合作揭开了面纱。广东联通和腾讯共同宣布，将于 8 月 8 日推出名为“微信沃卡”的 SIM 卡产品，合作内容包括群组、流量、表情、支付和游戏“四菜一汤”。

○ 2013 年上半年，航空公司的主营业务利润同比大幅下滑，如果扣除汇兑收益，主营业务的亏损超过 40 亿元。

8 月

8 月 1 日

○ 杭州解百拟向杭州商旅发行股份购买其所持商旅投资 100%股权，并募集配套资金，交易完成后，杭州解百将持有商旅投资 100%股权，商旅投资持有的杭州大厦 60%股权也随之注入上市公司。

○ 一扫 2012 年上半年净利下滑八成的阴霾，山河智能发布的 2013 年半年报显示，2013 年上半年山河智能营业收入 12 亿元，同比增长 2.54%，归属于上市公司股东的净利润 5174 万元，同比增长 57.64%。

○ 阿里官方发表声明，以“安全”之名，停止淘宝与微信的一切数据链接，这场以“安全”之名的屏蔽，实则是背后生态控制权的不同理解。

○ 新湖中宝拟以不低于3.07元/股的价格，定向增发不超过17.91亿股A股股票，募资不超过55亿元，其中投资25亿元用于新湖青蓝国际项目，该发行方案尚需获得股东大会批准以及中国证监会核准。

8月2日

○ 从2012年就开始筹备公开增发工作的成都市路桥工程股份有限公司终于得偿所愿，募集资金7亿元，用于公司2012年签署的一项BT建设项目的资金投入。

○ 从传闻资金链短缺到计划IPO，近日58同城被传出赴美上市的消息，58同城CEO姚劲波表示，有关58同城赴美上市的消息，目前不便回应，以后会有正式公布。

○ 两款中国移动品牌手机正式公布，这两款手机定位中低端，一款4英寸屏，Marwell芯片，售价399，比亚迪代工；一款5英寸屏，MTK A9芯片，售价1199，海信代工。

8月5日

○ 携程已将部分度假产品放在去哪儿平台上，并且今后会考虑在酒店、机票领域合作，此举显示出在线旅游商竞争日益激烈，携程为拼业绩不得不扩大合作范围，即便是“冤家”也需要在商言商。

○ 森马服饰已与靡丽虹服饰有限公司签订合作协议，将代理靡丽虹旗下儿童品牌Sarabanda和Minibanda，并或将与靡丽虹母公司意大利美丽阁股份公司设立合资公司。

○ 华润锦华将向深圳创维数字技术股份有限公司的股东定向增发3.68亿股股份，一旦完成，华润锦华将由创维数码间接全资子公司创维－RGB控股58.52%。

○ 中国铁路建设投资公司已经陆续发布了7个铁路客、货车招标公告，总计726辆客车、28900辆货车公开招标，本次招标规模数额已高达数百亿元，这对于高铁产业链上的南北车等车辆制造商来说无疑是久旱逢甘霖。

○ 继阿里余额宝之后，苏宁易购的易付宝也将抢滩理财市场，据悉苏宁将于近期正式进入基金领域，开始涉足货币基金等投资理财产品，“易付宝”将申请独立域名。

○ 华晨宝马将从2013年9月23日起主动召回2009年8月24日至2012年8月31日期间生产的5系长轴距版汽车，共计143215辆，原因是召回时间范围内部分车辆电动机械助力转向器的供电线插头上的密封圈与供电线直径无法完全匹配。

8月6日

○ 中海地产迎来换帅时刻，“老将”孔庆平卸任董事局主席职务，现任行政总裁郝建民接任；与此同时中国建筑拟展开以中海地产为核心平台的房地产业务大整合，新的地产巨无霸有望浮出水面。

○ 新浪拿下了NBA互联网赛事的视频直播、NBA中国官方在线社区的合作运营、休闲游戏、电商运营，以及移动端的直播和点播，此次框架合作的时间是2013～2014年连续两个赛季，事实上，早在2010年，新浪就与NBA方面展开了合作，此次合作是前次合作的延续，但新浪方面并未透露此次的合约金额。

○ 安踏2014年第一季度订货会上订货金额获得了2012年第三季度以来的首次增长，但从2013年上半年业绩来看，经过大规模的库存清理、关店潮之后，安踏的业绩仍然没能有所起色。

8月7日

○ 蒙牛对雅士利的并购已经基本进入收尾阶段，未来数天，这项百亿并购的结果将最终揭晓，这将决定雅士利是否继续保持上市地位，按照香港联交所的规定，流通股股东比例低于10%的上市公司需要退市。

○ 过去两年重点放在内部整合和海外并购的海航集团，此次再次出手国内，旗下的海航资本收购地产上市公司亿城股份近20%的股权，从而成为这家公司的单一最大股东。

○ 上海家化宣布集中推出一系列婴童等细分市场新品牌和专营店、电商等新渠道品牌的“组合拳”，在上述品牌调整战略中，上海家化也淘汰了4个不成功的品牌，包括可采、珂珂、露美、清妃等。

○ 连续三年超千亿元的规模增长惯性，让万科这家地产巨无霸依然快速前行，营收及净资产收益率等指标续写新纪录，万科2013年上半年实现营业收入413.9亿元和净利润45.6亿元，同比分别增长34.7%和22.3%。

○ 双汇发展发布的中期业绩报告显示公司上半年实现营业收入203.07亿元，较2012年同期增长10.82%；归属于上市公司股东的净利润达16.9亿元，同比增长64.95%，双汇发展方面称业绩增长主要受国内需求拉动、公司产销规模扩大、产品结构调整、成本稳中趋降的影响。

8月8日

○ “屋漏偏逢连夜雨”的国电南自不仅2013年上半年净利润下降严重，同时一个已签合同超过两年、预期带来大幅收益的新疆风电项目也因实施风险和预计收益存在不可控因素而终止。

○ 在铁路客车和货车招标开启后不久，铁路机车的招标也随之启动，中国铁路建设投资公司发布公告，拟采购225台6轴7200kW电力机车，招标总额超过30亿元。

○ 恒源煤电1～6月公司实现销售收入38.58亿元，同比减少21.60%；归属于上市公司股东的净利润9477.44万元，同比下降82.30%，国际经济形势持续低迷，延续低速增长态势，国内经济处于转型升级期，是煤炭市场疲软的主要原因。

○ 软件公司金蝶公布中期业绩报告，公司期内营业额同比下降4.5%至7.45亿元，但同比扭亏，实现盈利861.4万元人民币，毛利率按年提高6.1个百分点至74.7%。

8月9日

○ 包钢稀土对区内稀土企业重组已有三年时间，仍没实现对部分企业实质性整合，包钢稀土总经理张忠称，稀土整合工作是分阶段逐步推进的，因为涉及评估、做账等工作，目前仍处于前期阶段。

○ 为应对巴西政府对本土化制造的要求，江淮汽车拟与奇瑞汽车、福田汽车等国内乘用车企业在巴西设点来提升在当地汽车市场的竞争力。

○ 京东宣布其物流官网上线，京东物流开放计划为面向供应商、第三方卖家提供一站式的仓储、配送、售后、客服等物流服务，为第三方合作伙伴打通“存储—下订单—配送—售后”的端到端服务。

○ 九牧王披露的 2013 年上半年年报显示，虽然存货水平降低，但九牧王遭遇了上市以来中报业绩首度下滑，能否用并购的方式挽回颓势还不得而知，但可以肯定的是从 2013 年上半年的情况看，九牧王想要完成全年计划，恐怕有一定难度。

○ 有着上百亿元债务的无锡尚德太阳能电力有限公司破产重整管理人小组向主要债权人通报了意向投资方，4 家企业递交了意向投资书，但是投资人均对无锡尚德过百亿的债务心存忌惮，与此同时已是无锡尚德营运管理方的无锡国联，并没有拿出任何拯救方案。

○ 安进担任江淮汽车董事长一年半对产品结构调整后，再次对江淮汽车的组织架构进行调整，江淮汽车昨晚公布的半年报显示，该公司上半年实现营收 179.8 亿元，净利润 5.2 亿元，净利同比增长 62%。

8 月 12 日

○ 联想控股对外宣布丰联集团原总裁路通离任，联想控股高级副总裁、佳沃集团总裁陈绍鹏将同时出任丰联集团董事长兼 CEO，引发业界对业外资本进入白酒业的反思。

○ 在欧美市场遭遇不利并在中国市场接连关闭部分门店“断臂止血”，将旗下房地产业务与零售公司合并后，英国零售巨头 Tesco 高调宣布，已与华润创业有限公司签署一份谅解备忘录并同时进行排他性的合作商讨，双方考虑成立一家合资零售公司，共同在华运营大型超市和普通超市。

○ 在第二季度，小米手机出货量达 440 万部，占国内智能手机市场总出货量的 5%；小米在中国区的手机出货量已超越苹果，在三星、联想、宇龙酷派之后，位居国内市场第六位。

○ 多晶硅生产商——江苏阳光接到了中国证监会江苏监管局的行政监管措施决定书，其在宁夏硅业停产的信息披露上违规，需要向江苏证监局提交书面整改报告。

○ 江淮乘用车新产品和悦 A30 在江淮合肥工厂下线，下线仪式后的经销商与媒体沟通会议上宣布了江淮乘用车公司组织架构进行变革的信息，原江淮轿车营销公司、多功能车营销公司和多功能商用车营销公司“番号”取消，改名为和悦营销分公司、瑞风营销分公司和星锐营销分公司。

8 月 13 日

○ 北京首都旅游股份有限公司拟变更为北京首旅酒店股份有限公司，简称为首旅酒店或首旅酒店，由于首旅集团旗下不少酒店大多处于“黄金地段”，且国内酒店股目前处于长期看好阶段，这促使首旅股份未来发展更倾向于酒店业务，淡化旅游业务。

○ 中国家居公布的2013年中期业绩报告显示，上半年销售额由上一年同期的0.05亿港元猛增至约4.18亿港元，其中，归属于上市公司股东的净利润为0.78亿港元，同比增加了252%，这也是中国家居改名后的首个半年度盈利。

○ 操纵黄、铂金饰品价格的上海黄金饰品行业协会以及老凤祥银楼、老庙、亚一、城隍珠宝、天宝龙凤等金饰企业价格垄断行为收到处罚：5家金店处上一年度相关销售额1%的罚款，共计人民币1009.37万元，上海黄金饰品行业协会被罚50万元。

○ 由乐视网大股东贾跃亭与原光线影业创始人张昭于2011年成立的乐视影业，昨天宣布完成首轮融资，该轮融资由深圳市创新投资集团有限公司领投，乐视星云等10余家公司跟投，投资额度2亿元，乐视影业的估值达到15.5亿元。

8月14日

○ 匹克体育公司上半年实现营业额11.7亿元，同比下跌27.3%；股权持有人应占本期溢利0.9亿元，同比下跌62.5%；匹克表示，2013年上半年营业额减少主要归因于业内持续广泛的清理库存活动以及疲弱的经济状况对新产品的需求造成了负面影响。

○ 如家酒店二季度总营收为16.0亿元人民币，比上年同期增长10.5%；净利润9480万元人民币，上年同期净利润为3640万美元，同比大幅增长160.2%，对莫泰整合的完成、成本控制等是使如家二季度利润大涨的原因。

○ 从2013年5月中旬开始停牌的合肥荣事达三洋电器股份有限公司终于宣布了惠而浦将接盘的消息，惠而浦公司通过协议用约34亿元人民币成为合肥三洋控股股东，持股比例达到51%。

○ 游戏公司深圳中青宝互动网络股份有限公司拟以8746.50万元收购苏摩科技51%的股权，以及拟以35700万元收购美峰数码51%的股权，这两项收购标的，无疑都为中青宝的手游业务添上一抹亮色。

○ 北汽福田汽车股份有限公司与广东省佛山市人民政府、三水区人民政府签订了《关于北汽福田PC6010项目战略合作协议书》，将在佛山投资32亿元新建年产24万辆皮卡和SUV的生产基地，这是福田汽车继原南海工厂和欧辉客车厂后第三次扩大在南方的生产基地建设，被认为是福田华南战略转型升级的重要举措之一。

○ 宝钢股份出台碳钢板材2013年9月份国内期货销售价格调整的通知，大部分产品开始上调，而另一大钢铁巨头武钢股份也上调了9月份的钢材出厂价。

8月15日

○ 深圳燃气上半年因石油气批发销售量减少较多，公司营业收入40.71亿元，同比下降3.68%；不过因为管道天然气销量大幅增长带来规模效应，归属上市公司股东净利润达到5.03亿元，同比增长37.38%。

○ 国泰航空上半年净利润2400万港元，营业收入下跌了0.6%，主要因为2013年上半年，虽然客运业务有所改善，但各主要航空货运市场的需求仍然疲弱，而且航油价格持续高企，为国泰航空业务带来不利影响。

○ 依靠老坛酸菜面和奶茶品类在竞争激烈的快消品“红海”大战中突围的统一企业，如今却分别遭遇成长的烦恼：2013 年上半年方便面业务经营亏损达 6031 万元；饮料业务核心经营盈利按年增长低于 5%，其中奶茶产品增速由 2012 年同期的 83%放缓至 15%。

○ 随着铁路建设的逐步推进，而航空公司则开始调整发展战略以应对高铁的冲击，并寻求与高铁更多的合作。春秋航空公司与上海铁路局合作，在苏州、杭州、无锡、常州、嘉兴五座城市开通了“空铁快线”。

○ 在铁路货车、客车和机车招标相继启动后，被业界期待的动车招标终于重启，中国铁路建设投资公司代替各铁路局进行的首批 91 列时速 250 公里动车组采购项目已经开启，这是继 2011 年后，首次公开招标的动车组采购项目。

8 月 16 日

○ 协鑫集团准备涉足油气资源的勘探、开发及仓储、管道输送、销售等并会首先进入下游加气站及上游气体资源的开发，包括天然气、致密气及页岩气等，董事长朱共山也在密集调研新疆地区的资源及企业。

○ 中茵股份拟以不低于 9.53 元/股的价格，非公开发行不超过 1.8 亿股，募集资金不超过 17.15 亿元，全部用于徐州中茵广场项目的开发与营运。

○ eBay 与中国平安旗下平安金融科技咨询公司达成战略合作：平安金科联手银行推出一款名为“贷贷平安商务卡”的互联网金融产品，为 eBay 上的卖家提供无抵押无担保的信用贷款。

○ 中国移动 2013 年上半年营业收入 3031 亿元，同比增长 10.4%；股东应占利润 631 亿元，同比增长 1.5%，中国移动上半年的成绩单只能称得上是“艰难地保证了盈利增长”，由于市场饱和度日益提升、运营商之间同质竞争激烈，而互联网业务对电信传统业务的替代日趋明显，中国移动的市场地位正在面临不小挑战。

○ 蒙牛收购雅士利的要约在 13 日下午 4 时截止，已有效接纳涉及 31.967 亿股雅士利股份，占雅士利已发行股本约 89.82%，这意味着蒙牛收购雅士利即将收尾。

○ 乐视网发布中期业绩报告显示，该公司上半年实现营业收入 7.52 亿元，较 2012 年同期增长 35.98%，其中，广告收入占据乐视营收半壁江山，报告期内公司实现广告收入 3.4 亿元，比 2012 年同期增长 124.74%

8 月 19 日

○ 今日起，中国雅虎邮箱将正式关闭，用户的所有邮件和相关账户设置都将被删除且无法恢复。

○ 美国 IMAX 公司将环球数码和“中国巨幕”总工程师崔晓宇分别告上洛杉矶高级法院，控告 GDC 与崔晓宇采用非法手段将 IMAX 技术运用到中国巨幕上，中国巨幕价格仅是 IMAX 的一半左右，而品质相差不是很大，对 IMAX 市场带来一定冲击，动摇了

IMAX一家独大的垄断地位。

○ 青海明胶2013年上半年实现营业收入1.79亿元，同比增长22.34%，归属于上市公司股东的净利润与2012年同期相比虽上涨44.67%，不过仍为亏损，为-454.6万元，明胶主业受原料价格上涨因素的影响，毛利率与2012年同期基本持平，硬胶囊产品毛利率较2012年同期上升4.01%，公司主营业务盈利能力已在逐步改善。

○ 占据国内搜索市场18%份额的360搜索又开始高调打出“用户牌”，成立一年的360搜索再出招：一是将搜索结果引入网民点评；二是将搜索业务内置于拥有4亿用户的安全卫士，推出桌面快捷搜索；360两个动作的意义十分明显：为用户提供更贴近自然搜索场景的快速搜索体验，同时利用自己在PC端的生态优势进一步抢占搜索入口。

8月20日

○ 郑州宇通客车股份有限公司2013年上半年实现营业收入96.64亿元，较上年同期增长16.48%，在新能源客车方面的优势使得该公司从政府财政补贴所得的营业外收入暴涨逾9倍，从2012年同期的1563万元飙升至1.68亿元。

○ 中兴业已展开对手机部门业务线的重组，内容包括改变以往传统的B2B运作模式，加大对渠道以及互联网等方面的布局。

○ 多年亏损的京东方终于迎来了液晶面板的“好周期”：京东方2013年上半年实现持续盈利，营业总收入162.5亿元，较2012年同期增长69.16%，净利润达8.6亿元。

○ TCL集团最近拟定向增发融资20亿元，其中15.4亿元将用于支付回购华星光电30%股权的余款，余下款项用于补充公司流动资金，为华星光电上马第二次8.5代线作准备。

○ 网易与中国电信宣布成立合资公司“浙江翼信科技有限公司”，注册资金为2亿元，其中，中国电信持股73%，网易持股27%并推出类微信的移动即时通讯产品——易信。

○ 完达山乳业股份有限公司通过从新西兰韦斯特兰乳品公司的乳铁蛋白中检出硝酸盐含量异常，完达山乳业已经对该批原料做退货处理。

8月21日

○ 中信资本控股有限公司与元禾控股及招商局集团组成财团共同投资顺丰速运有限公司不超过25%的股份，成为顺丰的新股东，据悉，此交易有望成本年度人民币股权投资市场最大交易之一。

○ 格力电器坚持技术创新，在国内空调市场增长乏力的情况下半年报依旧飘红，2013年上半年，格力电器营业收入528.96亿元，同比增长10.38%；净利润40.15亿元，同比增长39.85%，行业龙头地位进一步巩固。

○ 中国华电集团公司5月由于脱硝脱硫项目未按目标责任书落实，被暂停审批燃煤机组新、改、扩建项目环境影响评价文件，经过三个月的整改，目前均已按照要求建成投运，达到了解限要求。

○ 神华集团近两年在电力板块进行了大规模兼并重组，火电权益装机规模已经达到 6500 万千瓦，超过五大发电集团中火电装机容量 5800 万千瓦的中电投，成为中国火电行业里名副其实的第五大发电企业。

○ 为帮助石岘纸业渡过目前生产经营中遇到的难关，图们市政府决定分三年给予公司 4700 万元财政补助资金，该补助资金计入公司每年损益。

○ 曾在 2009 年开始风靡全国、掀起"全民偷菜"盛况的社交游戏"开心农场"正式下线。

○ 在传统业务整体增速放缓的背景下，并购成了湖南出版传媒巨头中南传媒完成布局的重要手段，中南传媒将 2013 年定为"并购年"，加快跨区域、跨国界、跨行业、跨所有制的外延扩张，力争在并购重组上取得重大突破，加快资本运营的步伐。

8 月 22 日

○ 北大荒已宣布剥离近几年给其带来巨大亏损压力的北大荒米业，但是巨额的应收账款和存货坏账计提与拆借资金无法收回，令其 2013 年扭亏的希望变得渺茫。

○ 中航重机股份有限公司 2013 年 1～6 月份实现营业收入 294089.68 万元，同比增长 25.68%；利润总额 11656.99 万元，同比增长 121.19%；营业收入增长的主要原因是军品业务呈现恢复性增长，公司各涉军单位军品业务均有稳步增长。

○ 英国药品及保健品管理署近日在官网上发布的一则中药警告，再次将中药质量问题推上风口浪尖，同仁堂再次陷入"质量门"。

○ 2013 年以来"诸事不顺"的广汇能源在经历了第一季度净利润翻倍增长之后，终因受非能源板块业务的拖累，上半年净利润同比下降了 22.27%。

○ 在团购领域广撒网的百度战略投资人人公司旗下糯米网已经接近尾声，投资消息将很快对外公布。

○ 由于大约 100 万元的货款未能收回导致其资金链断裂，与此同时，上游的供应商却在不断催款，公司只能利用自有资金垫付，雷星光电最终倒闭收场。

8 月 26 日

○ 一直受矿难困扰的云煤能源经过一年多的整改，终于在 2013 年上半年重新启动新注入煤矿的生产，并因此实现了扭亏。然而，这距离完成全年业绩目标，仍还有很长一段路，恐怕还需要大股东掏巨资补差额。

○ 百联集团再次履新：由上海市国资委原副主任陈晓宏接替马新生，担任百联集团党委书记、董事长；上汽集团原副总裁叶永明接替贺涛任百联集团党委副书记、总裁，同时，张成钧不再担任百联集团监事会主席。

○ 中国移动 TD-LTE 4G 招标终于有了结果：以载频数计算，华为与中兴的份额都是 26%，爱立信、上海贝尔以及诺西的份额都是 11%，大唐为 9%，普天、新邮通与烽火份额均为 2%。

○ 为了弥补在移动互联网及社交网络的错失，背靠阿里这座金矿的雅虎继续疯狂并购，日前雅虎方面确认最新的一笔收购：图像识别创业公司 IQ Engine，这是雅虎一年内进行第 19 笔收购。

8 月 27 日

○ 在新加坡上市的主要生产和加工蔬菜的中国公司闽中食品被格劳克斯认定财务造假，其“罪状”包括：夸大销售数据、篡改子公司财务数据、夸大资本开支和利润率等。

○ 宝钢股份新任总经理戴志浩表示对下半年的钢铁市场仍不乐观，而在钢铁主业上仍能获得不少利润的宝钢，将未来的希望放在了湛江钢铁项目和铝等新材料、电子商务等新业务板块上。

○ 中国长江三峡集团公司在北京召开干部大会：国务院三峡工程建设委员会办公室副主任卢纯任三峡集团公司董事长、党组书记，中国大唐集团公司党组成员、副总经理王琳任三峡集团公司总经理，免去曹广晶的董事长、党组书记职务，免去陈飞的总经理职务，两人另有任用。

○ 中新天津生态城服务中心的屋顶电站项目发生火情，后被扑灭，当地消防初步确认，起火原因为天气过热引发楼顶防水层和光伏电池组件的自燃。

8 月 28 日

○ 近期永辉超市关闭了福建梅山店和中原首店郑州百盛店，2013 年以来永辉超市已在全国关店 5 家，止损和租约到期等是关店主因。

○ 尽管 2013 年上半年中国零售规模增长持续放缓，化妆品行业增长放慢脚步，但上海家化在上半年销售和净利还是继续高增长，上海家化公布的 2013 年半年报显示，公司实现营业总收入 27.5 亿元，同比增长 17.4%；营业利润为 6 亿元，同比增长 28.7%。

8 月 29 日

○ 江西铜业发布上半年业绩报告，称该公司主要产品产量完成进度计划，销售收入继续快速增长，但净利润不升反降，同比出现大幅缩水。

○ 中粮控股作为中国最大的食用油生产企业之一，上半年实现税前利润 11.64 亿港元，值得注意的是，起主营业务表现较为一般，其中约一半来自人民币升值带来的汇兑收益。

○ 昆仑能源前掌舵手李华林被调查导致昆仑能源股价下跌 13.51%，外界纷纷担心李华林在昆仑能源一手制定的战略是否会因其被调查而放缓。

9 月

9 月 1 日

○ 中材国际以总交易对价 1.04 亿欧元收购并增资获得 SK 所持德国 Hazemag&EPRGmbH 近 60%的股权，后者从事的业务为生产、销售和维修生产加工所需的部件和设备及各种加工技术。

○ 贵州茅台公布半年报，上半年实现营业收入141.27亿余元，同比增长6.51%；营业利润103.97亿余元，同比增长6.10%，创历史新低。受公务消费受限影响业绩低于预期，股价放量跌停。贵州茅台股价经历了多年神话般暴涨之后，进入股价下行阶段。

○ 中国企业联合会、中国企业家协会公布"2013中国企业500强"，国企及国企控股企业再次包揽半壁江山，其中中石化以营业收入28306亿元连续9年领跑。

9月2日

○ 国家统计局公告2012年我国国内生产总值现价总量为518942亿元，比初步核算数减少380亿元，按不变价格计算的增长速度为7.7%，比初步核算数降低0.1个百分点。

○ 东方航空旗下东方航空物流公司正式推出电子商务网站"东航产地直达"，以生鲜为主要品类，并强调其原产地直供的服务特色。在整合航空货运与物流的同时，东航获得了运营国内快递的牌照，目前快递板块已经初步建立了覆盖上海市区的派送网络。

○ 美年大健康产业宣布完成第二轮较大规模融资，这是继2012年8月接受凯雷注资之后又一轮融资，医疗健康领域成为国内外风险投资和私募基金人士普遍看好的投资方向。

○ 广船国际收到董事长余宝山递交的辞呈，余因工作变动的原因向董事会辞去公司董事长、董事、董事会战略委员会主任委员职务，这距离余履新广船国际，只有短短一年的时间，期间造船业和航运业整体不景气，广船国际的经营也不乐观。

9月3日

○ 2013年北京土地市场共成交经营性用地约948公顷，为2012年同期的3.7倍，其中住宅用地约722公顷，为2012年同期的4倍；经营性用地成交总额约1009亿元，创历史同期最高水平。近期，在全国70个大中城市中北京房价的涨幅排名第一。

○ 惠生工程是中国最大的私营EPC服务供应商，民营企业出身的惠生工程在成立不久后，就斩获甚至全权包揽了"两桶油"的不少炼化项目。随着中石油腐败案调查的深入，惠生工程涉嫌卷入了中石油贪腐案，股价大挫。

○ 北京、上海、广州等一线城市推出汽车限购政策的同时，杭州市则推出了鼓励汽车消费的政策。杭州市政府下发了《关于扩大内需、提振消费的实施意见》，提出鼓励个人消费者购置新能源和地产汽车等惠民政策。

○ 华谊兄弟董事会通过发行股份及支付现金购买广州银汉科技有限公司50.88%的股权议案。同时，华谊拟斥资2.52亿元收购张国立旗下浙江常升70%股权，以增加电视剧板块的生产能力及核心竞争力

○ 爱奇艺与TCL联合推出互联网电视"TV+"，加入抢占客厅的浪潮，TCL此次与百度爱奇艺合作，希望能发挥各自优势，为彩电业互联网化、IT化转型提供有益探索。

9月4日

○ 融创摘得北京市朝阳区东三环农展馆地块住宅混合公建用地，以21亿元竞得异地建设医院面积27.8万平方米，建筑面积5.9万平方米，以7.3万/平方米的楼面价刷新北京单价地王，若扣除10%的不可销售公建面积，楼面价格高达8.12万元/平方米。

○ 2013年上半年方便面业务巨亏后，统一企业中国开始进行投资理财操作，将悉数出售所持有的中国旺旺控股有限公司股权4626.1万股，每股作价11港元，统一企业中国预计财务报表将获得出售事项的账面收益约3.67亿港元。

○ 途牛旅游网宣布已完成D轮由Temasek(淡马锡)投资公司、DCM公司等联合投资的约6000万美元融资，公司投资价值为转型中的经济体、增长中的中产阶层、强化中的比较优势和新兴的龙头企业，同时阿里巴巴前高管汤峥嵘出任途牛任职CTO。

○ 红双喜集团以1806.26万元价格挂牌出售其控股的上海红双喜游艇有限公司全部55.4%股权，内部人士支出此番出售股权是国有资本退出非主业之举，前不久红双喜游艇第二大股东也从国有股东变成了民营股东。

9月5日

○ 二十国集团(G20)领导人峰会将在俄罗斯圣彼得堡召开，主题为增长和就业，讨论世界经济增长和金融稳定、就业和投资、发展、贸易等议题，国家主席习近平将出席会议。

○ 浙江光伏发电量呈爆发式增长态势，1-8月光伏发电量累计达4303万千瓦时，同比增长1398%。由于国家关于光伏产业的利好政策频出，加上电力部门对分布式光伏发电项目的积极消纳态势，加速了浙江光伏电站的开发热潮。

○ 中石油宣布其承建的土库曼斯坦复兴气田南约洛坦年100亿立方米产能建设项目竣工投产，意味着中亚向中国出口天然气有望在2013年底就达到每年650亿立方米，是中石油开拓海外天然气业务的重要一步。

○ 小米发布了1999元的手机产品M3和2999元的47英寸智能电视小米电视，涉足移动互联网野心从手机拓展到客厅领域，定价逻辑与小米手机类似，初期以2999元的价格亏本销售，未来通过规模化摊薄成本，甚至通过增值服务赚钱。

9月6日

○ 索芙特定增12.8亿元收购山水盛典文化产业有限公司旗下《印象·刘三姐》项目公司桂林广维文华旅游文化产业有限公司全部股权，公司称收购是为了实现多元化经营，分散投资风险。

○ 春秋航空日本注册了公司“春秋航空日本”，其关于航空运输业务的相关许可证的申请已被正式受理，申请被通过后，公司即可获得在日本运营航线的权利，有望成为国内首家到国外成立航空公司的航企。

○ 盛大网络进军文化地产业，投建的“盛大天地”文化创意产业园区项目已全面开工，项目位于上海浦东中环边张江南区，总建筑面积70万平方米。

○ 绿城房地产几度经历破产走出了一台“代建”发展模式，截止目前，绿城代建市场发展迅猛，通过输出品牌，输出产品，创造出了房地产行业的“ODM”模式，为公司提供稳定利润来源。

9月9日

○ 伊利股份通过在香港的全资子公司伊利国际投资辉山乳业，成为辉山乳业的投资者，投资金额5000万美元，此举有助于公司加强与辉山乳业之间的战略合作关系，并通过与辉山乳业的长期供奶合同，稳定东北地区原料奶供应。

○ 百丽国际利润不断下滑，开始着手产业链整合，继近日以7.33亿港元收购日本服装零售商巴罗克(Baroque)31.96%股权之后，又从数家独立第三方股东处收购龙浩天地股份有限公司100%股权。

○ 铁路总公司公布时速250公里动车组中标人资格，中国南车旗下南车青岛四方机车车辆股份有限公司获得全部91列时速250公里动车组。

9月10日

○ 中国重工拟特定对象发行22.08亿股，折合84.8亿元资金，注入超大型水面舰船、大中型水面舰船、常规潜艇、大型登陆舰等军工重大装备总装资产。

○ 凤凰传媒下属子公司凤凰数字传媒以2.77亿元收购上海都玩网络科技有限公司55%的股权，成为上海都玩的控股股东。凤凰传媒因涉足手游市场股价连续上涨，创历史新高。

○ 航天控股公布半年报，其上半年时间净利润3.69亿港元，同比增长282%，业绩增长主要来源为投资物业的公允价值增加。

○ 光明食品集团旗下金枫酒业与浙江商源集团旗下久加久食品饮料连锁有限公司签订合作协议，约定在华东区域酒水销售渠道形成合作，共享双方成熟市场的渠道网络与品牌资源。

9月11日

○ 2013年夏季达沃斯论坛在大连举行，本次年会以“创新:势在必行”为主题，国务院总理李克强出席并作特别致辞，与企业家代表进行对话交流。

○ 腾讯股价破400港元大关，收盘报401.6港元，再次刷新新高，市值近7500亿港元，腾讯上市后累计涨幅已超过100倍，微信依然是各方资金继续追捧腾讯的最大因素，为了阿里巴巴上市获得高估值，资金也会继续追捧腾讯等网络股份。

○ 复星国际旗下管理的一只基金通过增资收购了意大利顶级男装制造商CarusoSpa35%股份，从而成为其最大的战略投资者之一，这是继地中海俱乐部(ClubMed)、FolliFollie等项目后，复星首次投资欧洲顶级奢侈品牌。

○ 杭州怡莱连锁酒店有限公司被华住集团收购，引得如家、锦江之星等酒店巨头关注。由于经济型酒店整体行业利润走低增速放缓之下，收购区域优势酒店是未来经济型酒店的扩张之路。

9 月 12 日

○ 联合利华宣布在四川投产占地 400 亩的全球生产基地，一期洗衣粉产品项目投资金额近 3 亿元，预计 2015 年初建成投产，产能将超过 20 万吨。该生产基地在满足中国西部市场需求的同时将兼顾出口业务。

○ 河南能源化工集团挂牌成立，公司由河南第一大煤炭企业的河南煤化集团与第三大煤炭企业的义马煤业集团股份有限公司重组而来。新公司预计年销售收计为 2500 亿元左右，煤炭产量过亿吨。

○ 苏宁在北京举行开放平台发布会，宣布平台从 C2C 的 1.0 时代，到 B2B2C 的 2.0 时代，即将进入 3.0 时代，即精选客户、强化平台服务，而且与线下体验相结合，被誉为苏宁云台的开放平台策略。

○ 国务院发布《大气污染防治行动计划》，大力推广新能源汽车在公交、环卫等行业和政府机关中的普及，加快淘汰黄标车和老旧车辆。

9 月 13 日

○ 中海集运全资子公司中海码头公司拟通过公开挂牌方式转让其所持连云港新东方码头公司 55％股权，后者主要资产是预期投资规模超过 30 亿的连云港庙岭三期突堤工程，是连云港亿吨大港建设的关键工程之一，共有五个深水泊位。

○ 广州住房博览会开幕，历年来参展企业和楼盘数量最多的一次，有 30 多家集团旗下的 140 多个楼盘亮相，而 2013 年国庆黄金周的新货供应量也为近年来新高。

○ “苏宁银行”名称获国家工商总局批准，苏宁提出申请成立民营银行后，其动向备受关注，此次工商注册过关，似乎证明其在成立银行道路上更进一步。

○ 海航旅业旗下的“海娜号”邮轮被韩国济州地方法院扣留。因沙钢船务有限公司以法律纠纷为由，向济州地方法院申请扣押船舶，要求缴纳 30 亿韩元保证金才能释放船只，因保证金缴纳不顺，船上 1659 名游客及 650 员工滞留。

9 月 16 日

○ 华锐风电科技(集团)股份有限公司前董事长兼总裁韩俊良遭上交所公开谴责，华锐风电 2011 年销售收入数据存在虚报、造假情节，董事长在任职期间未能勤勉尽责，以致公司出现违规行为。

○ 乐视 TV 超级电视在烟台富士康的代工基地正式启用，月产能 3.6 万台。供应改善后，发货周期缩短至一周，也为下一步渠道拓展、合作扩张打下产能基础，而智能电视相关收入或使乐视网下半年的业绩增加一倍。

○ TESCO 乐购将关闭其在中国区的首家门店——上海乐购长宁店，尽管乐购表示这仅是公司战略调整，但其近年来的频繁关店让业界看到消费走低、租金提升后的零售业瓶颈。

○ 邮政航空与 PEMCO 公司签订了 5 架 B737-300F 客改货合同，此前邮政航空引进 B737-400 全货机，购买 5 架波音 737 飞机等，邮政航空接连大动作被认为是 EMS 与顺丰的比赛，剑指在利润丰厚的中高端快件市场继续其重要地位。

9 月 17 日

○ 2013 年上半年造船业成交量放大，造船订单激增，很多航运巨头都开始加快订造大船，船市似乎出现了复苏的迹象。但是业内人士认为，目前造船业并不具备彻底复苏的条件。

○ 上海家化董事长葛文耀提出退休申请，此前葛文耀已辞去上海家化母公司家化集团董事长职务。消息人士指出，葛文耀申请提前退休很有可能与家化和大股东的摩擦有关。

○ 百盛集团发布 2013 年度中报，上半年集团实现收益 23.14 亿元，同比增长 1.96%；而经营利润却缩水至 4.41 亿元，与 2012 年同期的 6.48 亿元相比，下跌了 32%。由于百货行业竞争日趋激烈，运营成本逐年攀升，并受到来自电商冲击，行业发展面临瓶颈。

9 月 18 日

○ 水井坊半年报显示，公司营业收入和净利润同比大幅降价近 50%，水井坊除了销售原有高端产品外，还推出天号陈等中低端酒品；在销售渠道上，公司在拓展电商渠道，与酒仙网合作销售。

○ 中国神华发布公告，新建黄骅南至大家洼铁路项目已获得发改委核准批复，铁路全长 223.7 公里，黄大铁路总投资金额 111.44 亿元，由中国神华的控股子公司朔黄铁路发展占有 75%股权，另一投资方为山东铁路建设投资，占股 25%。

○ 招商地产发布了发行股份购买资产并募集配套资金暨关联交易预案，总交易额近 65 亿元，这是 2013 年以来地产上市公司最大的一笔再融资。

9 月 19 日

○ 娃哈哈进军白酒业，集团公司与贵州省仁怀市政府签订了白酒战略投资协议，一期投资 150 亿元入驻仁怀市白酒工业园区。

○ 尚德电力收到意大利布林迪西法院发出的裁决通知，决定查封由 Global Solar Fund S. C. A. SICAR 投资的公司所建造的 37 个太阳能电站。同时，部分相关人员也被要求审前拘留。

9 月 20 日

○ 万达集团项目总投资超过 500 亿元人民币，其中文化旅游投资超过 300 亿元，建设全球投资规模最大影视产业项目——青岛东方影都影视产业园区。

○ 韩国钢企浦项综合制铁公司 POSCO 将与重庆钢铁股份有限公司各出资 50%在重庆兴建一座产能达 300 万吨的钢铁厂，合资企业将使用浦项和西门子联合开发的新技术，简称世界首套 FINEX-CEM 生产线，最终建成高效率、低能耗的综合示范钢厂。

○ 广汇能源引入国投交通公司作为红淖铁路的投资方，国投交通将受让红淖铁路 40%的股份，价格不高于实收资本对应股份的 2.1 倍，国投交通是国家开发投资公司的全资子公司。

9月23日

○ 10个地方性的广电公司与深圳市同洲电子股份有限公司签约共同推广“飞看盒子”，向网络视频领域扩展。同洲电子与有线运营商合作，将国内广电领域内1亿多台传统机顶盒进行升级，之后用户既可以收看广电运营商的节目内容，也可以收看互联网业务的节目内容。

○ 百视通拟与微软共同投资7900万美元成立上海百家合信息技术发展有限公司，双方将拿出各自与业务相关的核心资源，在新一代家庭游戏娱乐技术、终端、内容、服务等领域展开全面的合作。

○ 好想你枣业股份有限公司关停旗下600家专卖店，近年来红枣市场的竞争已经影响到好想你公司的利润状况，而严控三公消费令过于依赖礼品市场的好想你公司盲目扩张的问题集中暴露。

○ 中色股份发布非公开发行预案，拟向包括控股股东有色集团在内的不超过10名对象，以不低于12.31元/股的价格，增发不超过14500万股股份。募集资金拟用于中国有色冶金机械有限公司新厂区建设项目、中色南方稀土有限公司。

9月24日

○ 继腾讯微信、网易易信之后，阿里巴巴近日也宣布推出已独立开发两年的移动社交应用“来往”，除此之外，阿里自主研发的移动社交应用还有旺信，旺信延续了阿里旺旺在PC端的用户买卖关系，而来往的定位则更贴近微信，主打熟人社交。

○ 中粮集团此前收购的侨福企业宣布对母公司资产进行反向收购，意味着中粮集团的注资将取得实质性进展。中粮集团旗下有中粮地产和中粮置业两家地产公司，其他地产业务还包括酒店事业部和亚龙湾开发股份有限公司。

○ 美国史密斯菲尔德食品公司股东大会以96%赞成票批准了中国双汇国际的收购方案，双汇国际为收购股份将支付47亿美元，此外还将承担史密斯菲尔德24亿美元的债务，总收购金额高达71亿美元，创中国企业赴美投资之最。

○ 携程正大规模转型无线端业务，在暑期旺季，携程来自无线的酒店单日交易订单比峰值已达40%，超过PC网站，接下来其还将力拓无线端。

9月25日

○ 华商大会在成都开幕，会议以“中国发展，华商机遇”为主题，中共中央总书记、国家主席习近平发来贺信，中共中央政治局常委、全国政协主席俞正声出席并发表演讲。

○ 上海锦江国际酒店股份有限公司以约9.01亿元价格挂牌出售其所持有的上海华亭宾馆有限公司45%股权，此举是锦江酒店系启动“轻资产化”之举，而回笼资金则能投入其他新项目开发中。

○ 搜狗已正式向陕西省西安市中级人民法院提起诉讼，状告奇虎科技公司、奇虎360软件公司不正当竞争，并索赔经济损失人民币4500万元。同时，360公司也宣布向北京第二中级人民法院起诉北京搜狗科技有限公司的不正当竞争，索赔5000万元。

○ 在电商整合风起云涌的背景下，国美在线引入当当网原副总裁高翔正式担任CEO，以国美电商业务"去电器化"和加强线上线下协同成为其履新后的两大重任。

9月26日

○ 雅芳(中国)将起对旗下零售渠道的全线产品调整建议零售价，绝大部分产品的零售价均有所下降，仅有少数产品有适度涨价。这次零售渠道的价格调整是雅芳重拾零售的战略转型措施之一。

○ 北京通航与PAL签署了合资意向，"通用航空"和"汽车业务"两大板块齐头并进，是企业取得突破性发展。此次合资合作，中方以土地和资金入股而外方以技术入股，双方只是在中国组装和销售P750飞机，该项合作能助力北航整体上市。

○ 大庆沃尔沃汽车制造有限公司宣告正式成立，首款投产车型为XC90，这是继沃尔沃汽车成都工厂宣布开工之后又一里程碑式节点，也标志着沃尔沃汽车在华参与豪华车市场竞争从准备阶段进入到实际运营阶段。

○ 信威科技借壳中创信测上市，中创信测拟向信威通信部分股东以发行股份的方式购买其合计持有的北京信威96.53%的股权；同时，公司拟采用询价方式向不超过10名符合条件的特定投资者发行股份募集配套资金。

9月27日

○ 美国《财富》杂志评选"2013年最受赞赏中国公司"，阿里巴巴继2011年后再度当选"最受赞赏的中国公司"排行榜冠军，百度排名第二，海尔第三，成立仅3年的小米科技登上2013年的全明星榜单，成为本榜单有史以来最年轻的上榜公司。

○ 大庆沃尔沃汽车制造有限公司宣告正式成立，这是继沃尔沃汽车成都工厂宣布开工之后又一里程碑式节点，也标志着沃尔沃汽车在华参与豪华车市场竞争从准备阶段进入到实际运营阶段。

○ 京东集团拟在上海设立的小额贷款公司，目前已经通过了专业监管部门上海市金融办的审批。京东已成立金融集团，除了针对自营平台的供应商，未来还会扩大到POP开放平台。

9月29日

○ 央行发布货币政策委员会第三季度例会内容称，在继续实施稳健的货币政策的同时，着力增强政策的针对性、协调性，适时适度进行预调微调。

○ *ST天一拟发行4.65亿股，收购景峰制药100%股权。重组完成后，其主营业务也从泵类和电气产品生产销售变为医药产品的生产销售，而景峰制药成为公司全资子公司，其现任实际控制人叶湘武等人，则成为上市公司第一大股东。

○ 盛大首批获得自贸区营业执照，新成立的上海盛大国际贸易有限公司由母公司盛大网络100%控股。公司首期注册在位于自贸区核心区域之一的国家对外文化贸易基地内，这也是区内唯一的文化专业市场。

9月30日

○ 东方明珠子公司上海东方明珠文化发展有限公司成为首批在上海自贸区内成立并予以授牌的公司之一，新公司注册资金2亿元，东方明珠集团有意通过新公司为平台，加大对包括游戏、娱乐在内的大文化产业的投资。

○ 优衣库全球最大的旗舰店在上海开幕，卖场面积超过8000平方米。近年随着快时尚的风潮加速扩张，2012年优衣库在华开设约100家门店，未来预计在中国每年开设80至100家店铺。

○ 由中海油任作业者的乌干达 Kingfisher 油田的开发方案正式获得乌干达政府的批准，中海油将成为第一个获准在乌干达开展油气田开发生产作业的石油公司。

10 月

10月8日

○ 随着奶源短缺加剧，包括蒙牛、伊利、光明国内三大乳企在内的多家乳企已经在近期调高价格，各大乳企还采取优先保障高端乳品原料的供应防止利润大幅滑坡。

○ 在新《旅游法》不允许强制购物和增加自费项目后，首个付诸实施的十一黄金周，旅游业者反映，大量购物团锐减，尤其是十一期间香港团队游由以往每日300多团减到100团左右。

○ 据外媒报道，达能方面至少会向恒天然集团索赔2.72亿美元，以赔偿2013年8月因恒天然污染事件导致达能召回婴幼儿配方奶粉产品而给达能的声誉和营收造成的损失。达能是恒天然肉毒杆菌乌龙事件中受影响最大，也是首个提出赔偿要求的企业。

10月9日

○ 近日，汤臣倍健、无限极等企业胶原蛋白产品被指未检出胶原蛋白中含有的羟脯氨酸而被指不含胶原蛋白成分。

○ 经过近一年的接触后，河南美景集团收购美国穆尼航空公司(Mooney)正式获美国外国在美投资审查委员会的批准。穆尼航空是美国一家老牌单发动机通用航空飞机制造企业，美景集团是一家拥有中国房地产开发企业一级资质的中外合资企业。

○ 国内在线旅游网站去哪儿网已向SEC(美国证券交易委员会)递交招股书，拟在纽交所上市，计划最高融资1.25亿美元。

○ 光伏电池生产线及解决方案商汉能太阳能公告称，汉能集团尚欠其20.92亿港元未清还，该笔款项本来是应在2013年9月底全部结清的。而近21亿港元的数字，还高于汉能太阳能上半年的收入。

10月10日

○ 苏宁云商集团旗下的南京苏宁易付宝网络科技有限公司已经获得证监会关于基金销售支付结算的许可。

○ 71亿美元并入全球最大猪肉加工及生猪养殖商美国史密斯菲尔德(SmithField)后,双汇国际控股公司正式公布备受关注的增长计划,公司称将增加由美国向亚洲出口的猪肉产品,建立新的全球贸易运营平台,并研究和史密斯菲尔德合作向中国推出高端产品。

○ 在投资地中海俱乐部(Club Med)后,复星集团越发对酒店及相关商业、旅游地产产生了兴趣,频频加大旅游商业板块的投资。公司与国际目的地度假村、娱乐场和豪华酒店营运商柯兹纳国际控股有限集团签约,共同在三亚沿海棠湾国家海岸打造一座顶级的七星级酒店及海洋公园——亚特兰蒂斯。

10月10日

○ 去哪儿向美国证券交易委员会提交招股说明书,去哪儿拟在纽约证券交易所上市,然而业界质疑其累计亏损高达1.5亿元人民币,甚至还向百度借款。

○ 山西省已经停建省内所有建设中的矿井,涉及省内近六成的产能。业内人士预计,这将减少约7000万吨的煤炭供应量,有利于后期煤炭价格的止跌回升。

○ 中国汽车工业史上首次地方企业重组央企资产的案例即将成行。据知情人士透露,不久前,国资委已经对昌河汽车脱离长安集团一事作出批示,同意昌河汽车独立。

10月14日

○ 继被迅雷、湖南卫视起诉侵权之后,近日优酷土豆集团已向海淀区法院起诉小米盒子涉嫌对10部剧目侵权点播,并要求小米盒子立即停止侵权行为、公开赔礼道歉,并赔偿510万元。

○ 针对水泥行业,国务院印发的《关于化解产能严重过剩矛盾的指导意见》重申降低低标号复合水泥比重,也首度将水泥窑协同处置垃圾提上议程。

10月15日

○ 国家外汇管理局发放试点开展跨境电商外汇兑换业务的牌照,包括支付宝、快钱、东方支付、汇付天下等17家第三方支付机构获得首批牌照。

○ 央视动画责任有限公司、奥飞动漫等二十家动画制作、播出机构,联合发出倡议,号召全行业承诺不制作、播出暴力失度、语言粗俗的动画片,其中,《喜羊羊与灰太狼》、《熊出没》两部收视率名列前茅的国产动画片被点名。

○ 国内最大民营石化工程公司之一的惠生工程公告,公司间接持有75%权益的惠生中国,已与委内瑞拉国家石油公司就委内瑞拉的克鲁斯港炼油厂深度转化项目的场地平整,订立采购及施工总承包合同,合同总金额约8.34亿美元,这也是中国企业在拉美地区目前获得的最大炼油工程建设项目。

10月16日

○ 国务院发布《关于促进健康服务业发展的若干意见》,提出到2020年,基本建立覆盖全生命周期、内涵丰富、结构合理的健康服务业体系。受此影响,包括医疗服务、健康管理与促进、健康保险以及相关服务,涉及药品、医疗器械、保健用品、保健食品、健身产品等多领域产业将被迅速拉动。

○ 美的集团总裁黄健就提出辞职，该职位将由美的集团董事长方洪波接任。

○ 京东家电发布未来三年战略规划，计划三年内年销售额冲击1100亿元。公司表示，从2008年至今，家电业务作为京东的战略支撑，已连续5年高速增长，将为京东平台2013年交易额突破1000亿元目标做出重要贡献。

10月17日

○ 百度与奇虎360又一场对决正式对簿公堂。该案涉及搜索引擎蜘蛛协议(Robots协议)的法律地位问题，百度向360提出一亿元的索赔。

○ 国务院最新印发的《关于化解产能严重过剩的指导意见》指出，在提前一年完成"十二五"钢铁、电解铝、水泥、平板玻璃等重点行业淘汰落后产能目标任务基础上，通过提高财政奖励标准，落实等量或减量置换方案等措施，鼓励地方提高淘汰落后产能标准，2015年底前再淘汰炼铁1500万吨、炼钢1500万吨。

○ 腾讯电商表示，腾讯电商的开放平台部门将全力推进与自营业务的整合，从2013年第四季度开始，陆续将会有超过100万款开放平台的SKU通过统一入配的模式(即统一配送模式)接入易迅网。

10月18日

○ 继阿里巴巴、苏宁云商之后，京东商城也正在设立实体小额贷款公司，且申请已经通过前置审批流程，其小额贷款公司的服务对象，主要是京东集团的供应商(自营)以及卖家(开放平台)。

○ 工信部产业政策司发布《车辆生产企业及产品公告》(第254批)，在拟发布的新增车辆生产企业名单中，万向集团子公司万向电动汽车有限公司在列。

○ 家居电商牛窝网项目暂停，仅仅运营了四个月的时间，投资方收回了公司所有资产。

10月21日

○ 经历了上半年净利下滑近五成的尴尬后，美邦服饰2013年第三季度业绩依旧没有好转，日前公布的2013年第三季度业绩显示，2013年1～9月，美邦营业收入整体下滑19.9%，净利润降幅达49.12%。

○ 继九牧王、美邦服饰等企业2013年第三季度业绩出现下滑之后，七匹狼第三季度报告也显示，营收、净利润双双下跌，这也是七匹狼自2006年中以来首次出现净利润下滑。

○ 百度金融中心的理财平台将在月底面市，并将推出目标年化收益率8%的理财计划"百发"。

10月22日

○ 价格战趋于平缓，而在线旅游服务商们的新战争聚焦移动端与定制产品。携程近日推出高端旅游定制品牌鸿鹄逸游。

○ 水龙头铅含量超标事件后，修订水龙头铅析出量的国家标准提上议事日程。业内人士表示，新修订的水龙头国家标准已定稿上报等待批准，预计明年正式实施；新国标中铅析出量等指标与美国标准相同，预计每只水龙头将因此增加成本30元左右，过度分散的卫浴行业将迎来一次洗牌。

○ 上海广播电视台（SMG）宣布，将进行全媒体的产业布局，为品牌提供360度营销解决方案。

10月23日

○ 中石油、中海油与巴西石油公司、壳牌、道达尔成立的联合投标体，已拿下一份为期35年的产品分成合同，用以开发位于巴西海上桑托斯盆地的利布拉油田，而它也是巴西最大的油田，总投资约2000亿美元。

○ 万达集团的转型日益深入。近日，万达文化产业集团旗下的北京万达旅业投资有限公司，在前后不到两周的时间内，接连收购两家旅行社。

○ 高鑫零售（大润发和欧尚合并的上市公司）透露，其旗下电商网站飞牛网昨日启动招商，未来将联动线下门店拟与其他品牌便利店合作配送与提货。

○ 北京市住房和城乡建设委员会发布《关于加快中低价位自住型改善型商品住房建设的意见》称，北京要加快自住型商品住房建设，在2013年底前完成不低于2万套自住型商品住房供地，建设套型建筑面积90平方米以下为主的住房，销售均价原则上按照比同地段、同品质的商品住房价格低30%左右的水平确定。

10月24日

○ 不断下滑的业绩让煤炭企业倍感压力，大同煤业准备以近15亿元的价格向控股股东转让两个亏损煤矿，阳泉煤业则通过调整部分固定资产折旧年限调节利润。

○ 美国做空机构浑水在其官网上发布了一篇长达81页的调查报告，称网秦操纵了一场巨大的骗局，在其市场份额、产品安全、资产负债表、业务收购等方面均存在作假或捏造行为，将网秦股票评级为“强烈卖出”。

10月25日

○ 在继与腾讯微生活合作，推出具有购物功能的零售微信服务号“天虹”后，近日传统百货运营商天虹商场针对移动端推出了一款名为“天虹微店”的应用平台。

○ 在2013年油气新开发项目偏少、渤海老油田产量递减的形势下，第三季度中海油在国内区域的油气产量同比出现下跌。但得益于海外项目的油产量增加，尤其是尼克森的贡献，中海油实现净产量103.4百万桶油当量，同比上涨17.8%。

○ 行业低迷态势短期不改，以包钢稀土为代表的国内三家稀土上市企业的业绩继续滑落。从行业整体来看，稀土产业链上企业绝大多数处于业绩下滑状态。

○ 三星苏州8.5线竣工；TCL宣布华星光电将投入244亿元在深圳再上一条8.5代线。中国大陆正成为全球液晶面板产能扩张最快的地区。但不乐观的需求增长与不断扩张的产能形成鲜明对比，结构性产能过剩的风险暗存。

10月28日

○ 中芯国际发2亿美元零息可换股债券，所得款项净额将用作扩大8英寸及12英寸制造设施产能相关之资本开支及一般公司用途。项目吸引了120多个投资者，已完成9倍超额认购。

○ 粤传媒公告称，公司拟购买上海香榭丽广告传媒股份有限公司100%的股权，交易对价为4.5亿元。公司称该收购与公司'以媒为本，多元多赢'的发展战略定位相关。粤传媒正在从原来的报业经营为主，转型发展成为综合性的文化传媒集团。

○ 苏宁云商、弘毅投资联合战略投资PPTV聚力，交易规模4.2亿美元。苏宁投资2.5亿美元，占PPTV聚力44%的比例，成为第一大股东，也是苏宁迄今为止最大的一笔战略投资。

○ 已经获得盛大、鼎晖等公司两轮投资的电影在线票务公司格瓦拉生活网宣布再获鼎晖投资，鼎晖此次领投2000万美元，远高于此前两轮融资额。

10月29日

○ 国内彩票网站500彩票网向美国证券交易委员会(SEC)提交IPO申请，拟在纽约证券交易所挂牌，计划筹集最多1.5亿美元资金。

○ 专营出境自助游业务的世界邦旅行网宣布，获得以雅虎创始人杨致远为代表的天使投资人、复星集团旗下复星昆仲资本和美国硅谷为总部的ChinaRock风险投资共三方注资，融资额共计近千万美元。

○ 国家能源局发布《页岩气产业政策》，页岩气出厂价格未来将明确实行市场定价，此外，页岩气生产企业还将获得减免矿产资源补偿费、矿权使用费等多项税收优惠政策。

10月30日

○ 收获香港上市平台盛高置地(现已更名"绿地香港")之后，绿地集团正在将金丰投资锁定为下一个重组目标。集团A+H两地上市的大幕已徐徐拉起。

○ 苏宁低调推出云信，苏宁表示，在苏宁"一体两翼"的互联网路线图中，两翼分别是O2O(Online to offline)模式，以及开放平台；而云信天然具有较好的融合连接性，将实现多方点对点的沟通。

○ 电商冲击、成本高企和消费走低已经成为零售类上市公司的三大"业绩杀手"。南宁百货、翠微大厦、武汉中商等上市公司发布的三季度财报显示，上述公司净利润均有不同程度的下滑。

○ 协鑫集团下属的香港上市公司保利协鑫表示将认购森泰集团8000万股及可转换债券，金额为18亿港元，持股森泰29%股份。协鑫集团的光伏电站融资平台也将借森泰搭建成功，电站业务由此全面启动。

10月31日

○ 继越秀集团和万科之后，上市房企新华联也再次涉足银行，称近期接到湖南省工商联通知，湖南省政府已正式向国务院推荐新华联为湖南省长沙市拟设立民营银行的发起股东之一。

○ 纺织服装板块2013年第三季度业绩普遍不佳的情况下，雅戈尔和杉杉股份则双双出现营收、净利齐升的情况。雅戈尔解释，营收大幅增长的主要原因在于地产板块，杉杉股份当季的净利润增长主要来自投资收益。

11　月

11月1日

○ 国家能源局正式发布《页岩气产业政策》，对页岩气产业政策做了明确指引，对页岩气开采企业实行税收优惠措施。

○ 全国首家小额再贷款公司广州立根小额再贷款股份有限公司正式开业，注册资本10亿元，主发起人为广州国际控股集团有限公司。

○ 淘宝网正式获得证监会出具的无异议函，获准销售基金，淘宝成为互联网首家为基金销售机构提供服务开展业务的第三方电子商务平台。

○ 58同城在美国纽交所挂牌上市，融资规模约2亿美元，开盘价为21美元。摩根斯坦利、瑞信、华旗和太平洋皇冠证券为此次IPO的承销商。

11月2日

○ 去哪儿在纽交所上市，发行1111万份ADS，最大融资额为1.47亿美元。上市首日，去哪儿开盘价28.35美元，较15美元的发行价上涨89%，当天早盘最高涨至34.99美元，涨幅为133%。

○ 阿里巴巴的即时通讯软件“来往”借助天猫“双11”启动了“6000万红包”攻势，叫板微信，因阿里与腾讯都瞄准了互联网的下一个蓝海——移动电商与移动支付市场。

○ 德邦物流正式启动了快递业务，快递业务利润率远高于零担物流，导致快运企业纷纷向快递领域延伸，开始向综合物流供应链提供商转型。

11月3日

○ 顺风光电宣布其将出资30亿元重组无锡尚德太阳能电力有限公司，当天停牌一周的顺风光电在香港联合交易所恢复买卖。

○ 吉祥航空计划在广州筹建一家全新的低成本航空公司，新公司由吉祥航空控股70%以上，其他股份由几家非航空业内企业投资，公司暂定名为“九元航空”。

11月4日

○ 加多宝以2.5亿元的代价拿下《中国好声音》第三季的冠名权，通过第一季好声音，加多宝顺利实现了品牌转换，提高在二三线市场的认知度。此前，加多宝分别以6000万和2亿元获得冠名权。

○ 阿里宣布了阿里小微金融的股权改革计划，小微金融40%的股权将分享给阿里以及小微金融所有近2万名员工，另外约60%的股权留给未来的战略投资者，马云在阿里小微金融的持股比例不会高于7.3%。

○ 国投商用置业有限公司宣布进行大规模股权变动，黑石与工银国际控股有限公司同意分别购入该公司40%及6%的股权。

11月5日

○ 六福集团公告以3.01亿港元的代价，收购香港资源旗下运营附属公司中国金银50%的股份。

○ 娃哈哈在北京宣布正式进军白酒行业，合作伙伴为茅台镇前身是汪家烧坊的金酱酒业，产品名暂定为“领酱国酒”。

○ 汽车垂直类销售网站“汽车之家”向美国证券交易委员会提交上市申请，计划赴纽交所上市，募资1.2亿美元。

11月6日

○ 双钱股份与新疆投资发展有限责任公司签署股权合作框架协议，拟对新疆昆仑轮胎有限公司增资5.72亿元，以增资认购的方式持有昆仑轮胎51%股权，成为后者控股股东。

○ 独一味以1.01亿元受让四川华济药业有限公司100%的股权，以延伸中药产业链。

11月7日

○ 中远集团副总裁徐敏杰被有关部门带走调查，中远集团旗下上市公司连续亏损多年，面临暂停上市风险。

○ 因尚德电力后市风险较大，纽约证券交易所宣布尚德电力进入退市程序，并暂停其交易。

11月8日

○ 上海公布了进一步严格执行国家房地产市场调控政策的七条措施，在二套房首付、限购等方面均有所加码，住房保障的覆盖面则要求进一步加大。

○ 全国持续性雾霾天气催生了空气净化器市场的繁荣，2013年1～8月，全国空气净化器市场零售量同比增长70.9%，零售额同比增长86.9%。

11月9日

○ 恒大集团亚洲杯夺冠，宣布进军矿泉水领域，董事长潘永卓表示，恒大矿泉水集团将在3年内打造年产1000万吨的矿泉水生产基地，五年内计划生产2000万吨。

11月10日

○ 中国铁路建设投资公司就时速250公里和350公里动车组采购项目进行公开招标，南车北车从中受益。

○ 方大特钢出资1亿元设立一家全资子公司，用来生产、销售瓶装天然饮用水，随着钢铁行业景气度下降，钢铁企业纷纷开始涉足非钢产业。

○ 同仁堂受“三公消费”受限的影响，高端滋补药材需求下降明显，公司业绩下滑。

11月11日

○ 阿里巴巴2013年“双11”销售额突破350亿，而2012年191亿元的销售额在当天十三点零四分被刷新。

○ 雅士利国际退市不能，控股股东蒙牛乳业以每股3.5港元出售4.71亿股雅士利股份，令雅士利国际有足够公众流通量，维持其上市地位，雅力士复牌后大涨17.13%。

○ SOHO中国拟出售其位于上海的虹口SOHO、SOHO海伦广场和SOHO静安广场三个项目，以优化公司投资结构，增大在北京的投资，达到两地平衡。

○ 被确认接收相关部门调查后，中远集团的副总经理徐敏杰辞任包括中集集团、*ST远洋在内的多家上市公司职务。

11月12日

○ 十八届三中全会顺利闭幕，全会听取和讨论了习近平同志受中央政治局委托作的工作报告，审议通过了《中共中央关于全面深化改革若干重大问题的决定》，发布三中全会公报，强调让市场在资源配置中的起决定性作用。

○“沪七条”颁布后，上海楼市热度不降反升，11月前10天上海市新建商品住宅成交面积达50万平方米，同比大幅上升65%。

○ 中国棋牌游戏类第一股博雅互动正式在港交所正式挂牌，股价开盘报6.75港元，较上市价5.35港元上涨26%；成交3182万股，涉资2.15亿港元。

○ 娃哈哈宜昌购物广场正式动工，该购物广场是一个集酒店、餐饮、购物、商务、休闲、住宅等众多项目于一体的大型城市综合体，标志着娃哈哈迈开进军商贸零售业的第一步。

○ 无锡尚德太阳能电力有限公司破产重整方案获通过，债务人将以“全现金”和“现金＋应收款”两种方式受偿，比例在31%左右。

11月13日

○ 北方冬季供暖使得天然气供应紧张，沧州大化被中石油暂停天然气供应，公司尿素装置也不得不停产，这对其业绩将产生不利影响，其他以天然气为原料的化肥企业也受到了不同程度的影响。

○ 华策影视以1.8亿元取得郭敬明持有的上海最世文化发展有限公司26%的股权，并取得郭敬明作品的优先投资权。

○ 新浪发布2013年第三季度财报，该季度营收1.846亿美元，同比增长22%；其中广告收入达1.516亿美元，同比增长26%；净利润达2540万美元，同比增长157%。

11月14日

○ 内地首个民营担保公司中国集成金融集团控股有限公司登陆香港主板市场，并以每股定价2.68港元，净募集资金2.16亿港元。

○ 余额宝的规模突破1000亿元，成为国内首只达到千亿规模的基金，开户数超过2900万，天弘基金也跻身为资产规模超千亿的基金公司之列。

○ 华菱钢铁对子公司华菱湘钢和华菱涟钢进行资产重组，降低资产负债率，为实现全年扭亏避免带帽。

○ 昌九生化经历连续7个跌停板后停牌。昌九生化是市场上的热门重组概念股，因传言其将被赣州稀土借壳，公司股价一度暴涨，但随着赣州稀土借壳威华股份，公司连续跌停。

11月15日

○ 沃尔玛宣布关闭中国2家实体零售店，受成本上涨、消费走低和电商冲击等因素影响，目前实体零售业态的毛利率普遍下滑，从业者面临巨大压力。

○ 顺风光电收购无锡尚德的方案获批，因而长达8个月的无锡尚德破产重整工作也由此结束，重组将正式展开。

○ 吉林市中级法院一审做出判决，原中国移动通信集团执行董事兼副总经理鲁向东因受贿2000多万元被判无期徒刑。

11月18日

○ 上海农商银行自贸区分行正式挂牌成立，成为全国首家和唯一一家由农村中小金融机构在自贸区设立的银行业分支机构。

○ 澳大利亚和新西兰银行(中国)有限公司宣布获银监会批准，在上海外高桥自贸区筹备开设支行，此前，汇丰、花旗、东亚在内的八家外资银行陆续获批在自贸区设立支行。

○ 欧莱雅亚洲最大的生产基地湖北宜昌天美工厂扩建项目已完成并正式投产，建设投资总额2亿元人民币，厂区面积将达7万多平方米，产能将达到2.5亿件。

11月19日

○ 支付宝个人用户在PC端使用支付宝账户间转账将不再享有免费转账额度，支付宝此举希望把PC端用户迁移到“支付宝钱包”，以抵御腾讯微信支付对其生态圈的威胁。

○ 戴姆勒以6.25亿欧元收购北汽股份12%的股权，戴姆勒希望用IPO的丰富经验，对北汽股份IPO的顺利展开提供帮助，以保证所持有资产的升值。

○ 中国嘉陵公告出售所持兵装财务公司2.4%的股权，为了缓解资金压力，填补12亿的资金缺口，但即使如此也难以扭转公司全年亏损的局面。

11月20日

○ 欧亚集团以0.42亿元的总金额，从白山合兴14名自然人股东手中购得白山合兴875.51万股股票，占总股本的28.95%，成为白山合兴的第一大股东。

○ 锦江系旗下上海“老字号”锦沧文华大酒店在上海联合产权交易所正式挂牌出售100%股权，挂牌价格为20.68亿元。

○ 黑龙江北大荒农业股份有限公司董事、原总经理丁晓枫因涉嫌违规拆借资金遭监管部门处罚，北大荒股东大会日前完成换届改选，丁晓枫已经不再担任北大荒董事职务。

○ 绿地集团将与乐天集团旗下韩国东和投资公司合作，投资60亿元在济州打造218米高的双子塔——绿地济州梦想大厦项目。

○ 海南航空拟与西部航空原股东及一家新引入西部航空的非关联投资人同时以现金增资西部航空，这意味着西部航空注入海南航空的工作开始启动。

○ 上海家化因与沪江日化的关联交易未按照规定进行披露，被中国证监会立案稽查，同时被上海证监局采取责令改正措施。

11 月 21 日

○ 第十六次中欧领导人会晤在北京举行，中欧双方将规划未来 5 年至 10 年的合作路线图，对中欧发展和民众生活将起到深远影响，中欧合作有望跃上新台阶。

○ 华泽集团旗下的金六福将推出“绵柔金六福”单品，希望通过聚焦大量资源投入、著名影视明星代言，力图借此实现金六福品牌百元以内价位全国占有率第一的战略目标。

○ 去哪儿发布 IPO 后首份财报，截至 9 月 30 日去哪儿净利润为-4880 万元人民币，亏损主要源于对产品研发和市场营销费用的持续投入。

11 月 22 日

○ 上海机场受全球金融危机和欧债危机的影响货邮运输量开始下滑，近日启动实施浦东机场航空货物中转集拼业务试点，加码转运业务。

○ 继三元股份宣布涨价后，蒙牛乳业、光明乳业、伊利乳业三大乳业先后宣布涨价，这是数家乳企年内的又一次涨价。

○ 圣元国际宣布并购重组上海一家婴幼儿奶粉品牌育婴博士奶粉，并购原因为国家推进乳粉行业整合，此外婴博士在母婴专卖店渠道拥有一定资源。

○ 阿里旗下手机淘宝正式关闭了微信通道，用户将无法通过微信中发布的淘宝商品或店铺链接进行购物。这意味着，阿里巴巴集团与腾讯集团之间的战争在无线端再次升级。

11 月 25 日

○ 桑德环境宣布将锂电池产业链延伸到环卫领域，旗下全资子公司湖北合加以 700 万元收购浙江意意 100％股权，此外，桑德环境和三峡水务共同出资设立宜昌环卫。

○ 杭锅股份全资子公司江南国贸主要债务人龙海钢铁停产，邢台市政府拟对其进行重组，江南国贸对龙海钢铁的预付款项为 3 亿元，占该公司 2012 年度经审计净资产的 11.41％。

○ 京东商城将山西太原唐久便利店进行 O2O 试点合作，京东主要为线下便利店提供在线流量平台，便利店负责货品、仓储和配送；京东也会对接便利店的物流仓储系统和会员系统，以便实时了解便利店的货品情况并共享用户。

○ 巨人网络集团董事会收到以董事长史玉柱为首的一家财团的初步私有化要约，估值约 28 亿美元，截至当天该财团成员总计拥有公司总股本的约 47.2％。

○ 淘宝保险和泰康人寿联合推出国内首个针对电子商务创业人群的保障平台——“乐业保”，该产品为寿险产品，首次实现寿险保障全程联网化。

11月26日

○ 奇虎360和腾讯的不正当竞争案上诉在最高人民法院进行审理，最高法院对庭审进行了“全媒体”直播。

○ 山东钢铁以公开挂牌竞价方式转让所持济钢集团国际贸易有限责任公司80%股权和山东莱钢国际贸易有限公司100%股权，以扭转本年度亏损。

○ 上海海立股份有限公司在印度布局投建的压缩机厂海立印度电器有限公司正式投产，印度广阔的市场前景正是海立选择印度建厂的原因。

11月27日

○ 光明食品有限公司董事长兼党委书记王宗南卸任，上海国资委副主任吕永杰接任董事长。王宗南在任期间，曾积极寻找标的推进海外并购。

○ 南纺股份由于两次挂牌转让所持南泰国展100%股权均未能征集到意向受让方，公司决定对重大资产出售方案进行调整，同意向商旅集团转让南泰国展51%股权。

○ 广州发展全资子公司广州发展燃料与华中航运集团签署了战略合作协议，双方将共同打造物流及贸易服务体系，推进相关领域的合作。

○ 中青旅控股子公司乌镇旅游拟出资2.45亿元参股设立桐乡市濮院旅游有限公司，新公司注册资本5亿元，濮院金翔云持股比例为51%，乌镇旅游持股比例49%。

○ 九龙山全资子公司浙江九龙山开发有限公司拥有的六宗国有土地的使用权被政府收回，获得约1.7亿元的征地补偿。

11月28日

○ 珠江啤酒与广州市政府就总部土地处置达成一致意见，将17.38万平方米土地纳入政府储备，并给予总补偿金额22.98亿元。

○ 顺鑫农业出资773.45万元收购关联方顺鑫集团持有的北京顺鑫佳宇房地产开发有限公司4%的股权，使其成为顺鑫农业的全资子公司。

○ 绿地集团宣布将公司总股本从82.72亿股增至103.72亿股，挂牌价格118.02亿元，此举指在借壳上市前引进战略投资者，完善公司法人治理结构。

○ 和邦股份拟向四川省盐业总公司收购其持有的乐山和邦农业科技有限公司51%的股权。交易完成后，和邦农科成为该公司的全资子公司。

11月29日

○ 华策影视宣布加速电影产业布局，切入电影市场的策略将重点依靠青年作家、导演郭敬明的“郭氏青春片”。

○ 百联集团旗下百联电商拟最大限度地将各自资源落实到线上线下，并启动O2O业务，继银泰商业与天猫联手O2O后，越来越多实体零售业者启动线上与线下联动。

○ 瑞安房地产公司计划出售位于重庆的部分商业项目以压低负债率，将这部分资产以 24 亿元的价格转让给阳光人寿保险股份有限公司。

○ 大元股份拟收购湖南中商集团全资子公司湖南浏阳河酒业发展有限公司 100% 股权。

12　月

12 月 1 日

○ 盛和资源控股子公司乐山盛和稀土股份有限公司拟用自筹资金或者银行借款的方式以 2.37 亿元的价格收购和有信 40%的股权，溢价率达 607.74%。

○ 百联集团麾下百联电商计划投入 1 亿元的商品营销资源，并与众多供应商和联营商推行百联电商线上线下业务合作，通过业务流程改革和供应链改革与缔约供应商联动营销，提供“网订店取”等服务。

○ 东芝在大连的彩电厂将于 2013 年 12 月底停产，大连东芝电视有限公司届时也将停止经营，今后，由 DLTV 生产的供应日本市场的机型将陆续转为代工生产，而供应中国市场的产品将与中国国内企业合作生产。

12 月 3 日

○ 富力地产公告宣布，协议以人民币 85 亿元收购马来西亚柔佛州新山地区的四幅空置永久业权地块及两幅永久业权填海地块，总面积约为 116 英亩，土地总价将于 3 年内分 4 期支付。

○ 神州租车宣布正式启动其全新区域扩张战略—“百城千店”加盟计划，在 66 大直营城市之外，将通过加盟合作方式加速拓展服务网络，和各地合作方共享资金、采购及业务上的资源，加速其在三四线城市的发展。

12 月 4 日

○ 福建南纺以发行股份方式购买福建省能源集团有限责任公司持有的福建省鸿山热电有限责任公司 100%股权、福建省福能新能源有限责任公司 100%股权和福建晋江天然气发电有限公司 75%股权，电力业务有望成为其利润的主要来源。

○ 中粮地产下属公司中粮地产成都有限公司拟以 3.38 亿元价格收购成都基汇投资管理顾问有限公司持有的成都硕泰丽都房地产开发有限公司 61.45%的股权，此举将进一步加快公司房地产开发业务的发展，也有利于中粮在成都地区拓展新业务。

○ 内地最大的殡葬服务企业福寿园计划于近期赴香港 IPO，此次 IPO 的融资规模约 2 亿美元，IPO 的时间暂定于本月第三周。

○ 上汽集团宣布与泰国正大集团合作在泰国建立合资公司，该合资项目初期总投资约 18 亿元人民币，上汽集团将通过上汽香港投资公司和上汽英国公司共持股 51%、正大集团持股 49%，上汽集团以技术许可和商标许可方式，授权泰国合资公司生产和销售上汽自主品牌 MG 系列轿车，销往东盟市场。

12月5日

○ 万达正与美国知名酒店管理公司洽谈并购机会，公司将在未来10年向美国投资100亿美元。

○ 被诉讼和查封事件缠绕的贤成矿业因大股东涉嫌债务“黑洞”纠纷，十一项合计共近9亿元资产被查封冻结，涉及公司旗下多家子公司和多家煤矿的采矿权，昨日收盘跌停，报收4.67元。

○ 2013年国内冰箱、洗衣机市场收缩，一些杂牌企业在“家电下乡”政策结束后难以为继，而格兰仕近日宣布在国内推出999元/台的滚筒洗衣机，创维也高调宣称2012年冰箱、洗衣机销售额要做到10亿元，格兰仕与创维的高调加码使得冰洗行业暗流涌动。

○ 阿里集团和雅虎联合宣布，雅虎方面已经派出杰奎琳·雷瑟斯加入阿里巴巴董事会，和阿里集团董事长马云、日本软银董事长孙正义、阿里集团CFO蔡崇信组成阿里集团新的4人董事会。

12月6日

○ 小南国集团近期正式推出旗下五星级定位“WH Ming Hotel 小南国花园酒店”，该酒店总投资数亿元，计划未来3年内将WH Ming Hotel系列酒店在长三角地区扩张。

○ 华菱入股FMG是中国钢铁行业成功收购国外上市公司股权的典型案例，但事实并非如宣传的那般完满，华菱集团作为FMG的二当家对其并没有经营权，其能否从这家号称世界第四大矿山的公司获得可观又优惠的铁矿石供应仍有争议。

○ 近几年来白酒业的利润率动辄超过30%，被普遍认为是一个高利润的行业，但河北最大本土白酒企业老白干酒有点“另类”，2013年前三季，老白干主营收入为12.16亿元，净利润为8200万，净利率仅有6.79%，净利率在12家主要白酒上市公司中排最后一位。

12月7日

○ 苏宁电器境外全资子公司香港苏宁电器有限公司将与关联方苏宁电器集团有限公司共同出资发起设立“重庆苏宁小额贷款有限公司”。

○ 真功夫原总裁蔡达标等被指侵占公司财产一案又起波澜，天河区法院检方对真功夫原总裁蔡达标、原总裁助理丁伟琴两人做出追加起诉，指控两人涉嫌职务侵占295万元。

12月8日

○ 国家统计局中国行业企业信息发布中心公布“2012年我国饮料行业1～3季度运行状况分析报告”显示，凉茶市场中，加多宝占比73.0%，王老吉8.9%，而和其正和宝庆堂分别以4.3%和0.5%排名其后——四大品牌销售量占行业总销量的86.7%，行业集中度趋势明显。

○ 在零售业低迷“过冬”之际，华润万家计划力拓高利润的高端超市业态，华润万家宣布到2016年，拟将麾下高端超市Ole’和BLT扩至80家，预计实现销售额49亿元。

○ 近日，联想控股董事局主席柳传志在某企业家论坛上公开表示，联想控股已做好准备于2014年到2016年期间，在A股上市。

12月9日

○ 一笔账龄一年的44.3亿元应收账款"扮靓"了新湖中宝2012年业绩。然而一年的时间已经过去，该公司并未如愿收到上述款项，新湖中宝近日公告称，平阳国土应支付的土地收储款支付时间在收储合同约定的支付时间基础上顺延了18个月。

○ 行业大佬携程近日发行一款可返利4%价值礼品卡的"携程宝"，预付款为1万到3万元不等，"携程宝"并非理财产品，而是预付卡产品，且其已取得单用途卡的相关资质。

12月10日

阿里集团将以总价28.22亿港元投资海尔集团旗下香港上市公司海尔电器，并购买海尔电器旗下日日顺物流未来最高34%的股权，这是国内家电巨头与电商巨头的首次牵手。

12月11日

○ 世界三大奢侈品集团之一的PPR集团宣布收购中国本土珠宝品牌麒麟，这是该集团在中国市场进行的第一次收购，收购将最终于2013年1月完成。

○ 受到网友送检茅台塑化剂超标消息的影响，贵州茅台昨日停牌，尽管贵州茅台昨日发布公告否认塑化剂超标一事，不论是在资本市场还是在销售市场，都难以立即摆脱这起塑化剂风波的冲击。

○ 南京医药股份有限公司与全球著名医药零售商和批发商联合博姿的合作尘埃落定：南京医药将以5.2元/股的价格向控股股东南药集团及联合博姿控股子公司Alliance Healthcare发行2.04亿股股份，募资10.6亿元。

○ 电商大战战火从节日大促销烧到线下的地区布局，与京东多点扩张不同，腾讯旗下B2C电商易迅的扩张模式以地域渗透为主，易迅CEO卜广齐表示，易迅北京地区是电商必须争夺的市场。

○ 深天马在最近一次试生产中已成功生产4.5英寸全高清和3.2英寸OLED面板，这是主要用于高端智能手机的面板，并在2013年有可能量产此类面板。

○ 上海规土局网站发布的消息显示，万科、绿地等四家企业联合体以54.31亿元底价摘得徐汇区漕河泾社区278a-05、278b-02、278b-04南站商务区地块，折合楼板价约1.1万元/平方米改写保利地产拿下徐汇滨江地块时创下的45亿元纪录。

○ 比亚迪与保加利亚能源公司Bulmineral正式签约成立合资公司，将在该国建厂组装生产电动公交大巴，比亚迪和Bulmineral将各持有新成立合资公司50%的股份。比亚迪成为继长城汽车之后第二家在保加利亚建厂的中国汽车公司。

12月12日

○ 具有钢市风向标作用的宝钢股份昨天率先出台明年1月的价格政策，大部分产品稳中小涨，也为其他钢厂2013年度的板材政策开了个好头。

○ 统一企业中国宣布正与多名潜在买家进行磋商，建议出售两家全资附属公司所持有的今麦郎饮品股份有限公司合共47.83%权益，建议出售原因旨在改善公司的资产利用效率。

○ 华为计划将欧洲建成华为的第二总部，赫尔辛基研发中心将成为华为终端的核心研发基地，华为之前还在瑞典建立了技术设计中心，在英国建立了消费者界面研发中心。

○ 广东风行牛奶、香满楼牛奶等两大区域品牌价格接连上调。

12月13日

○ 海南航空公告称，全资子公司中国新华航空集团有限公司拟以现金27.61亿元向关联方受让渤海国际信托有限公司39.78%的股权。

○ 经过多年的准备，中国石油天然气股份有限公司终于如愿进入澳大利亚西北大陆架的海上天然气开发领域。

○ 华帝股份发布重大资产重组报告书透露，将斥资3.8亿元全资收购中山同城企业百得厨卫，今后将以双品牌大力拓展厨电市场。

12月14日

○ 深陷抗氧化剂漩涡的徐福记国际集团，昨日召开新闻发布会，除了继续表示企业没有违法添加抗氧化剂外，还表示深圳市福田区人民法院的一审判决并未生效，将继续提起上诉。

○ 统一企业中国发布公告称公司大股东开曼统一将出售1.08亿股公司股份，相当于统一现有已发行股本总额的3%，交易预计在12月17日完成。

12月17日

○ 在过去29年时间里销量份额占上海大众汽车半壁江山的老桑塔纳将彻底退出历史舞台，全新桑塔纳接棒，并承载上海大众汽车在A级车市场的销量重任。

○ 中国鸿星体育有限公司日前发布2012年上半年财报，该公司股权持有人应占净亏损为7290万元，亏损额同比减少约72%，贸易应收款等指标也有改善，但该公司预计未来12个月业绩还将面临不小压力。

○ 国内首家移动通信终端MTBF测试第三方实验室落户上海，该实验室由工信部电信研究院华东分院与天津市康凯特软件科技有限公司联合成立，对移动通讯设备进行功能、性能、兼容性、稳定性的自动化测试，将带动上百亿移动终端自动化测试市场。

○ 上午9时10分，宝钢股份一炼钢分厂发生铁水包倾翻事故，造成2人死亡，13人受伤，已经深陷困境的国内钢铁企业，再一次因伤亡事故而雪上加霜。

○ 苏宁易购市场管理中心总监闵消清表示，苏宁的快递业务经营许可申请已经获批。苏宁电器成为继京东商城、凡客诚品、唯品会、1号店之后，又一个拿到快递牌照的电商企业。

12月18日

○ 南宁糖业发布公告宣布将投资1.3亿元成立房地产子公司，加上之前购买商住地块的费用，该公司投入房地产的资金达到6.3亿元，预计房地产业务将成为这家原本是农产品加工企业的主营业务之一。

○ 光明乳业昨日晚间发布公告称，因原材料价格上涨，自今日起适当上调部分新鲜牛奶、新鲜酸奶的价格，加权平均上调幅度约为5%。

○ 甘肃近年来成为国内大型煤炭企业争夺资源的热点区域，山西晋城无烟煤矿业集团有限责任公司近日与甘肃庆阳市政府召开项目座谈会，双方就加快煤层气开发、煤化工项目建设签署合作协议。

○ 中国移动联合爱立信与中兴通讯两大供应商宣布，将通过LTE TDD/FDD融合组网的方式在香港正式启用TD-LTE商用网络。

○ 广百物流人和基地举行揭牌仪式，广百集团正式完成对人和物流基地的股权收购，该项并购涉及交易金额2.65亿元，广百储运公司从广州普洛斯抽纱物流有限公司获得人和物流基地100%股权。

○ 继光伏之后，我国风电再迎美国的"双反"终裁大棒，美国商务部做出终裁，认定中国输美应用级风塔产品存在倾销和补贴，倾销幅度为44.99%至70.63%，补贴率为21.86%至34.81%。

○ 许继电气拟向许继集团发行股份购买许继集团下属电力装备制造主业相关资产，包括柔性输电分公司业务及相关资产负债、许继电源有限公司75%股权、许昌许继软件技术有限公司10%股权以及上海许继电气有限公司50%股权。

12月19日

○ 中炬高新终止其三年前开始的镍氢电池扩产项目，原因是"混合动力汽车能享受的国家补贴过低，市场难以形成有效需求。"中炬高新针对新能源汽车开发的镍氢电池，在还未实现投产的情况下已遭到"淘汰"。

○ TCL2013年的彩电销量已突破1500万台，超越索尼。至此，TCL首次跻身全球彩电销量前三，排名仅次于三星、LG，这也是中国彩电企业首次冲入全球彩电销量前三。

○ 作为国内销量最大的白酒企业之一，五粮液再次重演2007年之前曾持续多年的价格倒挂现象，五粮液部分区域经销商呼吁五粮液对市场秩序严格管理并削减大经销商。

12月20日

○ 因被卷入"药鸡门"事件，新希望六和集团下属的山东平度分公司已被当地执法部门勒令停业整顿，平度市食品安全委员会办公室称，调查结果还需数日才能出。

○ 武钢股份日前发布公告称，将以自有资金6亿元对中国平煤神马集团进行增资，增资完成后，武钢股份持有的平煤神马股份将由9.79%提高到11.92%，通过增资和合资建厂，武钢股份正全力向上游煤炭资源发力。

○ 广州市中级人民法院就广药集团诉加多宝虚假宣传案做出一审宣判，加多宝"全国销量领先的红罐凉茶改名加多宝"等系列"改名"广告语属虚假宣传，加多宝需撤回相关宣传，同时赔偿广药集团1081万元，并在报纸、网络等多家媒体公开道歉。

○ 从11月至今，仅广东省报告4例疑似接种康泰生物重组乙型肝炎疫苗后死亡病例；全国累计疑似与康泰生物乙肝疫苗相关联的死亡病例已达7例，康泰生物生产的全部批次重组乙肝疫苗被命令暂停销售，但迄今为止，官方尚未有关于疫苗批次、流向的信息给出。

12月21日

○ 延续了在央视与小米科技董事长雷军豪赌10亿的霸气，格力电器董事长兼总裁董明珠表示，格力电器2013年收入将达到约1200亿元，净利润、税收将分别达到100亿元，公司明年的收入、净利润还要同比增长20%，中央空调将是格力电器今后重要的增长点。

○ "华住世界大会"上，华住酒店集团创始人兼董事长季琦透露，目前华住旗下6个品牌约有1340家店，并以每年不低于400家新店的速度扩张，未来，华住将转向力拓加盟，计划5年内将加盟店占比从目前的55%提升到70%，希望未来公司市值超1000亿元。

12月23日

○ 由于近期湖北荆门一家化工企业通过圆通速递寄递危险化学品造成的人员伤亡事故，圆通速递在上海紧急召开全国网络安全整顿会议，要求严格落实收寄验视制度，强化安全生产意识，提高识别违禁物品的能力。

○ 面对激烈的竞争，国内单晶硅厂商祭出了新法宝——树立行业标准，国内主要的几家单晶硅片生产商近日联手推出了两类新的单晶硅片尺寸标准，希望借此抢夺长期占据市场主流的多晶硅片产商份额，不想错失国内及东南亚的光伏电站建设热潮。

○ 经过六年的接触、谈判、拉锯，中国移动与苹果的合作终于尘埃落定，双方已经达成长期协议，正式引入支持全球最大移动网络的iPhone，中国移动和Apple将于2014年1月17日分别在中国内地的移动营业厅和Apple零售店正式发售iPhone 5S和iPhone 5C。

○ TCL集团公告透露把旗下房地产业务转让给花样年集团，同时认购花样年定向增发的股票，成为花样年集团的第二大股东。TCL称，今后TCL原有的地产业务将由花样年来经营，有利于聚焦核心业务。

12月25日

○ 10月份华润创业与Tesco就整合中国零售业务达成成立合资公司的协议，华润创业应在2013年12月31日之前，发送一份含有新合资企业详情和目标集团会计师报告的通函给股东，如今这一日期将被延迟到2014年2月25日之前。

○ 马钢股份子公司马钢合肥钢铁有限责任公司已收到合肥市环境保护局发出的《行政处罚事先听证告知书》，对该公司未采取有效污染防治措施，向大气排放粉尘等污染物，造成环境污染行为罚款5万元。根据合肥市环境保护局的说法，由于存在超标排放行为，这家公司被责令停止生产并限期整改，逾期无法完成整改将继续停产。

○ 华谊兄弟在牵手张国立拟以3.978亿元收购浙江永乐影视股份有限公司若干股东持有的51%股权，有业内人士分析此举主要为弥补电视剧短板，扼制电视剧业务下滑。

○ 国电南瑞公告公司与南瑞集团、中国铁建、烽火通信组成联合体参与武汉市轨道交通8号线一期工程BT项目，该项目合同价款包括建设费用和投融资费用，其中建设费用采用总价包干方式，暂定为约114亿元。

12月26日

○ 北纬通信及天音控股子公司天音通信有限公司分别获得工业和信息化部关于同意其开展移动通信转售业务试点的批复。北纬通信与中国电信合作，在29个省(直辖市、自治区)范围内开展移动通信转售业务试点；而天音通信与中国联通合作，在北京、上海、天津、重庆4个直辖市和广州、惠州等46个城市范围内开展移动通信转售业务试点。

○ 富瑞特装将与新奥集团股份有限公司在天然气应用等清洁能源领域进行战略合作，新奥集团将利用其在天然气城市管网和煤炭资源项目，而富瑞特装则利用其在天然气装备制造、天然气液化技术和天然气分布式能源技术、煤制天然气技术和工程总承包能力。

○ 汾酒集团副总经理常建伟在公司经销商大会上透露，2014年汾酒将拿出近2亿元对经销商进行季度激励和年底奖励，以鼓励经销商完成目标任务。

○ 继收购北京五洲、湖北新航线、江西亚细亚旅行社之后，北京万达旅业投资有限公司成立2个月后与安徽环球国际旅行社正式签下并购协议。

○ 中诚信国际信用评级有限责任公司发布《2013年中国银行业主动评级发布及2014年中国银行业信用展望》称，银行不良贷款持续反弹，上升趋势仍未遏止，但整体风险可控。

12月27日

○ 停牌20多日的熊猫烟花近日披露重组进展公告，公司拟通过定向增发股份的方式，收购东阳华海时代影业传媒有限公司60%股权，进军影视传媒业务领域。

○* ST凤凰在2011年和2012年连续亏损，如果法院没能在2013年年报披露日之前裁定批准公司的重整计划，* ST凤凰将直接进入暂停上市阶段。

○ 百度收购纵横中文网的消息终于尘埃落定，完美世界将经营的中文在线阅读业务的实体——北京幻想纵横网络技术有限公司出售给百度，这一交易涉及总金额约1.915亿元人民币，用于完美文学的股权收购及偿还完美文学的借款。

12月30日

○ 2013年前三季度净利润继续亏损0.51亿元，全年亏损几成定局的鲁抗医药在最后时刻获得政府的"援手"，避免了被"戴帽"的命运。鲁抗医药公告称，山东省济宁市财政局开发区分局向公司拨付企业科技扶持资金900万元、发展扶持资金6 200万元，共计7100万元。

○ 合生元股票停牌以待公司发布有关公司的若干内幕消息，该内幕消息和公司建议收购事项有关，据悉合生元正与南山乳业洽谈收购事宜，双方已经取得实质进展。

○ 在全球几大设备商都只能保持个位数增长，甚至挣扎在亏损线上的时候，华为CEO徐直军公布了一份漂亮的成绩单：2013年公司销售收入预计将超过385亿美元，同比增长10%。

12月31日

○*ST远洋迈出了重新订购新船的步伐，公司旗下的Prosperity Investment 2011 Limited与中国船舶工业贸易有限公司签署了造船协议，约定由中船黄埔文冲船舶有限公司为Prosperity Investment 2011 Limited建造、下水、配备及交付四艘散装货船，协议总船价为1.08亿美元。

○ 汇源果汁方面证实，对“冰茶鼻祖”品牌旭日升做出暂时停产的决定，旭日升的停产某种程度上也宣告了汇源果汁产品线多元化阶段性宣告失败。

○ 胶着半个多月的电煤合同谈判在2013年的最后一天仍没有实质性的进展，作为风向标的神华集团与五大电力集团的谈判依然没有明确结果，目前只是将2014年1月份5 500大卡煤炭的价格暂定为590元/吨。

后　记

经过三十年的持续增长，中国经济社会财富的积累以及企业规模、数量上的发展壮大，给世人留下了极为深刻的印象。中国经济以及中国企业的发展已经走过了资金积累的起步阶段，开始步入中等发达国家的行列。2013年，中国经济进入调整期，受国内外宏观经济整体下行态势的影响，中国实体经济运行下行压力加大，企业生产经营困难进一步加重。中国经济会不会"硬着陆"，中国模式的增长神话能否继续，中国经济的转型能不能成功，中国能不能摆脱"中等发达国家陷阱"，所有人的眼睛都在注视着中国。

如果要为2013年的中国经济大局找一个关键词，"改革"可谓当之无愧。李克强总理"喊破嗓子，不如甩开膀子"的豪言仍在耳边，过去一年，中国的改革已在新的阶段上艰难但坚定地开启。2013年，党的十八届三中全会作出了《关于全面深化改革若干重大问题的决定》，决定强调经济体制改革的核心问题是处理好政府与市场的关系，使市场在资源配置中起决定性作用，同时要更好发挥政府作用。在科技体制改革方面，要健全技术创新市场导向机制，发挥市场对技术研发方向、路线选择、要素价格、各类创新要素配置的导向作用。《决定》不仅为推动科技体制改革，而且为实现创新驱动发展战略提供了动力。

《中国企业发展报告2014》就是在这样的背景下，由上海交通大学中国企业发展研究院推出，由上海交通大学校长特聘顾问、中国企业发展研究院理事长王方华教授领衔，由中国企业发展研究院和上海交通大学安泰经济与管理学院的教授、专家和科研人员共同进行撰写完成。本报告对中国企业在2013年面临的新问题，新环境进行全面深入的研究与记述，记载分析了中国各个领域发生的热点、焦点问题，详细记录了当年中国企业具有一定代表性的新闻事件，为中国企业的发展提出了有价值的建议。

《中国企业发展报告2014》在编写过程中充分发挥了团队的力量，本报告由主编王方华教授全面主持、提炼报告的总体思路，策划全书的结构和框架脉络，并对全书的内容进行审查、修改和把关。本报告编写组成员为：王方华、顾蓓蕾、章小莹、杨梦泓、周朝民、陈其林、冯海燕、许晖、王晗蔚、谢文昕、殷正远、毕正宜、唐卓菁等。

感谢上海交通大学安泰经济与管理学院、中国企业发展研究院各位同仁对本报告的支持，感谢上海交通大学出版社提文静老师细心和专业地审稿及编辑。

中国企业发展研究院将坚持推出关于中国企业发展的年度研究成果，我们希望本报告能帮助广大业界人士和学者了解中国企业发展的路径和现状、遇到的问题和过程。我们衷心欢迎读者提出宝贵的意见和建议，帮助我们不断对年度报告进行完善和改进。

本书编委会